ANNA MAGDALENA BÖSSEN

DEUTSCHLAND.
EIN WANDERMÄRCHEN

W0056382

ANNA MAGDALENA BÖSSEN

DEUTSCHLAND.
EIN WANDERMÄRCHEN

Unterwegs
mit einem Koffer
voller Gedichte

LUDWiG

Der Verlag weist ausdrücklich darauf hin, dass im Text enthaltene externe Links vom Verlag nur bis zum Zeitpunkt der Buchveröffentlichung eingesehen werden konnten. Auf spätere Veränderungen hat der Verlag keinerlei Einfluss. Eine Haftung des Verlags ist daher ausgeschlossen.

Vereinzelt werden die Namen auftretender Personen auf ihren Wunsch und im Sinne der Anonymität geändert.

Wir haben uns bemüht, alle Rechteinhaber ausfindig zu machen und Genehmigungen einzuholen. Sollte uns dies im Einzelfall bedauerlicherweise einmal nicht möglich gewesen sein, werden wir begründete Ansprüche selbstverständlich erfüllen.

MIX
Papier aus verantwortungsvollen Quellen
FSC® C083411

Verlagsgruppe Random House FSC® N001967

2. Auflage
Copyright © 2016 by Ludwig Verlag, München,
in der Verlagsgruppe Random House GmbH,
Neumarkter Straße 28, 81673 München
Redaktion: Johann Lankes
Umschlaggestaltung: Eisele Grafik-Design, München,
unter Verwendung eines Fotos von © Michael Obert, Ellhofen,
und einer Illustration von muura / Bigstock
Karte und Illustrationen: Anja Broicher – Grafik und Illustration
Satz: Leingärtner, Nabburg
Druck und Bindung: CPI books GmbH, Leck
Printed in Germany

ISBN 978-3-453-28076-2

www.ludwig-verlag.de

Inhalt

Für die Vagabunden und Dichter,
die offenen Türen und die einzigartige Natur,
das wartende Abenteuer und die ewige Reise.

Vorwort

Ich sitze auf einem Heuballen und heule. Es ist brütend heiß, das eingeschweißte Heu stinkt, ich stinke auch. An mir fahren Autos vorbei, in langen Kurven schrauben sie sich den Berg hoch. Acht Kilometer steil bergauf, das habe ich eben in meinem Handy nachgeschaut. Da konnte ich noch etwas erkennen – jetzt sehe ich nur Wasser. So viel Wasser, dass ich selbst das vor mir liegende blassblaue Badeparadies nicht mehr wahrnehmen kann. Ein Paradies zumindest hatte ich mir erhofft: Bodensee ... Das klang nach Erfrischung, blauem Horizont, weißen Segeln in der Ferne, Naturidylle mit Bergpanorama im Hintergrund. Erholung hatte ich mir von dieser Oase versprochen und vor allem: Ruhe, Weite, Wasser. Mit einem Buch in der Hand würde ich am Ufer liegen und ab und zu ins kühle Nass springen. Seit Wochen habe ich es an jedem Berghang, bei jeder Hitzewelle vor meinem inneren Auge gesehen. Bald wird alles gut. Bald bin ich am Bodensee.

Um nun bin ich hier und mache den Realitätsabgleich: Die Berge drücken sich so nah an den See, dass die Wege am Ufer gedrängt voll sind – mit Autos, Fußgängern und Radfahrern. Für Letztere gibt es eigentlich keinen Platz, und so durchkreuze ich mit meinem schwer bepackten Drahtesel immer die geplante Wegstrecke von irgendjemand anderem. Ferienzeit.

Hochsaison. Der heißeste Sommer seit Jahrhunderten. Ich bin am Rande meiner körperlichen und nervlichen Kräfte. Trotzdem bin ich höflich und gewähre einem finster blickenden alten Mann den Vortritt, als er die Straße überqueren will. Er bleibt stehen. Ich sage: »Bitte sehr«, und er beginnt aus vollem Halse zu schimpfen: »Ihr Scheiß-Radfahrer, euch sollte man alle …« Da nehme ich mir dann doch die Vorfahrt, trete in die Pedale – und fange wie ein kleines Kind an zu heulen. Die ganze Zeit über, während ich die Abzweigung suche, mein Rad in das hohe Gras schmeiße und auf diesen Heuballen klettere, höre ich nicht auf, lauthals zu schluchzen. »Wirklich kein schlau ausgewählter Rückzugsraum«, spöttele ich über mich selbst, wie ich da in der brütenden Hitze auf diesem brutzelnden Präsentierteller sitze.

Irgendwann werfe ich doch noch einen Blick auf mein Handy – es ist zum Verrücktwerden! Nur sechs Kilometer vom See entfernt sollte mein Zuhause auf Zeit sein, aber das war falsch gerechnet und Luftlinie dazu. Eva wohnt im Hochland, welches nicht umsonst so heißt. Und ich bin gerade gefühlt vier Jahre alt und heillos überfordert.

Schließlich übernimmt die Erwachsene in mir wieder die Führung, sie hat sich das heulende Elend lange genug angesehen. Und ruft kurzerhand Eva an: »Ich sitze hier auf einem Heuballen und kann nicht mehr. Hast du das ernst gemeint, als du gesagt hast, dass du mich auch abholen würdest?«

Eva und ich kennen uns nicht. Ich habe keine Ahnung, wie alt sie ist, wie sie aussieht, was sie beruflich macht. Ich weiß nur, dass sie mich eingeladen hat und dass ich als Gegenleistung morgen Abend bei ihr zu Hause auftreten werde. Ich weiß nicht, wo sie wohnt und wie sie lebt, und weiß auch nicht, wie ich die nächsten beiden Tage untergebracht sein werde. Und vor allem weiß ich nicht, ob ich ihr dieses Häuflein Elend zumuten kann, in das ich mich soeben in Sekundenschnelle verwandelt habe. Schließlich kennt sie mich von Fotos und Videos als gut gelauntes Energiebündel mit gelbem Koffer. Egal, es nutzt nichts. Wir müssen beide nehmen, was kommt ...

Eine halbe Stunde später sitze ich in einem vollgestopften Auto und halte krampfhaft mein Rad fest, damit es nicht in einer Kurve aus dem offenen Kofferraum fliegt. Eva plaudert und gibt mir Zeit, mich zu sammeln. »Radfahrer sind hier leider nicht so beliebt. Auf der Insel Reichenau verstreuen sie im Sommer sogar Reißzwecken«, sagt sie. Das beruhigt mich leider weniger. Oben, weit weg vom See, der Hochsaison und den Menschenmassen, biegt sie in eine Einfahrt ein, und wir stehen vor einem wahren Häuschen im Walde. Ein Hund begrüßt uns lautstark, ein Pferd sieht ungerührt zu uns hinüber. Eva führt mich zu einem kleinen, von Wein überwucherten Gartenhäuschen: »Das ist deins, wenn du magst.« Es ist malerisch, aber trotzdem wecken die riesigen vorhanglosen Fenster zum Wald hin leichtes Unbehagen in mir. Mir ist eigentlich gerade eher nach einer Höhle oder einem Erdloch, irgendwas zum Verkriechen. Unsicher lade ich mein Gepäck ab und gehe in das große Haus zu meinen Gastgebern.

»Wie ist sie denn so?«, höre ich Evas Mutter fragen. »Ich glaube, sie ist mit den Nerven fertig«, sagt Eva. Ich lächle die beiden an. Wie recht sie haben!

»Sagen Sie mal, Frau Bössen, wie sind Sie eigentlich auf die Idee gekommen? Sich einladen zu lassen von völlig fremden Menschen, durch ganz Deutschland zu radeln und aufzutreten gegen Kost und Logis, mit Gedichten im Gepäck?« Immer und immer wieder werde ich das gefragt. Wie ich auf diese ungewöhnliche Idee gekommen bin. Und es fällt mir nie leicht, eine Antwort auf diese einfache Frage zu geben, denn meine Antwort hat verschiedene Ebenen. Dies ist die erste Antwort, die am naheliegendsten ist:

»Ich hatte mir ohne konkrete Absicht ein neues Fahrrad gekauft und stand am Elbdeich, ich schaute den Schiffen nach, und plötzlich überkam mich ein geradezu schmerzhaftes Fernweh, ein ungeheurer Drang nach Aufbruch. Mir wurde klar, dass ich nicht warten konnte: Ich wollte endlich los! Aber ich wollte eigentlich gar nicht weg, ich wollte hin! Zum Zentrum, zum Kern, wo auch immer der liegt. Vielleicht mit dem Rad die Elbe entlang bis nach Dresden? Und dann fiel mein Blick auf den Wegweiser zur KZ-Gedenkstätte Neuengamme, und mir wurde bewusst, dass ich da noch nie war. Obwohl dieser wichtige Ort doch so nah war. Vielleicht, weil ich mich damit nicht beschäftigen wollte? Wie gut kannte ich mein Land eigentlich? Mir fiel auf, dass da vieles war, was ich über mein Land nicht wusste oder nicht wissen wollte. Und dass ich vieles in Deutschland noch nicht gesehen hatte. Und da schlug es ein wie ein Blitz: Ich fahre mit dem Fahrrad durch die ganze Republik, trete auf gegen Kost und Logis und schreibe darüber! Mit Dichtern und Denkern in Gepäck, wie z.B. Heinrich Heine und sein Reisebericht »Deutschland. Ein Wintermärchen«. Aber ich fahre nicht im Winter, also: »Deutschland. Ein Wandermärchen«. Das Projekt war geboren.

So kurz ich diese Erklärung für interessierte Pressemitarbeiter zahlreicher Lokalzeitungen gefasst habe, so lang war in Wirklichkeit der Weg, der mich auf diesen Heuballen am Bodensee gesetzt hat. Ein Weg, der mich viel gekostet hat – einige Tränen, noch mehr Muskelkater und jede Menge schlaflose Nächte. Aber er hat mir auch etwas Unbezahlbares geschenkt: Vertrauen in mich und meine Mitmenschen, meine große Liebe und eine Heimat, die ich mit jedem Schritt meines Lebens in die Zukunft trage.

Beruf und Berufung oder: Das Poesie-Diplom

»Sie sind was?« – »Diplom Gedichte-Sprecherin.« – »Ja, aber was haben Sie gelernt?« – »Gedichte sprechen.« – »Nein, ich meine, was haben Sie studiert?« – »Rezitation. Das heißt Sprechkunst. Oder Sprecherziehung.« – »Ach so, Logopädie!« – »Nein, Gedichte sprechen.« Und dann geht es wieder von vorne los ...

So oder so ähnlich ist es, wenn ich versuche, meinen Beruf zu erklären. Wobei mein tatsächlicher Berufsalltag ja noch sehr viel komplizierter ist, da ich jetzt zu Kulturunternehmerin und Sprechcoach noch radelnde Rezitatorin hinzufügen müsste. Das lasse ich meist weg, denn es ist für beide Seiten schon so eine Herausforderung. Aber unerlässlich, wenn ich erklären will, wie ich zu dieser ganzen verrückten Reise gekommen bin.

Haben meine Gesprächspartner also akzeptiert, dass man Rezitation tatsächlich studieren kann, sogar an einer staatlichen Hochschule, dann geht es weiter: »Wie kommt man auf die Idee, so etwas zu studieren?«

Tja, wahrscheinlich braucht es dafür eine gewisse frühkindliche Prägung: Ich bin ein Spross der Waldorferziehung, und für mich hielt die umstrittene Pädagogik einige Freuden parat. Zum Beispiel dienstags! Da durfte ich zusammen mit allen anderen an einem Dienstag geborenen Kindern vor der Klasse stehen und meinen Zeugnisspruch aufsagen. Den bekommt man in jungen Jahren anstelle von Noten zusammen mit einer Beurteilung vorne auf das Zeugnis geschrieben. Jeder Schüler erhält so sein persönliches Gedicht, welches er einmal in der Woche vor der Klasse vorspricht. Für einige Schüler war es die reine Qual, für manche aber eine heimliche Freude. Ich gehörte zu Letzteren.

Ich liebe das Sprechen, seit ich denken kann, ich war immer laut und redegewandt. Als Kind habe ich Gedichte geliebt, in der Pubertät das Theaterspielen und nächtelange Streitgespräche. »Mit dir kann man nicht diskutieren«, warfen mir meine Freunde vor, weil ich rhetorisch und argumentativ alles tat, um Recht zu behalten. Dazu waren Diskussionen für mich da, und daran hat sich zugegebenermaßen bis heute nicht viel geändert.

In der zwölften Klasse steht in der Waldorfschule die sogenannte Jahresarbeit auf dem Lehrplan – jeder Schüler verwirklicht eigenständig ein Projekt, mit einem praktischen und einem theoretischen Teil. Manche bauen Boote oder sogar Häuser, andere singen oder programmieren Software. Ich setzte mich intensiv und sehr ungewohnt mit Sprache auseinander – ich schwieg. Ich blieb zwei Wochen komplett stumm, schrieb, nickte oder schüttelte den Kopf. Ich führte Tagebuch und hielt zum Abschluss einen Vortrag vor der ganzen Schule über meine Erfahrungen.

Und ich wusste ab diesem Tag: Schweigen ist nicht schlecht, aber sprechen – ist Gold!

Zum Glück erzählte mir mein Patenonkel nach dem Abitur von dem Studiengang »Rezitation« an der staatlichen Hochschule für Musik und darstellende Kunst Stuttgart. Ich war sofort begeistert, lernte Gedichte auswendig und sprach bei der Aufnahmeprüfung vor. Knapp hundert Konkurrenten bewarben sich, acht wurden ausgewählt, ich war dabei. Ich konnte es nicht glauben!

Nun folgten vier Jahre intensiver Arbeit an mir selbst: Eine Stimmtherapie wurde angeordnet, denn ich nutzte meine Stimme falsch. (Als das zweite von vier Kindern hatte ich schon immer Angst, überhört zu werden. Deshalb habe ich wohl etwas zu viel »Druck« gemacht.) Ein Jahr lang saß ich also zusätzlich zum Studium mehrmals die Woche auf einem Hüpfball und ließ gespenstische Laute von unten kommen: »oooo«, »aaahhh«, »mooom« – es war skurril, aber am Ende hat es mir meine wahre Stimme zurückgegeben: ein Organ, das Räume füllen kann – und mich fast nie im Stich lässt, selbst wenn ich auf einem Feld irgendwo im Alten Land Dutzende Namen in den Wind schreie. (Woher ich das weiß? Ich habe es ausprobiert, quasi als Auftragsarbeit, doch dazu später.) Noch heute liebe ich die Arbeit an der Stimme: Sie ist ein feines Instrument, reagiert auf alles, was in uns und um uns passiert, und zeigt unglaublich viel von der Persönlichkeit eines Menschen.

Herz und Zentrum des Studiums war die Rezitation. Zweimal die Woche hatte ich Einzelunterricht im Gedichte-Sprechen, vier Jahr lang. Auch wenn das nach viel Zeit klingt, ehrlich gesagt hätte ich ewig so weitermachen können. Ich vermisse den Unterricht noch heute, zwölf Jahre nach meinem Abschluss. Ich habe noch lange nicht ausgelernt.

Gedichte brauchen nicht viel, keine große Bühnenshow, da ist nur ein Vers, eine Stimme, und schon entstehen Bilder, Gedanken, ganze Welten. Dafür liebe ich die Rezitation.

Aber vielleicht ist gerade wegen dieser Schlichtheit der Beruf des Rezitators in Vergessenheit geraten. Er wirkt etwas aus der Zeit gefallen, nicht ganz von dieser Welt. Lyrikabende werden heutzutage überwiegend von einer sehr kleinen Gruppe kulturinteressierter Zuhörer besucht, und obwohl Lutz Görner in den 1980er-Jahren mit »Goethe für alle« ganze Hallen gefüllt hat, ist die Rezitation in Deutschland von den großen Bühnen verschwunden. Deshalb ist die Frage durchaus berechtigt, die mir jeder zweite stellt: »Wie kann man denn davon leben?« Das wollte ich auch gerne wissen, ging nach Hamburg und gründete die *textouren:* Literatur in Bewegung – Literaturschauspiele, die Stadtrundgänge, Theater, Krimi und Gedichte zu einem Abendprogramm verbanden, in dem die Rezitation nicht im Vordergrund stand, aber eine entscheidende Rolle spielte. Ich dachte mir, wenn die Welt zu laut und zu schnell geworden ist für Gedichte, dann muss ich den Rahmen darum herum anpassen.

Nach acht Jahren *textouren* kam mir nun also die Idee zu *Deutschland. Ein Wandermärchen.* Eigentlich eine Fortsetzung des Hamburger Konzepts, quasi eine *textour* durch ganz Deutschland, ebenfalls Literatur in Bewegung. Auch diesmal setze ich der Rezitation einen neuen Rahmen, aber einen ganz persönlichen: Der Gastgeber fungiert als Veranstalter, sein Bekanntenkreis bildet das Publikum, ich selbst komme bei dem Hausherrn unter und lerne so Land und Leute kennen. Damit gebe ich der Literatur einen vielschichtigen Rahmen, aber trotzdem: Auf der Bühne sind es allein die Gedichte, welche die Zuhörer in ihren Bann ziehen müssen. In kuscheligen Wohnzimmern, in kargen Rathaussälen, in unübersichtlichen Schiffsbäuchen. Ich werde keine Bühne haben, keine Scheinwerfer, keine Kulisse. Nur einen Stuhl, eine Wohnzimmerlampe und meinen gelben Koffer – aus dem ich deutsche Kultur zaubere. Ich bin gespannt, ob das heute noch jemanden vom Hocker reißt …

HEINRICH HEINE

Deutschland. Ein Wintermärchen

Im traurigen Monat November war's,
Die Tage wurden trüber,
Der Wind riß von den Bäumen das Laub,
Da reist ich nach Deutschland hinüber.

Und als ich an die Grenze kam,
Da fühlt ich ein stärkeres Klopfen
In meiner Brust, ich glaube sogar
Die Augen begunnen zu tropfen.

Und als ich die deutsche Sprache vernahm,
Da ward mir seltsam zumute;
Ich meinte nicht anders, als ob das Herz
Recht angenehm verblute.

Ein kleines Harfenmädchen sang.
Sie sang mit wahrem Gefühle
Und falscher Stimme, doch ward ich sehr
Gerühret von ihrem Spiele.

Sie sang von Liebe und Liebesgram,
Aufopfrung und Wiederfinden
Dort oben, in jener besseren Welt,
Wo alle Leiden schwinden.

Sie sang vom irdischen Jammertal,
Von Freuden, die bald zerronnen,
Vom jenseits, wo die Seele schwelgt
Verklärt in ew'gen Wonnen.

Sie sang das alte Entsagungslied,
Das Eiapopeia vom Himmel,
Womit man einlullt, wenn es greint,
Das Volk, den großen Lümmel.

Ich kenne die Weise, ich kenne den Text,
Ich kenn auch die Herren Verfasser;
Ich weiß, sie tranken heimlich Wein
Und predigten öffentlich Wasser.

Ein neues Lied, ein besseres Lied,
O Freunde, will ich euch dichten!
Wir wollen hier auf Erden schon
Das Himmelreich errichten.   (gekürzt)

Aufbruch am Deich oder: Aus dem Nest geschmissen

Hamburg – Elmshorn

Heute ist es so weit: Sonntag, der 10. Mai 2014. Heute beginnt meine große Reise, die ich monatelang vorbereitet habe und für die ich eine Menge aufs Spiel setze. Ich tausche finanzielle Sicherheit, Privatsphäre und Selbstbestimmung gegen Unsicherheit, Abenteuer und Gottvertrauen. Ich tausche meinen vollen Kleiderschrank, mein weiches Bett und meine große Badewanne gegen einen harten Ledersattel, zwei Packtaschen voller Funktionskleidung und einen knallgelben Koffer, den ich von seinem verstaubten Dachbodendasein befreie. Vor mir liegen Tausende Kilometer durch mein Land, aufgeteilt in vier Etappen: Norden, Osten, Westen, Süden. Geplant sind acht Monate Reisezeit. Im Moment habe ich erst ein paar Dutzend Gastgeberangebote, die meisten aus dem Norden. Daher starte ich mit dem Gebiet vor meiner Haustür. Ich muss aber während der Reise ordentlich trommeln, damit ich immer ein Dach über dem Kopf habe.

Idealerweise wäre ich an diesem besonderen Tag körperlich fit, ausgeschlafen und guten Mutes. Leider bin ich nichts davon. Ich bin hundemüde, die letzte Nacht habe ich kaum ein Auge zugetan, die Nächte davor war es nicht besser. Ständig bin ich meine Siebensachen in den Satteltaschen durchgegangen, die Gedichte für das Kofferprogramm, das ich bei den Gastgebern darbieten werde, und den heutigen Ablauf. Bis jetzt läuft alles wie geplant: Viele meiner Freunde sind bei mir, sie haben Kuchen und Obstquark mitgebracht, der Tisch biegt sich unter dem pompösen Frühstück. Ich kriege keinen Bissen hinunter. Da, es klingelt, das müssen sie sein: und richtig, vor der Tür parkt ein weißer Van, in blauer Schrift zieht sich ein Slogan über die Tür: *Das Beste am Norden.* »Das Fernsehen kommt«, rufen die Kinder am Fenster aufgeregt.

Nico, ein Redakteur vom NDR, hatte sich vor ein paar Tagen angekündigt, um für die Sendung *DAS!* über das Projekt zu berichten. Dankbar habe ich ihn zur Abfahrt eingeladen, denn durch die Medien kann ich potenzielle Gastgeber auf mich aufmerksam machen. Bisher stammen die meisten Einladungen auf meiner eigens für das Projekt programmierten Deutschlandkarte, auf der sich gewillte Gastgeber eintragen können, von Freunden und Familienmitgliedern. Ich freue mich also einerseits über das Kamerateam, das nun die enge Treppe hochgestiefelt kommt, und andererseits macht es mir ein mulmiges Gefühl: Nun gibt es Beweisaufnahmen und damit kein Zurück mehr.

Die Dreharbeiten lenken mich etwas ab: Tür öffnen, Koffer greifen, noch einmal, bitte, dann ist es plötzlich Mittag und Nico, der Redakteur, sagt: »So, also, wir könnten jetzt.« – »Na klar. Was könnt ihr?« – »Abfahren« – »Gut«, sage ich etwas verwirrt. »Also, du könntest jetzt abfahren.« – »Ich? Wie jetzt – sofort?«

Ja, das meint er wohl, ich soll jetzt abfahren, meine Freunde sollen winken, das Filmteam wird filmen, die Aufgaben sind eigentlich klar verteilt.

Ich denke es nicht nur, ich sage es sogar laut: »Das schaffe ich nicht!« Und verschwinde im Schlafzimmer, ziehe die Tür hinter mir zu und lasse mich aufs Bett fallen. Es ist schon 14 Uhr, wir haben länger gedreht und wollen am Deich noch Aufnahmen machen, und dann sollen es über 70 Kilometer nach Elmshorn sein. Es beginnt zu regnen, und ich fühle nur noch Erschöpfung. Ich bin mir sicher: Wenn ich jetzt losfahre, komme ich keinen Kilometer weit, geschweige denn 70. Sobald das Filmteam weg ist, werde ich mich in die nasse Wiese setzen und nur noch heulen.

Meine Freunde klopfen jetzt vorsichtig an die Schlafzimmertür: Als sie mich voll Hoffnungslosigkeit auf dem Bett liegen sehen, reagieren sie verständnisvoll und sagen Sachen wie: »Du musst doch gar nicht heute fahren, der Auftritt ist erst morgen!« Und: »Wir machen das so: Du fährst, wir winken, der NDR dreht, dann dreht der NDR ab und du drehst um. Und kommst zurück. Und schläfst dich aus, und morgen nimmst du den Zug!«, oder: »Wem willst du denn was beweisen, also für mich musst du das nicht tun!«, und: »Hey, ich fahr dich und dein Rad und den Koffer.« Es ist das, was wahre Freunde sagen in so einer Situation. Sie nehmen den Druck raus. Aber die Entscheidung können sie mir nicht abnehmen. Also komplimentiere ich sie dankbar hinaus, starre auf mein abgezogenes Bett, das mir auf einmal wie in Holz gegossene Geborgenheit vorkommt – so breit, so warm, meine Matratze zum Einsinken, wie lange werde ich darauf verzichten? Nur noch eine letzte Nacht hier in meinem weichen Bett, was spricht dagegen? Sollte ich diese Reise denn nicht kraftvoll beginnen, voller Elan?

Ich bin hin- und hergerissen, was soll ich nur tun? »Jedem Anfang wohnt ein Zauber inne«, sagt Hesse in den »Stufen« – darf ich diesen Zauber verraten und schon vor dem Start die Spielregeln verletzen? Oder soll ich darauf vertrauen, dass ich schon irgendwie in Elmshorn ankomme, egal in welchem Zustand? Was tut man mit Mitte dreißig, wen man partout nicht weiterweiß?

Ich greife zum Handy und wähle den ersten Eintrag in der Favoritenliste. Meine Mutter geht zum Glück sofort dran, hört meine Schilderungen und sagt einfach:»Heute wird es nicht leicht, aber morgen wird es schwerer.« Sie sagte nicht:»Na los, raus mit dir!« Aber ich habe es trotzdem gehört.

Und auf einmal sieht mein Bett nicht mehr wie ein Nest aus, sondern wie ein Versteck. Und ich sehe mich selbst darin hocken, das Kameralicht ist längst aus, die Freunde sind wieder zu Hause, meine Klamotten schon alle verpackt auf dem Dachboden. Eine traurige Vorstellung mit einem bitteren Beigeschmack des Versagens. Ich rede mir also gut zu:»Zugegeben, es ist anders, als du es dir vorgestellt hast. Grauer Himmel, müde Beine, Augenringe und Gegenwind – statt einem Frühlingstag, an dem selbst die Vögel dir Beifall zuzwitschern. Aber nichts auf dieser Reise wird so werden, wie du es dir vorstellst. Das ist ja das Gute daran!« Und ja, im Nachhinein muss ich mir recht geben: Nichts war, wie ich es mir vorstellte, aber gut fand ich das auch nicht immer.

Am 10. Mai 2014 beschließe ich, kein Risiko einzugehen. Wenn es morgen auch nicht besser werden würde, brauche ich auch nichts zu verschieben. Ich reiße die Schlafzimmertür auf und rufe:»Ich fahre!« Und dieser Entschluss verschafft mir genau das Quäntchen Kraft, das ich brauche, um mich auf den Sattel zu schwingen.

Eine kleine Ewigkeit später sind alle Bilder abgedreht, meine winkenden Freunde und das NDR-Team lasse ich auf der anderen Elbseite und strample los. Weit komme ich nicht. Am gegenüberliegenden Ufer wartet jemand auf mich, den ich nicht vor den Kameras verabschieden möchte. Der große blonde Mann sieht mir mit zwei Fischbrötchen in der Hand und blitzenden Augen entgegen. Wir haben uns erst vor ein paar Wochen kennengelernt, ich habe gleich gesagt: »Ich fahre mit dem Rad durch Deutschland, mich hält hier nichts, auch du nicht. Also vergiss das lieber mit uns.« Er hat mich nur angesehen und lächelnd gesagt: »Freiheit und Liebe sind doch kein Widerspruch.« Darauf fiel mir nichts mehr ein, und so falle ich ihm am Tag meiner Abfahrt in die Arme, stecke meinen Kopf in seinen Pullover und das Fischbrötchen in die Satteltasche, stürze meinen Kaffee hinunter, falle ihm noch einmal in die Arme, halte ihn fest, sage: »Bis bald!«, und steige entschlossen auf das Rad. Diesmal aber wirklich.

Es dauert nur ein paar Kilometer, dann überspült mich eine Welle der Erleichterung: Ich fahre! Und ich fahre gar nicht mal so langsam, das Treten in die Pedale hilft mir sogar, die Anspannung loszuwerden. Ich lasse den Tag passieren, bin unendlich dankbar für all die Unterstützung und auch ein bisschen beschämt: Ich bin dreiunddreißig Jahre alt, und trotzdem muss mich immer noch meine Mama aus dem Nest schmeißen. Als weise Mutter hat sie entweder Hesse gelesen oder sie wusste instinktiv: Ihre Tochter fährt jetzt los – oder nie.

Die erste Strecke zeigt es mir dann gleich so richtig – Regen, Gegenwind, fast nur Bundesstraße für 70 Kilometer. Aber ich habe gute Laune. Erstaunlich, denn eigentlich spricht viel dagegen: Alle 20 Minuten halte ich an einer Bushaltestelle an und rupfe meine gesamten Klamotten aus den beiden Satteltaschen, bis ich endlich genau das Teil gefunden habe, das ich in diesem Moment brauche, um weiterfahren zu können. Erst muss die warme Unterwäsche drunter (bei dem Dauerregen wollen noch nicht einmal die Truckerfahrer meine Funktionswäsche-Show kommentieren), dann kommen die langen Thermoteile als zweite Schicht, dann die dicken Socken drüber, dann die Handschuhe aus, um die nassen Socken wieder zu wechseln. Plötzlich ein Gedanke wie ein Schock: Schokolade! Das Verlangen überfällt mich geradezu, ein Drang nach Schokolade, wie ich ihn seit den Lernphasen für das Abitur nicht mehr erlebt habe! Wie fremdgesteuert fahre ich zum nächsten Supermarkt, knalle mein Rad vor den Eingang, gehe als tropfendes Bündel zu dem Süßigkeitenregal, greife wahllos zu, tropfe zur Kasse und reiße dabei schon den ersten Riegel auf. Noch kauend springe ich rauf aufs Rad, und nun schaffe ich die nächsten zehn Kilometer bis zum Wäschewechsel wieder bestens gelaunt. Ich übe den Text für mein Kofferprogramm, singe laut vor mich hin und schimpfe leidenschaftlich mit den Rasern, die mit hundert Sachen gefährlich eng an mir vorbeikacheln und mich vollends in schmutzigem Regenwasser baden.

Aber natürlich komme ich so nicht schnell voran. Die Strecke ist zäh und endlos. Doch irgendwann, nach einer gefühlten Ewigkeit, taucht das erste Mal mein Ziel auf einem Schild auf: *Elmshorn 20 km.* Jetzt weiß ich: Es ist machbar. Ich werde ankommen. Auf den letzten zehn Kilometern läuft die Zeit noch langsamer, die Straße will Meter für Meter bezwungen werden, und die Sehnsucht nach einem warmen Nest wird immer größer. Doch plötzlich und ganz unvermittelt taucht es auf: *Elmshorn* leuchtet das schmutzig-gelbe Ortsschild mit den schwarzen Lettern in der Dämmerung auf. Es gibt nichts, was so einen magischen Zauber verbreitet wie das Ziel einer langen Strecke. Die Ortsnamen meiner Reise, so unbekannt sie mir auch sind, so klischeehaft meine Vorstellungen auch sein mögen, sie haben eine magische Anziehungskraft. Elmshorn, Saustrup, Beidendorf, Zehdenick, Singen, Wollbach, Lohfelden – die ganze Strecke über haben all meine Anstrengungen nur ein Ziel: diesen Ort zu erreichen. Und wenn nach langem Sehnen das gelbe Schild auftaucht, erstaunlicherweise immer plötzlich und unerwartet, dann liegt ein leuchtender Kranz darum. Ziel erreicht!

Es ist schon dunkel, als ich in den Ort einfahre. Jetzt bin ich zwar da, aber noch nicht am Ziel. Ich muss noch das richtige Haus finden. Weit kann es nicht sein, mein Navi zeigt »fünf Minuten Fahrzeit« an. Dann schaltet es sich aus, Akku leer. Und ich habe die Adresse natürlich nicht im Kopf. Also springe ich in die nächste Eckkneipe und bitte die junge Bedienung hinterm Tresen, mein Handy kurz einzustöpseln. Und wie ich so tropfend und verloren vor ihr stehe, fragt sie natürlich, wo ich herkomme. Hamburg. »Was, bei dem Wetter? Warum denn? Und wo willst du hin?« Jetzt sage ich es zum ersten Mal im Präsens: »Ich fahre mit dem Fahrrad durch Deutschland, ich trete auf gegen Kost und Logis. Und ich möchte zu Frank, aber ich weiß nicht, wo er wohnt.« Mit ist schüchtern zumute, es klingt alles ganz unwirklich, und inzwischen hat die ganze Kneipe die Lauscher weit aufgestellt. Die Barfrau ist allerdings sichtlich begeistert, gibt mir ein Radler aus (was sonst), und nach kurzer Zeit stellt sich heraus, dass Frank ihr Nachbar ist. »Der ist sehr nett«, lächelt sie ermutigend. »Er hat immer einen Hut auf, aber trotzdem, er ist wirklich nett.«

Auch wenn ich während der Vorbereitungen keine Sekunde Zeit hatte, mir über den Nettigkeitsgrad meiner Gastgeber Sorgen zu machen, bin ich doch irgendwie erleichtert. Es ist nass und dunkel, ich bin hundemüde und brauche dringend etwas Heimeliges. Und wie so oft auf dieser Reise, bekomme ich, was ich brauche.

Franks Haus ist nicht zu übersehen. Überall brennt Licht, sodass die Begrüßung auch im Dunkeln zu lesen ist:»Willkommen, Wandermärchen!«steht in großen Lettern im Fenster, daneben prangt ein Plakat mit meiner Auftrittsankündigung, selbst gestaltet und ausgedruckt (Frank hat nicht nur sein Haus, sondern die ganze Stadt damit zugepflastert, wie ich mich am nächsten Tag mit eigenen Augen versichern kann). An der Haustür flattert ein Zettel:»Bitte klopfen, Wandermärchen ☺«

Tja, und nun muss ich doch noch heulen. Es ist zwar inzwischen Nacht, aber ich habe es geschafft. Das Ding ins Rollen gebracht. Nicht verschoben, nicht gekniffen. Zum Glück! Denn hier in Elmshorn werde ich erwartet, von einem Menschen, den ich noch nie gesehen habe, der einen Auflauf in den Backofen geschoben hat und sein Bett für mich geräumt. Der Pralinen darauf drapiert hat und ein selbst geschriebenes Gedicht. Der wunderschöne Hüte trägt und so besondere Sätze sagt wie:»Als ich von dir und deinem Vorhaben gehört habe, da wusste ich: Dieser Frau musst du helfen.«Und der das so ernst meint, dass er zusammen mit mir an meinem ersten Blogeintrag feilt, bis ich meinen eigenen Ton für das Online-Tagebuch gefunden habe. Frank ist der erste Gastgeber, der in meinem Koffer landet. Und mit auf die Reise geht …

Bis auf den Dauerregen bleibt mir während der kommenden Monate all das erhalten, was mir der erste Tag beschert hat: die plötzliche Schokoladengier, das Wühlen in den Klamotten, die Bundesstraßen, die Raser, das versagende Navi, mein

»Ich fahre durch ganz Deutschland«-Satz, der Zauber der Orts-schilder. An all das werde ich mich irgendwann gewöhnen.

Nur diese erste Begegnung mit den Gastgebern, die leichte Aufregung, wenn ich vor der Tür stehe und den Klingelknopf drücke, die Überraschung, dass alles so anders ist, als ich es mir ausgemalt habe, das innere Staunen, dass diese Menschen mich nun wirklich in ihren privaten Raum lassen, mich bewir-ten, mir ein Bett beziehen, Publikum für mich einladen – daran gewöhne ich mich nie. Es erscheint mir immer wieder wie ein kleines Wunder. Und das ist es ja auch, wenn man bedenkt, wie viel Grund sie alle gehabt hätten, nichts davon zu tun. Schließlich kennen sie mich nicht, wissen nicht, ob sie mich oder mein Programm mögen werden. Und sie gewähren mir Einblick in ihren persönlichen Raum, ihre Einrichtung, ich sehe Fotos an den Wänden, ich sehe ihre großzügigen oder bescheidenen Lebensverhältnisse. Sie alle hätten gute Gründe gehabt, mich *nicht* einzuladen.

Mindestens genauso gute Gründe, wie ich sie habe, diese Reise zu unterlassen. Es ist ein Wagnis für beide Seiten. Aber wir können nicht verlieren, das weiß ich spätestens seit mei-nem ersten Gastgeber Frank und dem köstlichen Duft von Tortellini-Auflauf, der durch die nächtlichen Straßen Elms-horns weht ...

MASCHA KALÈKO

Vagabundenspruch

Man soll seinen Mantel nicht zu lang an den gleichen Nagel
   hängen,
weil es so oft dieser Nagel nur ist, der uns am Ende noch hält.
– Wer von uns weiß es denn noch, daß auch die düsteren, engen
Gassen ins Offene führen, in die unendliche Welt ...

Bleib du in keiner Stadt; denn ihre Türme und Mauern
sind Menschenwerk und haben nicht Bestand.
Doch Wälder, Berg und Strom schuf Gottes Hand.
Sie werden uns ein Weilchen überdauern
auf diesem Stern, wo man so rasch vergißt.
– Wer sollte wohl um unsereinen trauern,
der überall ein Zugereister ist;
ein Herbergsschild vielleicht? Ein Polizist?

Was mich betrifft, ich weiß, es grünt das Feld,
wenn längst kein räudiger Hund mehr nach mir bellt.
Und Schiffe ziehn, und Küsten blühn für andre.
Wer weiß das nicht? ... Weil sich das so verhält
auf dieser tollen, Wunder vollen Welt,
nimm deinen Mantel von der Wand und wandre.

Schleswig-Holstein oder: Viel Wind um Wind

Elmshorn – Glückstadt – Barmstedt – Brokstedt – Neumünster –
Meezen – Holstenniendorf

Im Elmshorn mache ich alles zum ersten Mal – Gastgeber treffen, meinem Plakat ins Gesicht schauen, mein Kofferprogramm aufführen. Frank hat den Auftritt in einer Art Bar organisiert, die einen großen Außenbereich hat. Ich bin der Auftakt zur Grillsaison, welcher aber leider eher nass ausfällt. Mir soll's recht sein. Ich hole mir einen Barhocker, platziere mich so, dass jeder Tisch mich sehen kann, dimme die Beleuchtung, und fertig ist die Bühne. Die Zeitung hat meinen Auftritt angekündigt, Frank hat die halbe Stadt zugepflastert und seine Freunde hertelefoniert, und so sind trotz eines WM-Fußballspiels ca. fünfzehn bis zwanzig Zuschauer da. Wenig für das große Restaurant, genug für mich. Schließlich ist das hier heute meine Premiere. Den Texten habe ich gestern auf dem Rad den letzten Schliff verpasst, trotzdem fühle ich mich nicht sicher. Ich spreche alles auswendig und hatte wenig Zeit zum Proben, obwohl meine Regisseurin Annette Uhlen mit mir eine Woche intensiv am Kofferprogramm gearbeitet hat. Nun also die erste Vorstellung vor Publikum. Dass es sich um eine Premiere handelt, habe ich nicht an die große Glocke gehängt, ich will erst mal sehen, wie es so läuft. »Ein Deutscher ist großer

Dinge fähig, aber es ist unwahrscheinlich, dass er sie tut!« Nietzsche macht den Auftakt. Als das Publikum lacht, schöpfe ich Mut. Mit dem Stürmer und Dränger Goethe geht's dann um die Wurst: Deutsche Leidenschaft – ein unvereinbarer Widerspruch? Die berühmte Ballade »Willkommen und Abschied« soll das Gegenteil beweisen.

Nach ein paar Minuten habe ich mein Thema etabliert und das Publikum an der Angel. Die nächsten 40 Minuten sind im Flug rum, und ich habe mich nur zweimal versprochen und zum Glück wieder gefangen.

Danach bin ich unglaublich erleichtert und unterhalte mich mit den Gästen, die größtenteils aus Neugier hierhergekommen sind. Das Thema bewegt sie, und einige von ihnen wollen sich auch den nächsten Auftritt im Barmstedter Kino in zwei Tagen ansehen. Nachdenklich fahre ich mit dem Rad »nach Hause«, also zu Frank. Es ist ein großes Thema, das ich da im Gepäck habe. Und es ist nicht gerade leicht. Ich spüre Aufregung im Publikum, wenn ich Einzelne ganz direkt frage: »Sind Sie Deutschland?« Ich rühre da an etwas, von dem ich nicht weiß, welche Richtung es nehmen wird.

Am Abend sitze ich mit Frank und einer Freundin zusammen, wir unterhalten uns über den Begriff »Heimat«. Für die Freundin ist es kein abstraktes Thema – in Brandenburg geboren und heute in Hamburg zu Hause, vermisst sie immer noch »den Geruch Brandenburgs, der weiten Stoppelfelder in der gleißenden Sonne«. Über den ganzen Arm und die Schulter hat sie sich den Brandenburg-Bären und den Michel tätowieren lassen – beide Heimatorte innig vereint, ohne Mauer, ohne Ost und West.

Später schreibe ich meinen ersten Blogeintrag über die Abfahrt. Frank erweist sich als große Hilfe – »hier noch klarer formulieren, diese Stelle etwas genauer ausschreiben« –, ich habe einen wahren Autor an meiner Seite, der literarisch feinfühlig und versiert ist, und nach einer Stunde steht der erste Eintrag. Danach liest Frank mir aus seinen Manuskripten vor – sprudelnd vor Fantasie und voller verrückter Einfälle. Alles, was er je an Verlage geschickt hat, wurde abgelehnt, einmal sogar mit einem bedauernden persönlichen Schreiben des Cheflektors. Ich schlage ihm vor, in Barmstedt doch auch etwas zu lesen. Er will darüber nachdenken. Am Ende macht er es tatsächlich, aber er liest keinen seiner Texte, sondern meinen ersten Blogeintrag. Das rührt mich, wie überhaupt alles an meinem ersten Gastgeber. Seine ruhige Zuversicht, mit der er das Leben betrachtet. Die Herzlichkeit, mit der ich aufgenommen werde, die Plakate überall, das Engagement mit dem er »das Wandermärchen in Elmshorn« ganz zu seiner Sache macht. Und dass er das ausschließlich kalte Wasser in seiner Dusche »nicht ganz so warm« nennt. Er ist mein erster Anker, und ich lasse ihn ungern los und bin erleichtert, dass er auch zum nächsten Auftritt kommen will.

Nach Elmshorn könnte ich eigentlich weiter nördlich nach Barmstedt fahren, ich habe aber einen Tag Zeit und möchte eine Spritztour nach Glückstadt machen. Also starte ich einen Aufruf über Facebook: Nimmt mich jemand in Glückstadt auf? Tatsächlich meldet sich Almut, gerade so rechtzeitig, dass ich nicht die Jugendherberge ansteuern muss. Sie kommt um 19 Uhr von der Arbeit, bis dahin kann ich die Zeit vertrödeln. Das tue ich in dem einzigen Hotel am Marktplatz, das ein freies WLAN-Netz hat. Ich sitze mit meinem Laptop im Restaurant, beantworte Mails und organisiere die weitere Route. Um durch Glückstadt zu bummeln, bin ich viel zu müde, die Geschäfte haben geschlossen, und kaufen kann ich sowieso nichts, dafür sind meine Satteltaschen zu klein. Das wird meine touristische Beschäftigung bleiben: Für Sightseeing viel zu erschöpft, sitze ich in den schönen Städten des Landes auf Marktplätzen und schaue dem Treiben zu, versuche ein Gefühl zu bekommen für ihre Bewohner. Als ich Glückstadt am nächsten Morgen verlasse, nehme ich viele Eindrücke aus der kleinen Stadt kurz vor der Elbmündung mit: der malerische Hafen, die großen Fenster von Almuts Altbauwohnung, die warme Badewanne, ihr Hochbett mit der harten Matratze, das sie mir großzügig überlässt, der morgendliche Kaffee im Schlafanzug auf dem Sofa und das gegenseitige Zeigen von Fotos. Almut und ich haben uns wie Freundinnen ausgetauscht, als würden wir uns schon länger kennen – das war etwas eigenartig, aber sehr persönlich und schön. Die 30 Kilometer nach Barmstedt bewältige ich gut gelaunt und voller Vorfreunde, denn dort erwarten mich eine schnuckelige Bühne, ein kleines, aber feines Publikum und meine Fans aus Elmshorn.

Nach Barmstedt kommt Brokstedt und nach Brokstedt kommt der NDR. Vier Tage nach meinem Aufbruch am Deich will mich das Team besuchen und meinen ersten Auftritt im Wohnzimmer filmen. Ich erreiche den kleinen Ort in Schleswig-Holstein frühzeitig, parke mein Rad bei dem Bäcker in der Hauptstraße, ziehe mich fernsehfein an und warte.

Schließlich biegt der Van um die Ecke und ich freue mich fast so, als würde ich Freunde nach langer Zeit wiedersehen. Dabei ist meine Abfahrt in Hamburg erst vier Tage her! Schon jetzt kommt mir das eher wie vier Wochen vor …

Meine Gastgeberin Katrin ist eine Mutter mit zwei Schuljungen, sie hat sich im Vorfeld von mir dazu überreden lassen, meinen Auftritt bei ihr vom NDR begleiten zu lassen. Zum Glück. Ich fühle mich sofort wohl, das Haus ist urig und verwunschen, und nachdem ich mit dem NDR stundenlang »Fahrbilder« gedreht habe (zweihundert Mal den Feldweg rauf und runter), geht es auch schon auf die »Bühne«. Katrins Freunde sitzen dicht gedrängt im kleinen Wohnzimmer auf Bierbänken, das Kamerateam dreht durch die Tür und von außen durch das Fenster, da im Raum kein Zentimeter Platz mehr ist. Während ich rezitiere, ist kaum ein Atemzug zu hören, ich stehe direkt vor der ersten Stuhlreihe. Das nenne ich mal Publikumsnähe. Vielleicht auch deshalb wird es einer der intensivsten Auftritte dieser Reise – obwohl wir alle, meine Gastgeberin, das Publikum und ich, mächtig aufgeregt sind. Es ist der erste wirklich private Auftritt und wir erleben die Magie dieser Nähe – in der Dichte des Raumes wachsen wir alle ein Stück zusammen.

Hinterher stehen wir gemeinsam in der Küche und trinken Wein, das Gespräch kreist um unser Land und unser persönliches Verhältnis dazu. Dichter und Denker, das ist völlig aus dem Bewusstsein verschwunden, darüber sind sich die meisten hier einig. Ein Mann verabschiedet sich, kommt eine Minute später wieder durch die Tür geprescht und sagt: »Also, mit dem, was du da machst, nach deinem Programm, da denke ich: Ich kann doch stolz auf Deutschland sein.« Ich werde rot vor Verlegenheit, weil er sich die Mühe gemacht hat und extra umgekehrt ist. Und weil ich erschrecke: Will ich denn das? Die Menschen stolz machen auf Deutschland?

Es ist ein schwieriges Thema mit dem Stolz, der Begriff ist negativ besetzt durch die Nationalsozialisten und wir scheuen uns davor, »stolz auf unser Land zu sein.« Auch ich. Aber ist das richtig? Überlassen wir damit nicht den falschen Menschen die Deutungshoheit über Begriffe wie »Stolz«? In meiner Arbeit als Sprechtrainerin erlebe ich häufig, wie schwer es selbst Menschen in verantwortungsvollen Positionen fällt, sich gerade zu machen, laut zu sprechen, eine deutliche Haltung einzunehmen. Immer wieder tauchen Zweifel auf: Darf ich das denn? Mich groß machen, Raum einnehmen? Anscheinend wird Haltung zeigen bei uns manchmal verwechselt mit »sich selbst in den Vordergrund spielen«. Als würde man anderen etwas wegnehmen, wenn man für sich einsteht. Als könnte man nicht selbstbewusst *und* empathisch sein. Haben wir Angst, zu uns selbst zu stehen, uns zu zeigen? Und gilt das auch für unser Verhältnis zu unserem Land? Empfinden wir die Gefahr als zu groß, dass wir damit an etwas rühren, was wir als »historische Schuld« kollektiv in uns tragen?

Und hier an diesem Punkt zeigt sich auch die zweite Ebene, die zweite Antwort auf die Frage, warum ich mich auf die Reise durch mein Land begeben habe:

Mir sagte vor einiger Zeit einmal jemand, der nicht in Deutschland geboren ist: Ihr Deutschen kümmert euch gar nicht um euer eigenes Land. Es ist aber doch euer Zuhause, eure Familie, wie kommt das? Ich war völlig perplex: Ja, es stimmte!

Bereisen wollte ich ferne Länder, nicht deutsche Bundesländer. Und »Heimat« war für mich irgendwie altbacken. Ich wollte mit meinem Land nicht wirklich etwas zu tun haben, nicht Position beziehen, mich nicht äußern. Mir ging unsere Vergangenheit, unsere unausgesprochene Schuld genauso gegen den Strich wie unsere ständige Kritik an unserem Land. Ich wollte mich weder schuldig fühlen noch alles kritisieren. Aber loben, nein, das kam nun gar nicht infrage. Wie auch, bei Nationalsozialismus und Waffenverkauf und Spießbürgertum und Handtuchdeutschen.

Dass ich damit einen Teil meiner Wurzel leugnete und selbst keine Haltung einnahm (und Haltungslosigkeit habe ich an anderen immer leidenschaftlich kritisiert), das wurde mir mit einem Schlag bewusst. Und dass auch mein Beruf einen großen und wichtigen Teil der deutschen Identität beinhaltete. Gedichte sind ein Teil der Geschichte und ein Spiegel der Gesellschaft. Aber meine Landsleute als meine Familie sehen? Doch je mehr ich darüber nachdachte, umso einleuchtender erschien es mir – Familie, das sind doch die, zu denen ich ungefragt aber unbestreitbar dazugehöre, die mir das Leben erleichtern oder erschweren können, die ich selbst unablässig kritisieren kann – aber wehe ein anderer tut das! Die einfach ein Teil meines Lebens sind, ob ich nun will oder nicht – Familie Deutschland?

Meine Landsleute zu besuchen, sie besser kennenzulernen, sie zur Familie zu machen – das fühlte sich erstaunlich richtig an. So richtig, dass es das wert schien, diese Reise zu wagen.

Ich spüre schon nach diesen paar Tagen Reise, dass ich an ein großes Thema rühre, dass mit mir viele Menschen bewegt, und bin gespannt, was mich in den nächsten Monaten noch erwartet …

Bei Katrin bleibe ich zwei Nächte, ihr jüngerer Sohn hat sein Zimmer geräumt – am nächsten Tag besuche ich noch eine neunte Klasse in Neumünster, in die geht der ältere Sohn. 70 Kilometer mit dem Rad, hin und zurück. Mittags koche ich Nudeln für mich und den Jüngsten, Katrin ist arbeiten. Abends sitzen wir zusammen und sind beide erschöpft von der Aufregung des gestrigen Drehtages. Als ich am nächsten Tag weiterfahre, stehen alle drei in der Haustür. Sie werden sich jetzt aufs Sofa lümmeln und einen Film ansehen, Familienalltag nach einem aufregenden Wochenende. In diesem Moment würde ich sehr gerne dableiben. Ein Sofa. Ein Zuhause. Ein Hingehören. Ich breche auf.

Es sind nur 20 Kilometer, aber ich verfahre mich und bin müde. Endlich komme ich in Meezen an. Hier wohnt Michaela, ich habe sie bei Karin »akquiriert«. Als sie sagte, sie hätte mich auch sehr gerne eingeladen, sagte ich: »Super, ich suche übermorgen noch eine Unterkunft, willst du mich haben?« Michaela sagt sofort begeistert Ja, und ich lande in meinem ersten Traumhaus: ein stilvoll ausgebauter ehemaliger Bauernhof, ein Foyer mit Stuck, riesige Lampen, Vitrinen mit feinstem Porzellan, ein großes Büro. Michaela ist Designerin und entwirft Porzellan. Ich freue mich über mein gemütliches Zimmer mit Blick in den Garten und besetze erst mal das großzügige Bad mit der Erlebnisdusche für eine gute Stunde. Wie gut tut Fußbodenheizung! Sehnsüchtig denke ich: »Wenn ich groß bin, will ich das auch mal haben!« Ja, das könnte ich mir vorstellen. Ein ausgebauter Hof auf dem Land, arbeiten und leben mit viel Freiraum.

Am Abend der Auftritt im Salon, am morgen Sonntagsfrühstück im Garten. Das Gespräch landet wieder bei dem Begriff »Stolz«. Michaelas siebzehnjähriger Sohn, ein kluger, ernsthafter Kopf, sagt, man könne nicht stolz sein auf Deutschland. Ich frage: »Was müsste Deutschland tun, damit du stolz darauf sein könntest?«, und habe dabei so etwas wie Weltfrieden im Kopf. Er überlegt nur kurz und ist sich dann sicher. »Gar nichts. Man kann das mit unserer Vergangenheit nicht sagen, einfach niemals. Und es gibt auch heute genug Dinge, die falsch laufen.« Wir Erwachsenen sind erstaunt. Wie viel Last der Vergangenheit liegt auf der jungen Generation? Ihre Großeltern haben den Krieg wenn überhaupt nur noch als Kinder erlebt, die Diktatur des Nationalsozialismus kennen sie nur aus der Schule. Aber auch wenn die Jugendlichen ihrem Land kritisch gegenüberstehen, empfinden sie doch nicht mehr unbedingt Schuld. Nach einer Befragung des TNS Infratest von Vierzehn- bis Neunzehnjährigen im Jahr 2010 interessieren sich 69 Prozent nach eigenem Bekunden »sehr für die Zeit des Nationalsozialismus«, und 59 Prozent der Jugendlichen empfinden Scham angesichts der deutschen Verbrechen. Interessanterweise sind das deutlich mehr, als bei den älteren Generationen (48 Prozent). Mir sagen die Zahlen aber nicht viel über das Verhältnis zum Land und ich beschließe, lieber Menschen zu befragen als Studien. Und mir scheint, als würde da eine verantwortungsbewusste Generation heranwachsen, zumindest wenn ich nach diesem jungen Mann gehe. Und Stolz kann schließlich alles sein: eine vor Ego strotzend geschwellte Brust oder der liebevolle Blick eines Vaters auf seine Tochter, die zur Einschulung auf die Bühne gerufen wird. Entscheidend ist für mich nicht der Begriff, sondern das, was dahintersteht.

Für heute bin ich erst einmal stolz auf mich selbst, dass ich mich trotz wundem Hintern noch auf das Fahrrad schwinge und nicht längst in den Regionalzug gesprungen bin.

Eine Woche bin ich jetzt unterwegs. Die unzähligen Eindrücke der letzten Tage, die Aufregung und der Schlafmangel fordern ihren Tribut – ich werde ich immer müder, und längere Strecken werden zu scheinbar unüberwindbaren Hindernissen. Ich beschließe, nicht direkt die gut 70 Kilometer bis Friedrichstadt zu fahren, sondern noch einen Zwischenstopp bei Bianca in Holstenniendorf zu machen – sie hat sich auf der Karte eingetragen und eine Übernachtung angeboten. Bianca möchte keinen Auftritt veranstalten, und ich freue mich auf einen entspannten Abend im Garten mit Grillwurst und Radler.

Also trödele ich in der Sonne über die Landstraßen, es ist Sonntag und kaum ein Auto oder Mensch zu sehen. Ich fahre vor mich hin, gleichmäßig, ruhig, eins mit mir und der Welt. Vor mir die spiegelglatte Straße, links und rechts sattgrüne Wiesen; Kühe und Dörfer gleiten an mir vorbei. Jetzt, nach einer Woche, bin ich endlich angekommen. Hier, auf dieser Reise, in diesem Landstrich, im Norden. Da ist eine Grundharmonie, eine innere und äußere Stille, wie ich sie bisher nie erlebt habe. Und mit jedem Kilometer verliere ich Zeit und Raum, alles wird eins. Und auf einmal, ganz plötzlich, habe ich eine Erleuchtung und es kommt mir vor, als würde ich auf einmal alles begreifen: die Landschaft, die Menschen, den ganzen Norden. »Das also ist deine weiche Seite«, denke ich, »das ist der zarte und schöne Kern hinter der rauen Schale, wie selig kannst du mich machen, wie aufgehoben bin ich plötzlich in der Welt.«

Vielleicht ist es etwas zu viel des Guten, jedenfalls werde ich nach ein paar Kilometern misstrauisch. Und schaue auf mein Handy, das ich als Navi nutze. Es hat keinen Empfang. Ich halte irgendwo an, frage eine Familie, die gerade ihr Auto für den Sonntagsausflug volllädt – wo liegt denn Holstenniendorf? »Na ja, in die andere Richtung«, sagt der Vater. »Gut 15 Kilometer zurück, dann kommt eine Kreuzung, da musst du abbiegen.«

Mit einem Schlag ist es dahin, mein Einssein mit der Welt.

Ich war in einem Funkloch, hätte längst abbiegen so fahre seit über 15 Kilometern in die falsche Richtung? ?

drehe ich um und erlebe mein blaues Wunder: Die Straße geht unmerklich, aber unweigerlich immer bergauf und ich muss ordentlich strampeln. Und: Ich habe Gegenwind – den von der starken Sorte, der einem in die Kleidung kriecht und jeden Tritt in die Pedale zum Kraftakt werden lässt. Und ich habe 15 Kilometer Zeit, nachzudenken. Völlig erschüttert muss ich feststellen, dass das, was ich für »Einssein mit der ganzen Welt« gehalten habe, nichts als Rückenwind gewesen ist! Schlicht und ergreifend Rückenwind und leicht bergab. Und mir wird klar, dass ich bis zu diesem Moment auf der ganzen Reise noch nicht ein einziges Mal Rückenwind hatte! Und jetzt muss ich auch noch dafür zahlen, für das kleine Stückchen Glück, mit 15 Strafkilometern gegen den Wind und bergauf. »Na warte, Norden, mit dir bin ich noch nicht fertig!«, fluche ich zähneknirschend.

Ich habe dieses Einssein mit der Welt auf meiner Reise immer wieder mal gesehen – in den entzückten Gesichtsausdrücken der Menschen, die mir auf dem Rad entgegenkamen. Und ich möchte an dieser Stelle eine Bitte vortragen, die aus ganz tiefem Herzen kommt: Schenken Sie der Welt etwas Frieden und lindern Sie die Not Ihrer Mitmenschen. Es ist sehr einfach. Sollten Sie bei Ihrem nächsten Radausflug Rückenwind haben und beglückt und wie beflügelt über das Land dahinschießen, dann genießen Sie es! Sollte Ihnen allerdings jemand entgegenradeln, dann SAGEN SIE NICHTS! Alles, was Sie jetzt von sich geben, macht es schlimmer. Das Gleiche gilt übrigens auch für bergab: Jeder gut gemeinte Rat, beispielsweise »Versuchen Sie es mal mit der anderen Richtung« oder ein schönes Zitat wie »Gegenwind macht Flügel« wecken ungeahnte Kräfte in Ihrem Gegenüber. Allerdings richten die sich weniger auf die Bewältigung der Wegstrecke als auf Sie persönlich, und man könnte versuchen, Ihnen selbst Flügel zu verpassen. Ein Lächeln voller Wärme sollte das Maximum an Kontaktaufnahme sein, ein würdevolles Kopfnicken oder ein Blick in die weite Landschaft reichen vollkommen. Kein Mensch fährt gegen den Wind, wenn er auch mit dem Wind fahren könnte. Das weiß der Gequälte, das wissen Sie. Teilen Sie ihre Freude über ihr Glück auf Facebook oder zu Hause. Das ist halbes Leid. Eine friedlichere Welt wird es Ihnen danken. Und ich auch. Ich habe nämlich IMMER GEGENWIND! Warum? Das ist eine der großen Fragen dieser Reise, auf die ich keine Antwort gefunden habe. Und es hat nichts mit »subjektiver Wahrnehmung« zu tun, ich überprüfe die Windrichtung jedes Mal sehr genau. Ich habe auf 8160 Kilometern ca. 6000 Kilometer Gegenwind, 1700 Kilometer gar keinen Wind und 460 Kilometer Rückenwind gehabt. Ich denke, jemand will mir damit etwas sagen. Vielleicht liebt der Wind mich nicht zurück, so wie ich ihn liebe. Vielleicht will er mir meine Stärke beweisen. Vielleicht ist es aber auch nur seine Art, Zuneigung zu zeigen. Stürmisch eben. Wie auch immer, ich werde jetzt Segeln lernen. Oder Drachenfliegen. Das Thema ist noch nicht durch.

Ricarda Huch

Sturmlied

O Brausen des Meers und Stimme des Sturms
Und Irren im Nebelschwarm!
In Hafens Ruhe, im Schutze des Turms,
Wie eng und arm.

Ich will kein Kissen mir unters Haupt,
Kein Schreiten auf Teppichen weich;
Hat mir der Sturm auch die Segel geraubt,
Da war ich reich!

O herrliche Fahrt im Windeshauch
Hinauf und hinab und zurück!
Nur kämpfend, und unterlieg ich auch,
Ist Leben Glück.

Nordfriesland oder: Ich wohne nicht, ich lebe!

Friedrichstadt – Heide – St. Peter-Ording – Amrum – Sylt

»Ich wohne nicht, ich lebe«, lautet ein Zitat von Rose Ausländer und beschreibt, wie ich mich nach einer Woche Wandermärchen fühle. In Friedrichstadt bin ich eingeladen, in der ehemaligen Synagoge aufzutreten. Auf dem Weg dahin verlassen mich meine Kräfte. 20 Kilometer vor »Klein-Amsterdam«, wie die Stadt am nordfriesischen Wattenmeer auch genannt wird, schmeiße ich mich neben dem Radweg ins Gras. Ich bin jetzt acht Tage unterwegs, war bei sechs unbekannten Gastgebern und habe fünf Auftritte absolviert, habe knapp 300 Kilometer mit dem Rad zurückgelegt. Jedes für sich genommen ist für mich schon ungewohnt, das Radfahren, die Auftritte und das Kennenlernen immer neuer Menschen. Alles zusammengenommen ist eine pausenlose Flut von Eindrücken, die ich nicht verarbeiten kann – ich komme nicht mehr hinterher und brauche dringend eine Pause. Also liege ich am Wegesrand, und gerade als ich beschließe, einfach nicht mehr aufzustehen, höre ich laute Schmatzgeräusche über mir. Ich öffne die Augen und sehe in zwölf Kuhköpfe, die sich neugierig über mich beugen und dabei gemächlich wiederkäuen. »Na gut, ich fahre ja schon weiter«, grummle ich und greife zum Telefon. Ich rufe meine Gastgeberin an und sage ihr frei heraus, wie es um mich steht. Und dass ich vielleicht besser in die Jugendherberge gehe, weil ich etwas Ruhe brauche. Nicht, dass Jugendherbergen stille Unterkünfte wären, aber vielleicht benötige ich mal eine Pause vom Leben als Dauergast.

Meine Gastgeberin hat einen komplizierten Doppelnamen und eine tiefe Stimme und erweist sich als sehr verständig. Ruhig bietet sie mir an, mir erst einmal die Unterkunft anzuschauen, wir könnten ja zusammen einen Kaffee trinken, und anschließend wüsste ich sicher, was das Beste für mich ist. Und das solle ich dann frei heraus ohne Hemmungen einfach machen. Das klingt vernünftig. Also hieve ich mich dankbar wieder auf das Rad und bringe die letzten 20 Kilometer hinter mich. In einer ruhigen Straße im beschaulichen Friedrichstadt begrüßt mich eine hochgradig aufmerksame, zierliche Frau mit großen, dunklen Augen, die sich hinter einer runden, roten Brille verstecken. Ich bin überrascht. Ich hatte sie mir ganz anders vorgestellt. Älter. Weniger wach und aufmerksam. Aber warum eigentlich? Wegen des Doppelnamens? Wegen der Stimme? Wie sehr habe ich mich doch davon beeinflussen lassen. Wir gehen in das Haus, das von einem eigentümlichen Geruch erfüllt ist. Nach Weichspüler und Katze und Büchern. Mein Zimmer ist im oberen Stock. Schwere Vorhänge, ein Schlafsofa mit vielen Kissen, der Schreibtisch eine Antiquität. An den Wänden Bilder und überall Bücher. Ich lasse mich in die Kissen sinken, in den Geruch dieses Hauses, in die Geborgenheit des Zimmers.

»Ich würde sehr gerne bleiben«, sage ich beim Kaffee. Meine Gastgeberin nickt und heißt mich willkommen.»Sie fühlen sich bitte vollkommen frei«, sagt sie und meint es auch so. In den nächsten zwei Tagen fühle mich tatsächlich frei. Ich erkunde die Stadt, fotografiere viel und freue mich, wenn ich nach Hause komme und die Hausherrin in ihrem Gartenstuhl sitzt, eine Tasse Tee vor sich und eine Zigarette in der Hand. Dann setze ich mich zu ihr und stelle ihr eine Frage. Sie zieht dann an ihrer Zigarette, trinkt einen Schluck Tee, denkt nach – und beginnt schließlich mit leiser Stimme zu erzählen. Es ist erstaunlich – egal wie belanglos meine Frage ist, immer bekomme ich viel mehr als nur eine knappe Antwort darauf. Meine Gastgeberin berichtet von der Geschichte Friedrichstadts, von der Zeit des Nationalsozialismus und dem letzten Juden, der die Stadt verlassen hat, vom heutigen Leben in einer Kleinstadt, von den vergeblichen Versuchen des Bürgermeisters, die Krähen zu vertreiben, die wie ein schlechtes Omen unablässig über unseren Köpfen kreisen und kreischen, von äußerer und innerer Heimat. Sie sagt Sachen wie:»Ich bin nicht spießig, aber altmodisch«, und:»Heimat kann man nur in sich selbst finden«. Ich sitze da, lausche der leisen, tiefen Stimme und genieße jede Sekunde.

Zwei Tage vergehen wie im Flug, aber ich kann noch nicht weiter. Also fasse ich mir ein Herz und frage:»Könnte ich noch eine Nacht länger bleiben?« Ich habe Zeit und möchte mein Nest einfach noch nicht verlassen. Meine Gastgeberin versinkt in Schweigen, während ich die Luft anhalte. War das dreist von mir? Habe ich ihre Gastfreundschaft überstrapaziert?

»Eine Sache müssen wir dann allerdings klären, und Sie müssen ganz ehrlich zu mir sein«, sagt sie schließlich.»Selbstverständlich«, sage ich und bereue schon, überhaupt gefragt zu haben. Sie fragt:»Wollen wir uns duzen?«

Ich bin völlig perplex.»Natürlich, sehr gerne, ich bin Magdalena«, sage ich.»Ulrike«, sagt sie.»Weißt du, für einen jüngeren Menschen in der heutigen Zeit ist es ja fast unmöglich, so etwas abzulehnen.«So habe ich das noch nie gesehen, aber ja, sie hat recht. Trotzdem bin ich sehr erleichtert, anscheinend weiterhin ein gern gesehener Gast zu sein. Am Abend fällt mir auf, dass mir das gegenseitige Siezen fast fehlt. Als ich Ulrike darauf anspreche, stimmt sie mir zu und sagt, dass man auch siezend eine starke, respektvolle Nähe erzeugen kann. Wirklich, Ulrike beherrscht diese Kunst. Ich sitze aufrecht in ihrer Gegenwart, überlege genau, was ich sage, und bemühe mich, Banalitäten zu vermeiden. Das ist aber erstaunlicherweise nicht anstrengend, ich fühle mich geschützt und angesehen, wenn ihre großen Augen auf mir ruhen. Nennt man so etwas eine Dame? Der Begriff kommt mir unweigerlich in den Sinn, wenn ich an sie denke. Vielleicht lebt in Friedrichstadt ja die letzte Dame dieses Landes …

Als ich abreise, sitze ich mit gradem Rücken auf meinem Rad. Und nehme mir vor, die Menschen in meinem Umfeld nicht mehr so schnell zu duzen. Mag sein, dass es etwas steif daherkommt, etwas hanseatisch oder gar förmlich und »deutsch« – aber gehört es nicht auch zu unserer Kultur? Ikea duzt seine Kunden auch hierzulande, aber es gefällt mir immer weniger. Da liege ich wohl im Trend. Studien zeigen, dass gerade die junge Generation wieder länger am »Sie« festhält. Mir gefällt eigentlich, dass wir da anders sind als die Amerikaner oder die Dänen. Mag unser »Sie« auf andere Nationen auch förmlich wirken, so verschafft es doch auch Freiheit: Ich kann jemandem Respekt zeigen, indem ich ihn sieze, und ich kann Nähe zeigen, indem ich zum Du einlade. Und ein bisschen mehr »Dame« kann mir garantiert nicht schaden!

Ich mache mich also im »Damensitz« auf den Weg nach Hennstedt, einem kleinen Ort in Dithmarschen. Hier hat mich ein Golfhotel eingeladen, etwas »Reha« zu machen und das

Programm aufzuführen. Ich freue mich auf zwei Tage und Nächte selbstbestimmtes Leben, sehe mich schon auf dem dicken Hotelbett lümmeln und mal auf den Fernseher, mal in den Himmel schauen. Nicht reden, nicht denken, sacken lassen. Ich breche früh auf und blicke zum Glück direkt morgens auf mein Handy. Der Inhaber des Golfhotels schreibt in einer Mail, dass mein Auftritt leider nicht in der Presse gestanden hätte, nun sehe er keinen PR-Effekt und damit wenig Sinn in einer Veranstaltung. Er möchte sie stornieren. Eine Nacht könne ich trotzdem bleiben, Frühstück wäre auch noch drin. Es fühlt sich an wie ein Schlag in die Magengrube. Es ging einzig und allein um Presse? Und ich werde einfach wieder ausgeladen? Dabei klang es am Telefon, als wollte man mein Projekt unterstützen, den Auftritt erleben. Dachte ich zumindest. Ich sehe mich selbst, wie ich kleinmütig die Lobby betrete, mein dreckiges Fahrradgepäck im Schlepptau, und an der Rezeption erkläre, ich dürfe hier eine Nacht unterkommen. Geduldet, nicht erwünscht.

Zum Glück wohnen Freunde in der Nähe; ich fahre zu ihnen nach Heide und komme auf dem Sofa unter. Eine Weile habe ich noch daran zu knabbern – wie verdammt demütigend es ist, ausgeladen zu werden. Und wie angewiesen auf die Menschen ich mich fühle, die mich einladen – auch wenn ich mir immer wieder sage, dass ich es nicht bin. Dass ich mir immer ein Bett in der Jugendherberge leisten kann, zur Not. Trotzdem bleibt der Beigeschmack der Abhängigkeit. Mein ganzes Leben habe ich darauf ausgerichtet, unabhängig zu sein. Vor allem in beruflicher Hinsicht durch meine Selbstständigkeit. Aber am Ende bin ich auch als Selbstständige immer schon auf andere angewiesen gewesen: darauf, dass sie Tickets für meine Veranstaltungen buchen, mich als Sprechtrainerin engagieren. Und bei diesem Projekt brauche ich die Unterstützung meiner Mitmenschen wie nie zuvor: Essen und Schlafen, von Herzen willkommen geheißen zu werden in der Fremde, das ist auf einmal existenziell für mich. Meine Haut wird immer dünner, je länger ich unterwegs bin, meine Sinne schärfen sich, und ich spüre überdeutlich am eigenen Leib, wie verletzlich ich bin ohne eigenen Wohnraum.

Bevor ich diese Reise angetreten habe, wurde ich immer wieder von Journalisten gefragt, ob ich denn keine Angst habe. So allein bei fremden Menschen. Auf den Gedanken war ich noch gar nicht gekommen, und Angst fühlte ich überhaupt nicht. Aber war ich vielleicht naiv? Also fragte ich meine Mutter, ob sie sich Sorgen um mich machen würde. »Nein«, sagte sie entschieden, »ich habe nur Angst, dass du ausgenutzt werden könntest.« Ausgenutzt? Ich verstand nicht, was sie damit meinte. Zwölf Tage nach meinem Aufbruch am Deich habe ich eine leise Ahnung.

Und vierzehn Tage nach meiner Abreise checke ich im »Premium Strand Hotel Zweite Heimat« in St. Peter-Ording ein. Man empfängt mich trotz sandiger Satteltaschen und Fahrradhosen herzlich und gibt mir eine kleine Suite mit Meerblick. Als ich den kilometerlangen weißen Sandstrand entlanglaufe und abends bei Sonnenuntergang auf meinem Balkon sitze, da weiß ich eines sicher: Mag sein, dass manche versuchen, mich auszunutzen. Aber damit machen sie die Unterstützung der anderen, die mir auf dieser Reise ununterbrochen begegnet, nur umso wertvoller. Schließlich zeigen sie damit, dass Großzügigkeit und Gastfreundschaft nicht selbstverständlich sind. Sondern ein Geschenk.

Ich bin reif für die Insel. Von Amrum setze ich über nach Sylt. Ein Sehnsuchtsort für viele Deutsche. Sylt steht für schmucke Reetdachhäuser, feine Sanddünen, den langen weißen Strand, die aufregenden 1970er-Jahre, FKK und Kultur, schöne Surfer, Fischrestaurants, Fernsehmoderatoren und die prominente Currywurst in der Sansibar. Sylt steht für sehr viel, weshalb auch viele Menschen Sylt besuchen wollen. Genaue Zahlen werden erst jetzt erhoben, es sollen aber in der Hochsaison bis zu zweihunderttausend Menschen sein, die sich täglich auf den 99 Quadratkilometern drängen. In den letzten Jahren sind aber noch ein paar Schlagworte dazugekommen: die teuersten Immobilien Deutschlands, Ausverkauf, Insel ohne Insulaner, krankhafte Entwicklung. Und neuerdings auch Klimawandel und Landverlust. Es scheint, als sei hier etwas aus dem Gleichgewicht geraten.

Aber all das blende ich aus, als ich in Hörnum, Sylts südlichem Hafen, ankomme. Ich will die Nordsee genießen und Meeresluft schnuppern. Das wird mir auch geboten. Die kürzeste Radstrecke dorthin führt mich über den Rantumer Damm, einen schmalen Verbindungsdeich, umgeben von Wasser. Und dem Wind gänzlich ausgesetzt. Ich habe ihn natürlich mal wieder direkt von vorne und kämpfe mit 5 km/h gegen ihn an, während mir immer mal wieder ein Glücklicher entgegenfliegt. Das also ist das berühmte Reizklima, und ich muss sagen, es wirkt – ich bin eindeutig gereizt.

Eingeladen hat mich das Hotel Hof Galerie in Morsum, ein Künstlerhotel. Ich erwarte ein Haus voller Zeitungen und rauchender Köpfe dahinter, etwas schmuddelig, aber mit Charme. Und bin fassungslos, als ich den Schlüssel zu einer Suite überreicht bekomme, mit eigener Küche, Wohnbereich und Schlafzimmer mit Riesenbett. »Das wäre doch nicht nötig gewesen«, stammle ich. Und hüpfe unentwegt durch mein Reich, fotografiere es von allen Seiten, rufe Freunde an, möchte es so gern teilen! Ich sollte hier nicht allein sitzen. Ich sollte mit einer Freundin Sekt trinkend auf dem großen Bett liegen und stundenlang überlegen, ob wir noch mal rausgehen oder lieber nicht ... Endlich beruhige ich mich etwas und erobere den Wellnessbereich. Schließlich trete ich bald vor den anderen Hotelgästen auf, die in den umliegenden Suiten residieren. Also höchste Zeit, mich ein bisschen herzurichten! Nach zwei Nächten im Riesenbett fühle ich mich der Welt wieder gewachsen. Aber leider nur kurz, denn die Umgebung holt mich ein. Und diesem Fleckchen Land bin ich irgendwie nicht gewachsen. Ich streife über die Insel und lasse mich treiben mit den Heerscharen anderer Syltbesucher. Mit Tausenden teile ich mir die beiden schmalen Radwege, die die Insel von Nord nach Süd durchziehen. Ich schlendere am wunderschönen Sandstrand entlang, ohne einzukehren, denn mein Budget verhindert, dass ich Kaffee und Kuchen für 20 Euro genießen kann. Ich fahre und fahre, suche rastlos nach etwas, das ich nicht genau benennen kann und das ich auch nirgendwo finde. Sylt macht mich nervös, nicht nur aufgrund der hohen Preise, der vielen Menschen, der teuren Geländewagen, die auf der Insel wie auf einem Privatgelände entlangrasen. Anscheinend bin ich nicht die Erste, der das so ergeht. Direkt vor der berühmten Sansibar entdecke ich einen auffälligen weißen Schriftzug auf dem Radweg: »Geld macht unfrei«. Ich muss lachen über dieses Statement, denn es passt bestens hierher. Es ist nicht nur zu viel, es ist vor allem zu wenig. Zu wenig Alltag, zu wenig gewöhnliche Menschen, zu wenig Realität. Die weißen Dünen, die tosende Brandung, rote Sonnenuntergänge über dem Meer – alles kommt mir unwirklich vor, als würde ich mich in meiner persönlichen Truman-

Show befinden, einer exquisiten Urlaubskulisse, die allmorgendlich neu programmiert wird. Trotz all der Menschen wirkt die Insel ausgestorben. Wo ist der Alltag, das wahre Leben? Wo sind die Sylter?

Echte Sylter sind eine seltene Spezies. Es gibt noch maximal vierzehntausend Einwohner, die wirklich dauerhaft auf der Insel leben. Eine davon hat mich eingeladen. Birte, Goldschmiedin aus Keitum, und ihre Tochter Magdalene empfangen mich mit offenen Armen. Meine Gastgeberin hat sich sehr auf meinen Besuch gefreut, sie selbst setzt sich schon länger mit dem Thema Heimat auseinander und sieht mit einem Blick, wie überfordert ich bin. »Komm, ich zeig dir das wahre Sylt«, sagt sie, schnappt sich eine Flasche Wein, zwei Gläser und eine Decke und geht mit mir an den Strand. Gemeinsam schauen wir auf die versinkende Sonne und lauschen der Brandung. »Das ist Sylt«, sagt sie und klingt wie eine Mutter, die ihr wunderschönes Kind betrachtet. Die wohltuende Gesellschaft, der Wein und das Rollen der Wellen beruhigen mich langsam. Und Birte beginnt zu erzählen. Von den Missständen, die hier herrschen, und wie traurig sie das macht. Dass viele Sylter ihre Heimat meistbietend verkauft haben in den letzten Jahrzehnten und erst langsam begreifen, was sie verloren haben. Dass sie sich Sorgen macht um die Zukunft der Inselgemeinschaft. Birte ist als Kind mit ihrer Familie auf die Insel gezogen und Sylt ist ihre Heimat geworden. Und sie hatte Glück, vor Jahren ein Haus von einem Mann erwerben zu können, der lieber an eine Sylter Familie verkaufte als über einen Makler an Fremde. Dass dadurch auch ihre Tochter hier einmal leben kann, wenn sie denn will. Es gibt viele einheimische Kinder, die wahrscheinlich keine Zukunft auf der Insel haben werden, da es zu wenig Wohnraum für Normalverdiener gibt. »Auf

Sylt kann man sogar Garage oder Keller vermieten, so bringen Unternehmen dann Personal unter«, sagt sie. Ich recherchiere, wie es dazu kommen konnte. Familien mit durchschnittlichem Einkommen können sich die Insel gar nicht mehr leisten, es gibt quasi keinen Mittelstand. Wenn Geschwister ein Haus erben, müssen sie fast immer verkaufen, da die wenigsten in der Lage sind, bei den Kaufpreisen ihre Miterben auszubezahlen. Alles wird aufgekauft und dann oft abgerissen. In bester Lage steht auf dem Grundstück dann nur Monate später eine Reetdachvilla, die nur sechs Wochen im Jahr bewohnt ist und bis zu 25 Millionen kosten kann. Viele ehemalige Sylter leben inzwischen auf dem Festland und kommen mit dem Zug morgens über den Hindenburgdamm zur Arbeit, weil sie dann nicht einen Großteil ihres Einkommens für Miete ausgeben müssen. »Niemand ist hier enteignet worden«, sagt Birte. »Viele, die heute klagen, haben ihre Heimat und die ihrer Kinder verkauft, und sie haben viel Geld dafür bekommen.«

Am nächsten Tag trete ich auf. Birte hat den Abend mit drei Freundinnen zusammen organisiert, in einer alten Pension am Wattenmeer, die ihrem unausweichlichen Abriss entgegensieht und bis dahin leer steht. So lange sind Kunst und Kultur in das Haus aus den Sechzigerjahren eingezogen. Gemälde hängen an den Wänden, und durch die großen Fenster schimmert das Wattenmeer. Die vier Frauen, alle auf Sylt lebend, bauen im ehemaligen großen Frühstücksraum über siebzig Stühle auf, stellen Getränke und Knabbereien parat und sind voller Vorfreude. Ich hoffe, dass ihre Enttäuschung nicht zu groß wird, wenn dann doch nur zwanzig Leute eintreffen, und versuche, schon mal etwas vorzubeugen und ein paar Stühle zurückzuräumen. »Ach was, die kommen alle!«, wird mein Einwand beiseite gefegt. Und tatsächlich: Auf einmal strömen aus allen Himmelsrichtungen fröhliche Menschen auf das Haus zu, am Eingang stehen die Gastgeberinnen und schütteln Hände, umarmen ihre Gäste. Alle sind bestens gelaunt und irgendwie in Feierstimmung.

»Kommt denn keiner?«, fragt ein Mann am Eingang. »Nein, heute kommt keiner«, antworten meine Gastgeberinnen beruhigend. Ich verstehe die Welt nicht mehr. Das Haus brummt, die Leute strömen, was meinen die bloß!?

»Es stand in der Zeitung«, sagt der nächste Gast.

»Nein, wirklich?«, fragt Birte. »Ärgerlich! Ich hab die Journalisten persönlich eingeladen, aber ausdrücklich darum gebeten, es nicht zu veröffentlichen.«

»Naja, vielleicht kommt ja trotzdem keiner.«

»Kein was?«, werfe ich ein.

»Kein Tourist!«, tönt es mir von allen Seiten entgegen.

Und tatsächlich, es kommt keiner. Kein Tourist verirrt sich zu meinem Auftritt, trotz einer Ankündigung in der Zeitung. Die Sylter sind ganz unter sich, und das mitten in der Saison! Darüber freuen sich die Insulaner und feiern ausgelassen, schon bevor ich überhaupt die Bühne betrete. Natürlich habe ich so ein leichtes Spiel, ich glaube, es ist ein bisschen egal, was ich jetzt auf der Bühne anstelle. Nach dem Auftritt wird angestoßen, gelacht und diskutiert. Ich mag diese Sylter. Sie wirken stark, unabhängig, humorvoll und lebenslustig. Wie schade, dass man ihnen auf den Straßen der Insel kaum begegnet. Aber ich weiß jetzt zumindest, dass sie existieren. Und wo ich sie finden kann, wenn ich sie mal suchen sollte. Aber wer weiß, wie lange noch – wir sollten vielleicht nicht nur die Dünen unter Naturschutz stellen, sondern auch dieses bunte Inselvölkchen. Das ist wahrscheinlich genauso gefährdet. Und mindestens ebenso ein Erlebnis!

Manche behaupten, Sylt sein ein Vorbote für den Rest des Landes. Auf dem kleinen Raum könne man ablesen, was den beliebten Teilen Deutschlands noch bevorsteht. Ich denke an Großstädte wie Berlin, Hamburg und München und idyllische Naturschauplätze wie den Chiemsee oder die Alpen. Investoren treiben die Preise durch Ausverkauf so weit in die Höhe, bis die Wohlhabenden nahezu unter sich sind. Am Ende ist dann nichts mehr übrig von dem Flair, der den Ort so beliebt gemacht hat. Es bleibt eine leblose Idylle, ein Zweitwohnsitz für eine Gesellschaft, die in einer realitätsfernen Kulisse lebt. Ich habe den Luxus genossen in meiner Hotel-Suite. Aber sie könnte so überall stehen. Sylts Landschaft hingegen ist einmalig, wunderschön und einzigartig. Würde ich das Haus meiner Eltern auf Kampen verkaufen, wenn mir jemand dafür Millionen bieten würde? Ich kann das nicht ausschließen, könnte ich von dem Erlös doch woanders jahrelang sorglos leben. Würde ich den Wind vermissen, die Nordseebrandung, die Dünen? Mit Sicherheit mein Leben lang. Die vermisse ich ja auch so schon, nach ein paar Tagen dort.

Vielleicht wird am Ende nicht das viele Geld Sylt den Garaus machen. Seit Jahren kämpft die Insel mit Sandvorspülungen gegen Stürme und Orkane an, die immer wieder Teile der Kliffs abbrechen und das Land verkleinern. Steigt der Meeresspiegel wie prognostiziert, dann kann das Sylt von heute in ein paar Jahrzehnten Geschichte sein.

Das wäre ein unersetzlicher Verlust, und kein Geld der Welt könnte Deutschlands teuerste Insel davor bewahren.

NOVALIS

Wenn nicht mehr Zahlen und Figuren

Wenn nicht mehr Zahlen und Figuren
Sind Schlüssel aller Kreaturen
Wenn die, so singen oder küssen,
Mehr als die Tiefgelehrten wissen,
Wenn sich die Welt ins freye Leben
Und in die Welt wird zurück begeben,
Wenn dann sich wieder Licht und Schatten
Zu ächter Klarheit werden gatten,
Und man in Mährchen und Gedichten
Erkennt die wahren Weltgeschichten,
Dann fliegt vor Einem geheimen Wort
Das ganze verkehrte Wesen fort

Ostsee oder: Meine erste Arbeitshypothese

Saustrup – Flensburg – Haby

Nachdem ich hinter dem schönen Flensburg die nördliche Grenze Deutschlands erreicht habe, schraube ich mich nun an der Ostsee entlang wieder südwärts. Inzwischen habe ich unzählige Informationen von meinen Landsleuten über mein Land erhalten und muss sie irgendwie ordnen. In der Gedichtanalyse stellt man üblicherweise Arbeitshypothesen auf – Vermutungen, die sich nicht eindeutig nachweisen lassen. Woher sollen wir letztendlich genau wissen, was die Aussage eines Textes ist? So geht es mir mit allem, was mir auf dieser Reise begegnet – ich kann Ursachen nur vermuten und nicht sicher erkennen. Ich betreibe keine wissenschaftliche Studie, sondern eine Radreise mit Fragestellungen. Aber nach knapp einem Monat unterwegs im Norden, in der wunderschönen Landschaft von Angeln, bin ich bereit für meine erste Arbeitshypothese.

Britta aus Haby hat mich eingeladen, ihre Huskyfarm zu besuchen. Sie stellt eine morgendliche Schlittenfahrt in Aussicht, da kann ich ja gar nicht Nein sagen. Nicht, dass ich ein Hundefreak wäre, aber eine Schlittenfahrt zum Sonnenaufgang bekommt man nicht täglich angeboten. Vorher steht aber mein Auftritt an, und diesmal habe ich wirklich eine besondere Plattform: Die Gäste versammeln sich im Garten unter einem Baum, meine Bühne ist direkt vor dem Hundezwinger. Hinter mir gut zwanzig Schlittenhunde, die sich während meiner Performance nur einmal streiten. Ich bekomme das indirekt mit, da sich die Augen der Zuschauer von mir abwenden und sorgenvoll das Geschehen hinter mir beobachten. Ich höre leises Jaulen und Knurren und versuche dem mit Rilkes »Panther« thematisch beizukommen. Irgendwann ist wieder Ruhe in meiner Kulisse und wir, die Hunde und ich, halten durch bis zur Zugabe.

Am nächsten Morgen heißt es früh aufstehen: Um halb sechs geht es los in den Wald, nach Sonnenaufgang wird es den Hunden schnell zu warm. Britta verlädt einen riesigen Schlitten, einen Roller, etliche Kanister Wasser und gut ein Dutzend Hunde in das Auto und den Anhänger und wir preschen los. Als wir auf einem breiten Stück des historischen Ochsenweges ankommen, rammt Britta als Erstes schwere Metallpflöcke mit Ketten in den weichen Boden, für jeden Hund einen Pflock. Dann holt sie die Tiere einzeln aus dem Auto und bringt alle zu ihrer Kette. Sie ist hochkonzentriert dabei und spricht jeden aus dem Rudel anders an. Das flößt mir Respekt vor den Tieren ein. Sie erzählt nebenher, dass sie jetzt spontan entscheidet, wen sie vor den Schlitten spannt, abhängig vom heutigen Zustand des Hundes, seiner Laune und seiner Kraft. Schließlich sind sechs Hunde vor den Schlitten gespannt. Ich sitze schon auf dem gepolsterten Sitz, einen Helm auf dem Kopf, Schutzbrille auf der Nase und die Hände an den Griffen. »Gut festhalten!«, ruft Britta mir zu. »Ist der letzte Hund angespannt, kann es sofort losgehen. Am Anfang sind sie sehr schnell und nicht zu stoppen.« Britta steht hinter mir, gibt das Signal, und los geht's!

Auch wenn ich mit der Schutzbrille wenig fotogen aussehe, bin ich doch froh, sie aufzuhaben – die Hunde wirbeln bei ihrem Start nicht nur Staub auf. Hochgeschleuderte Steine und

Lehmbrocken zischen an mir vorbei, der halbe Wald fliegt mir um die Ohren. Nach den ersten Minuten werden die Hunde deutlich langsamer, es wird ein warmer Tag und Britta kürzt die Strecke ab. Ich genieße die Fahrt, und gleichzeitig ist es mir etwas unangenehm, mich so durch die Gegend kutschieren zu lassen. Schließlich kann ich selbst laufen und muss nicht unbedingt sechs Hunde bemühen. Um mein schlechtes Gewissen zu beruhigen, stelle ich nach der Spritztour jedem eine Schüssel Wasser hin und bedanke mich. Ganz besonders bei dem Rudelführer, den wir noch mal extra vor den Roller gespannt haben, um ein Filmchen zu drehen. Es kommt mir so vor, als nähme er meinen Dank hoheitsvoll entgegen.

Insgesamt hat die ganze Aktion gute drei Stunden in Anspruch genommen, mit Verladen der Fuhrwerke, Tiere und Verpflegung. Und Britta war ununterbrochen im Einsatz. Ich bin etwas beschämt über so viel Engagement in Sachen rollende Rezitatorin, schließlich verdient meine Gastgeberin mit den Hunden ihr Einkommen. Und sie hat eine große Familie zu ernähren. Huskys zu halten erfordert viel Aufwand und finanzielle Mittel, erfahre ich in den zwei Tagen in Haby.

»Das macht man nur, wenn man die Hunde liebt«, sagt Britta. Und bereit ist, sein Leben an sie anzupassen, denke ich. Britta und ihre Tochter leben ganz nach dem Rhythmus der Tiere und teilen alles mit ihnen – sogar ihr Haus. Die »Führungsriege« des Rudels lebt mit den beiden zusammen in ihren Wohnräumen. Ich frage mich, ob es so etwas wie Urlaub in ihrem Leben überhaupt gibt. Aber für Britta sind die Tiere wie eine Familie, sie kann den Charakter eines jeden Hundes beschreiben, seine Launen erkennen, seine Rolle in der Gemeinschaft erklären. Irgendwann frage ich sie, ob ihr der Umgang mit den Tieren leichter fällt als der mit Menschen.

»Es gibt keine Differenz zwischen dem, was sie fühlen, und dem, was sie nach außen zeigen«, sagt Britta schulterzuckend. »Ich sehe ja auch bei Menschen, wie es ihnen geht. Wenn sie dann aber etwas anderes kommunizieren als das, was ich wahrnehme, dann finde ich es schwierig, darauf angemessen zu reagieren.« Recht hat sie, denke ich. Und überlege, wie oft ich selbst mich nach außen verstelle. Nicht gerade selten, muss ich zugeben. Ist es Höflichkeit oder Unsicherheit, sich seinen Mitmenschen nicht in Gänze zuzumuten? Geht es dabei tatsächlich um andere oder vielleicht eher um uns selbst?

Vor Haby war ich in Flensburg bei einer Künstlerin zu Gast. Nach einem fröhlichen Auftritt am Vorabend in ihrem Atelier saßen wir morgens beim Frühstück zusammen. Der Regen prasselte an die großen Scheiben, ich hatte es nicht eilig loszukommen und wollte mich sehr gerne noch etwas unterhalten. Das gestaltete sich aber gar nicht so leicht – meine Gastgeberin sprach einen Satz, dann schwieg sie. Jeder Gesprächsversuch meinerseits schien ebenfalls zu versickern, immer wieder traten lange Pausen ein, die anscheinend nur mir unangenehm waren. Irgendwann erzählte mir die Künstlerin, dass sie gerade in einer Gruppe eine neue Kommunikationsform übe, in der es darum geht, nicht immer sofort etwas zu erwidern, sondern auch einmal Dinge stehen zu lassen. Das finde ich absolut sinnvoll, eine Pause verstärkt jede Aussage um ein Vielfaches. Trotzdem war ich etwas irritiert, jetzt wusste ich gar nicht mehr, was ich wann sagen sollte, und wir versanken beide in bedeutungsvollem Schweigen.

Auf dem Weg zu meiner nächsten Flensburger Gastgeberin musste ich lachen. Über die dicken Regentropfen, die mich in

Sekundenschnelle durchnässten, über die Eigenarten der Menschen, die ich traf, über die Vielseitigkeit des Lebens.

Zum Glück brauchte ich nicht weit durch den Regen fahren, meine nächste Gastgeberin lebte auch in Flensburg. Als ich ankam, erzählte sie mir von ihrem Sohn, der bald heimkommen würde und eine autistische Veranlagung habe. Daher sei er angewiesen auf geregelte Abläufe und mein Besuch könnte ihn vielleicht irritieren. Als der erwachsene junge Mann schließlich vor mir stand und mich aufgeregt begrüßte, war mir seine direkte Art sofort sympathisch. Das änderte sich auch nicht, als er mir am Morgen beim Packen nicht mehr von der Seite wich und bei jedem Kleidungsstück wissen wollte, was es damit für eine Bewandtnis hatte. Er machte sich keine Gedanken darüber, ob er mich stören könnte, ob ich es eilig hätte, er wollte einfach alles ganz genau wissen. Und mir machte das nichts aus. Verhaltensweisen, die im Volksmund als »verrückt« gehandelt werden, habe ich schon immer gut nachvollziehen können. Mir erschien dieser junge Mann authentisch. Woher nehmen wir das Recht festzulegen, was »normal« ist und was »verrückt«!

In Haby bei den Huskys wird mir klar, dass sicher manche Nachbarn auch Britta und ihr Leben mit den Hunden für verrückt halten. Oder den autistischen Jungen aus Flensburg. »Verrückt« ist ein dehnbarer Begriff, manch einer meint, was ich tue, sei auch verrückt. »Hast du denn keine Angst, so ganz allein?« Dieses Projekt birgt viele Herausforderungen, aber Angst spielt keine Rolle. Schließlich reise ich durch Deutschland und man passt auf mich auf. In Sachsen zum Beispiel werde ich kurz vor Einbruch der Dunkelheit fast vom Fahrrad geholt, es sei ja schon dunkel, wie weit ich denn noch fahren müsse, was, 30 Kilometer, das geht doch nicht, nächstes Mal aber bitte besser planen oder früher aufstehen!

Ich habe nicht das Gefühl, ich reise durch die Fremde, ich bin eher auf Verwandtschaftsbesuch. Also, vom Grundsatz her ist dieses ganze Projekt Wandermärchen gar nicht verrückt, sondern sehr vernünftig. Ich fahre nicht einfach planlos durch die Gegend, ich verfolge ein Ziel, stelle mir Fragen, veröffentliche die Antworten, trete in Kontakt mit verschiedensten Menschen zu einem Thema, das ich auf die Bühne bringe. Ehrlich gesagt, ich habe noch nie so diszipliniert und unablässig gearbeitet wie für *Deutschland. Ein Wandermärchen.* Also, das hier ist gute deutsche Wertarbeit. Solide und mit kalkuliertem Risiko durchgeführt. Mir ist diese Reise oft viel zu wenig verrückt, ich wäre gerne freier, unbesorgter. Aber da bin ich wohl deutsch. Mir ist mein Land manchmal eher zu vernünftig. Hier möchte keiner wirklich anders sein, auffallen, rausfallen. Da können auch die Großstädte nichts dran ändern, glaube ich, wer in einer Großstadt lebt und sich in Sicherheit wähnt vor den scharfen Argusaugen der Nachbarn aus dem Dorf, passt sich ja irgendwie trotzdem an. Hamburg kleidet sich lässig bis stilvoll, aber nie zufällig. Berlin ist hip, was auch immer das gerade heißt, und München trägt wieder Tracht, Heimat ist in. Wir alle passen uns an, gehen mit der Mode oder fallen so weit aus dem Rahmen, wie es unser Selbstbild erfordert. Ich habe einen künstlerischen Beruf, aber lebe ich deshalb klischeehaft in den Tag hinein? Nahezu jeder künstlerisch Tätige, den ich kenne, verbringt mehr Zeit am Schreibtisch als in der Kneipe. Ich bin auch nicht die extrovertierte Lebenskünstlerin, die heute lebt und nicht an morgen denkt. Ich denke eigentlich ununterbrochen an morgen.

Zugegeben, wenn ich auf dem Rad sitze und die Sonne scheint, dann singe ich laut. Und flirte oder pöbele nach Lust und Laune. Das ist wohl extrovertiert und nicht ganz so deutsch.

Aber der Rest von mir ist sehr normal. Was auch immer das heißen soll. Ich glaube, dass wir alle, die wir uns im Grunde bemühen, möglichst »normal« zu erscheinen, einem Phantom hinterherjagen. Wie verhält sich ein »normaler« Mensch? Nichts in der Natur kennt eine Norm, alles ist Individualität und Einzigartigkeit. Es gibt vielleicht »gesund« und »krank«, oder »natürlich« und »unnatürlich«, aber normal? Ich finde es überhaupt nicht erstrebenswert, »normal« zu sein. Und ich habe auch noch keinen »normalen« Menschen getroffen auf meiner Reise. Im privaten Rahmen kommen Eigenheiten zutage, die genauso liebenswert wie verrückt sind. Alle oder keiner. Entweder sind wir alle verrückt, oder keiner.

Ich plädiere für alle. Und wenn wir das akzeptieren würden, dann gäbe es auch keine Notwendigkeit mehr, irgendetwas zu verbergen. Dann könnten wir uns da draußen so zeigen, wie wir sind. »Was sollen die Nachbarn denken«, wäre Vergangenheit. Wir bräuchten nur zu akzeptieren, dass wir sowieso nicht kontrollieren können, was »die anderen« über uns denken. Wir hätten nichts mehr zu verbergen und wären damit frei. Und wir wären trotzdem nicht allein, denn wir sind ja alle verrückt. Verrückt macht frei, *verrückt ist normal!*

Da ist sie, meine erste Arbeitshypothese.

Ernst Jandl

lichtung

manche meinen
lechts und rinks
kann man nicht
velwechsern.
werch ein illtum!

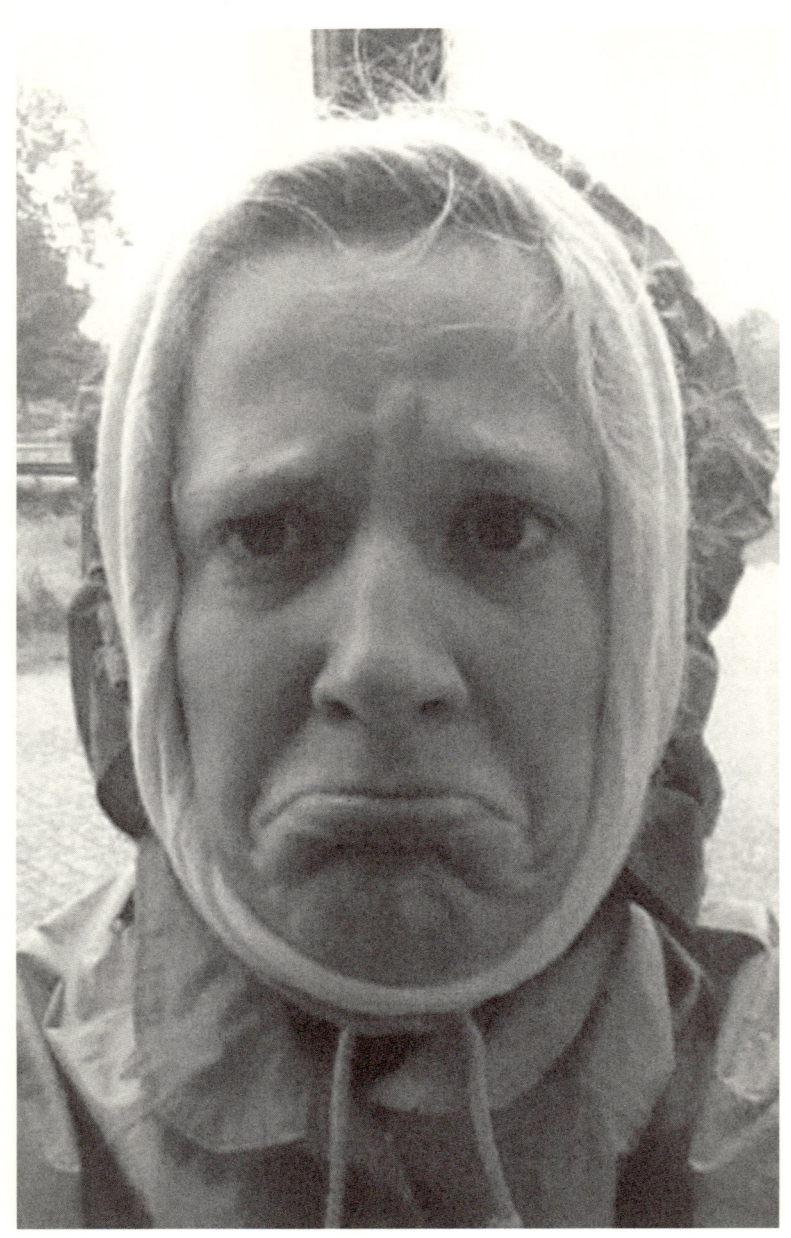

Hanse, Heimweh oder: Im Bannkreis gefangen

Mielkendorf – Griebel – Testorf – Lübeck – Schaalsee – Lüneburg – Kirchgellersen – Salzhausen – Buxtehude – Stade – Trennewurth – Friedrichskoog – Kiel

Die Strecke durch die Holsteinische Schweiz verzaubert mich. Hügel, Seen, klarer Himmel, Plön, Malente, ich stelle mir vor, wie ich mich hier irgendwo niederlasse, ein kleines Haus mit einem Steg zum Wasser – mein Domizil dürfte auch etwas bescheidener sein als meine nächste Unterkunft. Nahe der Hohwachter Bucht, versteckt in Hügeln und Wäldern, liegt das Gut Testorf, ein Vorzeigebau für schleswig-holsteinische Gutsarchitektur. Eingeladen hat mich Dorothy von Hülsen, sie lebt mit ihrem Mann im Gartenhaus des weitläufigen Anwesens. Umgeben von prachtvollen Rosen beziehe ich das frühere Arbeiterhaus, heute ein wunderschönes Reetdachhäuschen. Dorothy von Hülsen zeigt mir noch, wo der Braten im Kühlschrank steht, und überreicht mir dann den Haustürschlüssel – sie und ihr Mann müssen auf eine Veranstaltung in Mecklenburg-Vorpommern und kommen erst morgen zu meinem Auftritt wieder. Bis dahin ist das hier mein Reich.

Dieses Vertrauen verschlägt mir die Sprache. Die beiden kennen mich nicht, haben nur im Radio von mir gehört, die von Hülsens waren von dem Projekt sofort begeistert, und weil es terminlich nicht anders hinzubiegen ist, haben sie mir kurzerhand Haus und Hof überlassen. Ich stehe noch etwas konfus in der Küche und verderbe gerade das gute Stück Wild in der Pfanne, als auf einmal der Jäger an die Fensterscheibe klopft. Wahrhaftig, da steht ein großer Mann in voller Jagdmontur vor mir, mit Hut, Hund und Gewehr, alles in monströser Ausstattung.

Ich laufe verdattert zur Tür, und das Erste, was mir über die Lippen kommt, sind die Worte:»Die Herrschaften sind nicht zu Hause.« Habe ich das eben wirklich gesagt?»Das weiß ich doch!«, donnert der Jäger gut gelaunt.»Ich habe läuten gehört, jemand hier möchte etwas erleben, und da wollte ich mal fragen, ob die junge Dame mit mir auf den Anstand kommt.«

»Anstand? Damit kenne ich mich nicht aus«, stammle ich. Und werde rot. Das Gespräch erscheint mir immer absurder. Irgendwann wird mir klar, dass es sich hier um den Nachbarn handelt, der mich auf den Hochsitz mitnehmen will. Ich bin so sehr in dem Zeitsprung gefangen, der mich gerade dreihundert Jahre in die Vergangenheit katapultiert hat, dass mir sein Angebot unzüchtig vorkommt, und lehne dankend und mit roten Wangen ab. Das Fräulein weiß schließlich, was sich gehört, auch wenn die Herrschaften aus dem Hause sind!

Am nächsten Abend ist Dorothy von Hülsen wieder da und ich bin zurück im 21. Jahrhundert. Während ich von der Reise erzähle, kommt das Gespräch auf die anstehende Etappe Ost. Es gibt im Osten Deutschlands bisher sehr wenige Unterkunftsangebote, und als Frau von Hülsen das hört, kramt sie den Flyer der Festspiele Mecklenburg-Vorpommern hervor und zeigt mir ein prachtvolles Gebäude nach dem anderen. »Soll ich Sie dahin empfehlen?«, fragt sie und deutet auf eine

Orangerie in einem riesigen Rosengarten.»Oder hierhin?« Ein Schloss.»Ich kann momentan alles brauchen«, lächle ich und schöpfe Hoffnung: Vielleicht wird es ja doch noch was mit mir und dem Osten.

An der Ostseeküste entlang fahre ich weiter nach Lübeck. Als Hamburgerin kenne ich die schmucke Hansestadt, die auch poetisch »Stadt der sieben Türme« oder »Tor zum Norden« genannt wird. Außerdem ist Lübeck international bekannt für seine Exportschlager Marzipan und Thomas Mann. Ich besuche hier Susanne. Sie hat heute Geburtstag, was ich eher zufällig herausbekomme. Sie möchte das auch gar nicht feiern. Susanne ist gerade erst aus Weimar nach Lübeck gezogen, davor hat sie neun Jahre in Spanien gelebt. Sie ist also wieder zurück nach Deutschland gekommen und baut sich in Lübeck ein neues Leben auf. Ihr spanischer Freund Claudio hat drei Jahre mit Susanne in Deutschland gelebt und ist gerade wieder nach Spanien zurückgegangen, wegen Beruf und Familie – wie es nun mit ihrer Beziehung weitergeht, wissen die beiden nicht, sie wollen aber eine gemeinsame Lösung finden. Ich sehe, dass es nicht leicht für Susanne ist, in Deutschland wieder Fuß zu fassen, obwohl sie mit ihrer schönen Wohnung und dem guten Job schon sehr viel weiter ist als manch anderer »Rückkehrer«. Seit 2010 ist die Anzahl deutscher Auswanderer, die wieder dauerhaft zurück wollen, laut statistischem Bundesamt rasant gestiegen. Dabei spielt die Wirtschaftskrise in Europa eine große Rolle, aber auch Heimweh oder Familienangelegenheiten. Es ist kein leichter Schritt zurück, davon erzählt mir Susanne ein wenig, und vorsichtig lässt sie offen, wie die Zukunft aussehen wird. Sie ist realistisch und geht kleine Schritte. Es wirkt, als würde sie etwas zwischen zwei Welten schweben – nicht mehr in Spanien und noch nicht ganz hier.

Das ändert sich, als wir einen Stadtbummel machen. Susanne zeigt mir die Innenstadt von Lübeck von einer Seite, wie ich sie noch nie gesehen habe – wir streifen durch enge und quirlige Gassen und lassen uns durch die Geschäfte treiben. Am Abend lade ich sie in einer Studentenbar auf einen Drink ein und wir stoßen auf ihren Geburtstag an. Ich bewundere Susanne für ihren Mut, diesen persönlichen Tag mit einer völlig Fremden zu verbringen. Und auch wenn es nicht so wirkt, als ginge es ihr schlecht dabei, wünsche ich ihr doch, dass sie nächstes Jahr mit einem Haufen Hanseaten darauf anstoßen wird.

»Ich brauche eine Pause, hat jemand ein Nest für mich?«, habe ich im Blog bei meinen Reisegefährten veröffentlicht. Und so lande ich genau fünf Wochen nach meinem Aufbruch am Schaalsee. Im Ferienhaus eines Bekannten decke ich mich mit Einkäufen ein und versuche, Kraft zu tanken für die kommenden Tage. Leider muss ich feststellen, dass das gar nicht so einfach ist. Anstatt in der Sonne zu liegen, springe ich aufgedreht in der Gegend herum, und als meine Freundin Anja aus Hamburg vorbeischaut, radeln wir auch noch 40 Kilometer um den See. Als ob ich nicht genug Rad fahren würde. Ich kann aber leider nicht einfach auf Knopfdruck entspannen, das ist mir noch nie gelungen. Ich brauche dafür Zeit und Geborgenheit und Ruhe. Eigentlich bietet der Schaalsee genau das – als ehemaliges Grenzgebiet lagen über Jahrzehnte weite Teile der Schaalseelandschaft im Sperrgebiet der innerdeutschen Grenze. Dadurch hat sich die Natur hier ungestört entwickeln können, und die Gegend um den Schaalsee herum ist heute

Biosphärenreservat. Die unberührte Natur, die nächtliche Stille und der riesige aufgehende Mond über dem See sollten mich eigentlich beruhigen können, aber das gelingt nur bedingt. Ich fühle mich fremd hier an der Grenze zwischen Schleswig-Holstein und Mecklenburg-Vorpommern. Und ich weiß gleichzeitig auch, dass Hamburg nur eine Tagesetappe entfernt ist. Ich habe Heimweh.

Ich könnte diesen riesengroßen Vollmond über dem Wasser aus voller Kehle anheulen, so schlimm ist es. Ich will nirgendwo mehr hin, ich will nach Hause.

Nach vier einsamen Nächten am Schaalsee liege ich in einem großen Bett in Lüneburg, bei meiner nächsten Gastgeberin. Sie steht in der Tür, ihre kleine Tochter auf dem Arm, und schaut mich besorgt an.»Ich habe Heimweh!«, schluchze ich in das Kissen. In meinen Armen halte ich meinen Laptop, mein Vater hat Geburtstag und meine ganze Familie ist im Ruhrgebiet versammelt. Das ist der Tropfen, der das Fass zum Überlaufen bringt. Ich wäre gerne bei meiner Familie oder wenigstens in meiner Wohnung am Deich. Mir macht die ständige Nähe von Hamburg wirklich zu schaffen. Wandergesellen auf der Walz ziehen einen 50 Kilometer großen Bannkreis um ihren Heimatort, ich verstehe jetzt auch, warum. Von Lüneburg zu meinem Deich sind es nur 33 Kilometer, das ist einfach zu nah. Es fühlt sich nicht mehr an wie eine Abenteuerreise in die Ferne, sondern eher wie immer noch nicht zu Hause.

Laut meiner Routenplanung bin ich noch vier Wochen im Norden unterwegs, ich muss zusehen, dass ich die Nähe Hamburgs bald hinter mir lasse, ich kann schließlich nicht einen Monat schluchzend auf dem Rad sitzen. Nie hätte ich gedacht, dass die Hansestadt Hamburg so ein Magnet für mich sein könnte. Um mich zu wehren, brülle ich auf dem weiteren Weg um die Hafenstadt herum die gelben Schilder an, die mir ständig im Weg herumstehen: *Hamburg 29 km* – »Ist mir doch egal! Fahr zur Hölle, Hamburg!«

Leider hilft das nur oberflächlich, ich muss sogar noch näher ran. Ich fahre in den sogenannten »Obstgarten Hamburgs«.

Das »Alte Land« gehört zu den niedersächsischen Elbmarschen und liegt gegenüber der Hansestadt auf der anderen Elbseite. Auf dem besonders fruchtbaren Boden wird seit Jahrhunderten Obst angebaut; im Sommer kommen die Hamburger in Scharen ins Alte Land, um unter Apfelbäumen Kuchen zu essen und die riesigen verzierten Fachwerkhäuser hinter den Deichen zu bewundern. Wie passend, dass ich ausgerechnet am Sommeranfang, am 21. Juni, von Buxtehude nach Stade fahre. Die Blütezeit ist leider vorbei und auch sonst hält das Alte Land wenig Blumiges für mich bereit: Es stürmt. Und natürlich habe ich Gegenwind. So kommt es, dass ich auf der 30 Kilometer langen Strecke am Elbdeich gegenüber von Hamburg so wütend werde, dass ich beginne, in den Wind zu brüllen. Genau auf so einen Tag habe ich gewartet. Ich krame meine Liste aus der Satteltasche, auf der die Unterstützer der Crowdfunding-Aktion aufgelistet sind, welche ich im Vorfeld der Reise zur Projektfinanzierung gestartet habe: *Ich rufe deinen Namen in den Wind und drehe ein Video davon* – für 10 Euro Unterstützung bekommen das nun dreiundsechzig Menschen per E-Mail zugeschickt. Die wenigen Sonntagsspaziergänger, die sich bei Unwetter an den Deich gewagt haben, lassen das Schauspiel, das sich ihnen bietet, gänzlich unkommentiert: Eine Radfahrerin, in der einen Hand eine Excel-Liste, in der anderen ihr Smartphone, brüllt »Juuuustuus!« in den Wind und filmt sich selbst dabei. Während sie versucht, gleichzeitig die Elbe, das Rad und den gelben Koffer ins Bild zu bekommen, fliegt ihr eine Windböe um die Ohren, und so ist wohl nichts auf dem Video zu hören als das Knattern und Rauschen des Sturmes. Achselzuckend gehen die Spaziergänger weiter, wahrscheinlich warten ein Sofa vor dem Kamin und eine heiße Schokolade auf sie. Als ich nach Stunden in Stade ankomme, will ich auch nichts anderes mehr als Sofa und Schokolade. Ich rufe meine Gastgeberin an. Gisela ist erstaunt:»Wie, du kommst heute? Jetzt?« Da ist wohl eine Mail verloren gegangen, stellen wir beide fest. Zum Glück ist die Gästewohnung frei und ich kann kommen. Gisela lebt im Wohnprojekt»GAGA« was für »Ganz anders gemeinsam altern« steht. Und dass man hier ganz anders zusammenlebt, stelle ich fest, als ich abends im Gemeinschaftsraum auftrete. Obwohl bis eben noch keiner wusste, dass ich eine Performance geben werde, sind nahezu alle Bewohner und sogar Gäste gekommen. Die Nachricht hat sich in Windeseile verbreitet. Jeder hat zudem etwas Essen mitgebracht, sodass aus dem Nichts ein Buffet vor uns aufgebaut wird. Überwiegend, aber nicht ausschließlich leben hier Rentner in selbst gestalteten Mietwohnungen. Die Stimmung ist alles andere als altbacken: Nach dem Auftritt wird leidenschaftlich diskutiert und eine Flasche Rotwein nach der andern geköpft. Man spürt, dass hier Menschen um den großen Tisch sitzen, die mehr verbindet als das gemeinsame Wohnen. »Wir haben zusammen einen langen Weg zurückgelegt«, sagt Gisela,»und kennen uns dadurch sehr gut. Wir gehen alle Kompromisse ein, sonst würde das hier nicht funktionieren. Aber wir wissen auch, wofür wir das tun. Genau so wollte ich immer leben.«

In der Nacht kann ich nicht schlafen und wälze mich bis vier Uhr morgens im Bett herum. Und wie will ich leben? Ich mag Gemeinschaft, sehr sogar, aber darüber diskutieren, ob im Eingangsbereich Blumen stehen oder ein Sessel? Im GAGA war das lange Thema, und sie haben es letztendlich so gelöst, dass nun jede Partei einen Monat die Gemeinschaftsflächen gestalten darf.

»Eigentlich ist das sehr schön«, sagt Gisela. »Man lernt ja wieder etwas über den anderen, wird überrascht.« Ich finde das genial. Und kann mir vorstellen, auch in einem Wohnprojekt zu leben. GAGA hat mich vor allem dadurch beeindruckt, dass die Bewohner in einem Punkt wirklich besonders sind. Sie hören zu. Sie sind wach und interessiert und unterbrechen sich gegenseitig nur selten. Dass das nicht selbstverständlich ist, führt mich nach sechs Wochen Reise zu meiner zweiten Arbeitshypothese.

Ich bin Diplom-Sprecherin, keine Diplom-Zuhörerin. Trotzdem habe ich in meinem Beruf das Gefühl, nicht Reden ist am wichtigsten, sondern Zuhören. Das fällt mir nicht immer leicht, Zuhören verlangt Geduld, Hingabe und Einfühlungsvermögen und auch auf dieser Reise erscheint es mir nötiger als alles andere. Nur durch Zuhören bekomme ich Kontakt zu meinen Gastgebern und ein Gefühl für das, was sie bewegt. Umso stärker fällt mir auf, wenn es gar nicht um einen Austausch geht, sondern in einer Art Wettkampf mündet, in ein gegenseitiges verbales Ausstechen des Gesprächspartners. Das begegnet mir am ehesten unterwegs, in kurzen Gesprächen am Wegesrand. Meist beginnt es damit, dass jemand mein Fahrrad mustert und dann fragt, wo ich herkomme oder hinwill. Bis irgendwann die Gretchenfrage fällt: »Wie viele Kilometer fahren Sie denn so am Tag?« Ich spüre das Lauern hinter der harmlosen Frage.

»Ach, das kommt darauf an …« Mehr muss ich gar nicht sagen, spätestens jetzt werde ich unterbrochen. »Ich hab letztes Jahr auch eine Tour gemacht, Transalp, zwölf Tage, 10 000 Höhenmeter, da schafft man natürlich nur so 60 bis 80 Kilometer am Tag, aber 2012 bin ich die Ostsee entlang bis Litauen gefahren, 150 Kilometer am Tag, da bin ich abends aber wirklich ins Bett gefallen! Wohin fahren Sie noch mal?«

Meistens fahre ich dann so schnell ich kann raus aus dieser Konversation, die eigentlich gar keine ist, eher ein Monolog. Es begegnet mir aber leider so oft (und nicht nur unterwegs, sondern auch nach Auftritten), dass ich diese Art des monologisierten Gesprächs schon als ein weitverbreitetes Phänomen sehe. Warum nur? Stehen wir denn ständig unter dem Druck, anderen etwas beweisen zu müssen? Sind wir gar nicht in der Lage zuzuhören, weil wir fürchten, wenn wir das Wort einmal verlieren, bekommen wir es nicht mehr zurück? Jeder kennt Situationen, in denen man ständig unterbricht und selbst unterbrochen wird. Das kann in Streitfällen vorkommen oder auch, wenn es eigentlich um nichts geht. Mir selbst passiert das, wenn ich eigentlich keinen Raum habe, mich auf andere einzulassen. Wenn ich zu sehr mit mir selbst beschäftigt bin. Ich weiß letztendlich nicht, warum Zuhören so eine komplexe Angelegenheit ist, ich nehme an, es spielen viele Dinge mit hinein. Ich weiß aber ganz sicher, dass es sich lohnt. In jedem Menschen stecken unendlich viele Geschichten, jeder ist eine Reise wert.

Daher lautet meine zweite Arbeitshypothese: *Reden ist Silber, Zuhören ist Gold!*

Am nächsten Morgen bin ich gewillt, noch eine Hypothese aufzustellen: Regeln brechen ist schwerer als Regeln einhalten. Es regnet nämlich in Strömen, und der nette Herr mit dem großen Auto hat angeboten, mich die 20 Kilometer zur Elbfähre zu chauffieren. Damit wäre ich endlich aus dem Bannkreis Hamburgs raus. Aber es ist gegen die Regeln! Diese habe ich vor der Reise selbst aufgestellt und sie lauten:

1. Ich betrete jede deutsche Insel.

2. Ich drehe niemals um.

3. Ich darf mit Schiffen fahren, aber nicht mit Autos oder Zügen.

Die erste Regel habe ich nach zwei Wochen als unrealistisch verworfen. Allein Helgoland zu betreten, ist so ein finanzieller, organisatorischer und zeitraubender Aufwand, dass ich zu der Erkenntnis komme, ich bräuchte allein für die deutschen Inseln den ganzen Sommer. Regel 1 ist also kurzerhand gestrichen.

Regel zwei breche ich das erste Mal auf dem Weg nach Holstenniendorf und danach noch viele weitere Male. Ich kann damit leben, denn ich habe dadurch an Lebensweisheit gewonnen: Manchmal kommt man nur voran, indem man ein Stück zurückgeht. Klingt doch gut.

Regel drei breche ich jetzt, während ich mein Fahrrad in das Auto lade. Ich finde leider keinen vertretbaren Grund dafür, außer dass ich einfach keine Kraft habe, im Regen aus diesem Bannkreis herauszukommen. Und ich habe da dieses fiese Kratzen im Hals, wenn das sich zu einer richtigen Erkältung auswächst …

Gut, ich habe keine Lust.

Kaum bin ich mit der Fähre auf der anderen Elbseite bei Glückstadt, kann ich wieder frei atmen. Es nieselt nur noch, und das Halskratzen ist auch verschwunden. Ich fahre nach

Trennewurth, dort steht das Ferienhäuschen einer NDR-Redakteurin, die mir in einem Gespräch spontan ihren gemütlichen Bungalow in dem winzigen Örtchen in Holstein angeboten hat. Hier ist der Himmel weit und die Straße unendlich. Bis nach Hamburg sind es 100 Kilometer. Als ich an dem gelben Verkehrsschild vorbeifahre, muss ich es nicht mehr anbrüllen. Das Tor zur Welt liegt hinter mir, Trennewurth und die ganze Welt liegen vor mir.

Von Friedrichskoog nach Kiel – in einem Tag von der Nordsee zur Ostsee. Als Motivationscoaching bediene ich mich der neuen Medien und poste regelmäßig meinen Kilometerstand auf Facebook. So stelle ich sicher, dass ich auch ankomme. Eigentlich sollte Kiel mein Abschluss der Nordetappe werden. Aber schon auf Sylt habe ich bei einem Strandspaziergang etwas begriffen: Mein bisheriger Plan ist undurchführbar. In einem Jahr von Mai bis Ende November durch das ganze Land zu radeln, dabei ständig Auftritte zu organisieren und Identitätsfragen zu reflektieren ist nicht möglich.

Ratlos rufe ich mal wieder meine Mutter an. Sie sagt:»Du hast einen Plan gemacht, und nun siehst du, dass er nicht funktioniert. Aber dafür ist diese Reise ja da. Ändere doch einfach deinen Plan.« So wurde im Handumdrehen aus einem Jahresprojekt ein Zweijahresprojekt. In diesem Jahr widme ich mich dem Norden und Osten bis Ende Oktober, und im nächsten Jahr fahre ich im gleichen Zeitraum durch den Westen und Süden. Im Winter habe ich dann Zeit, die Route für 2015 sorgfältig zu planen, damit ich nicht so viel im Zickzack fahren muss wie im Moment. Den Nord-Ostsee-Kanal überquere ich heute zum siebten Mal. Wehmütig denke ich an den Zauber, den das beim ersten Mal vor zwei Monaten ausgelöst hat.

Im maritimen Schiffercafé in Kiel wird es trotzdem eine Art Abschluss geben. Danach mache ich ein paar Tage Pause und fahre anschließend durch Ostfriesland. Es kommen ehemalige Gastgeber und treue Freunde in das schöne Café am Kai, es ist der letzte Tag der Kieler Woche, dieses riesigen Segelevents, das Windjammer aus der ganzen Welt anlockt. Ich liebe Windjammer über alles, aber heute freue ich mich viel mehr darüber, dass Barbara aus Mielkendorf hier ist. Und Birte aus Westerland. Und Michaela aus Meezen. Meine Gastgeber! Sogar die ehemalige Ministerpräsidentin Schleswig-Holsteins Heide Simonis sitzt im Publikum. Alexander vom Schiffercafé hat sie von der schönen Terrasse in den Gastraum gelockt (wie auch immer er das gemacht hat), sie lauscht jetzt zusammen mit den anderen Gästen den Seeräuberballaden und Gegenwind-Tiraden.

Um elf Uhr abends stehe ich am Leuchtturm in Holtenau und schaue in das gigantische Abschlussfeuerwerk. Alle Schiffe stimmen mit ihren Schiffshupen ein röhrendes Konzert an, und ich weiß in diesem Augenblick, dass meine Reise noch lange nicht vorbei ist. Dass ich diesen erleuchteten Himmel, die Lichter auf dem schwarzen Wasser, die durchdringenden Schiffshupen aber niemals vergessen werde.

MARIE VOM EBNER-ESCHENBACH

Das Schiff

Das eilende Schiff, es kommt durch die Wogen
wie Sturmwind geflogen;
voll Jubel ertönt's vom Mast und vom Kiele:
»Wir nahen dem Ziele!«
Der Fährmann am Steuer spricht traurig und leise:
»Wir segeln im Kreise.«

Ostfriesen und Niedersachsen oder: Deutscher Anspruch

Emden – Weener – Leer – Oldenburg – Vegesack – Bremen – Ritterhude – Hamburg

»Was macht ein Ostfriese bei Ebbe? Er verkauft Bauland an die Japaner.« Das ist einer der wenigen Ostfriesenwitze, in dem es noch einen Part gibt, der schlechter dasteht als die Ostfriesen. Ostfriesenwitze waren wohl die ersten, die ich mir als Kind merken konnte. Und der Komiker Otto hat wahrscheinlich auf Jahrzehnte das Bild des Ostfriesen geprägt. Das alles versuche ich mit dem in Einklang zu bringen, was ich hier vor mir sehe. Eine Gegend, die so friedlich ist, dass sie aus der Zeit gefallen zu sein scheint. Es ist ruhig und überschaubar und freundlich. Die Landschaft wird durchzogen von bequemen Radwegen, alles ist aufs Gründlichste ausgeschildert, ich radle fröhlich durch die Lande, ein Lied auf den Lippen, und kann entspannt dem Farbenspiel aus Sonne und Wolken folgen.

Ostfriesland ist heilsam für mich mit seinem unspektakulären Charme. Die Ostfriesen sehen sich als ein eigenständiges Völkchen, und wer hier nicht geboren ist, bleibt manchmal sein Leben lang Außenstehender. »Ist man hier zwar geboren, aber lebt woanders und schneit nur im Sommer mal rein, gehört man schon mal gar nicht dazu.« So zumindest formuliert es der junge Angestellte auf der kleinen Fähre, die mich ausnahmsweise kostenlos über den Dollart bringt.

Ich schätze, der Fährarbeiter ist vielleicht Ende zwanzig, und ich will wissen, ob er selbst schon mal länger weg war oder gar woanders gelebt hat. »Warum denn?«, fragt er zurück. Woanders sei es ja auch nicht anders. Ob das alle Ostfriesen so hielten, frage ich. »Viele sagen ja, sie sind Ostfriesen, aber das sind sie nicht. Die erzählen groß in der Welt, dass sie von hier herkommen, aber die kennt hier keiner.« Ob er damit auch Otto meint, der längst in Hamburg-Blankenese zu Hause ist? Irgendwie kann ich seinen schrägen Humor und die Ottifanten in dieser Landschaft überhaupt nicht verorten.

»Eela Frya Fresena« prangt als Wahlspruch auf dem Wappen Ostfrieslands und bedeutet ungefähr »Steht auf, ihr freien Friesen«. Oder anders ausgedrückt: »Lever dood as Slav« (lieber tot als Sklave). Dieses Motto entspringt der friesischen Freiheit, die Karl der Große den Kämpfern angeblich im 9. Jahrhundert verliehen hat. Noch heute ist der Spruch auf dem Wappen der Nordfriesen zu finden und ein Hinweis auf die Identität aller Friesen. Dazu passt, dass mich ausschließlich Zugezogene eingeladen haben und diese einstimmig berichten, wie schwer es ist, sich in die ostfriesische Gemeinschaft einzugliedern.

Hier zählt, ob einer da ist, wenn es brennt oder das Wasser über den Deich kommt. Und natürlich, ob seine Eltern auch schon da waren, und die Großeltern. Mag sein, dass es überall ein bisschen so ist auf der Welt, zumindest in ländlicheren Gebieten. Aber die Ostfriesen scheinen mir besonders eigenständig zu sein in ihrer Sichtweise auf den Rest der Welt. In alten Dokumenten findet man Hinweise auf eine Abgrenzung zum restlichen Land: Ich fahr rüber *nach Deutschland,* steht dort.

Mag sein, dass man sich der staatsrechtlichen Einordnung jetzt etwas bewusster ist, die Einstellung hat sich aber nicht grundlegend verändert. Ostfriesland gehört nirgendwozu, es gehört sich selbst. Und trotzdem, oder gerade deshalb, stoße ich dort auf eine starke Gemeinschaft.

Meine Gastgeberin Gesa ist Zugezogene und Reisegefährtin der ersten Stunde. Sie hat schon im Vorfeld herzliche E-Mails geschrieben und sich sehr gefreut, dass ich mich tatsächlich angekündigt habe. Als ich schließlich bei ihr eintreffe, müde und hungrig von einer langen Strecke, werde ich mit offenen Armen empfangen. Sie zeigt mir das Haus und den Garten und mein gemütlich eingerichtetes Zimmer. Hier ist nichts überladen, viel Holz und schöne Bilder an den Wänden, ich fühle mich sofort wohl.

Nachdem ich geduscht habe, sonne ich mich eine Weile im prachtvollen Garten. Gesa geht ganz in der Beschäftigung mit ihren Blumen auf, sie redet ununterbrochen mit ihnen. Das kenne ich von meiner Mutter, es verwundert mich also nicht weiter. Nur ist da eine Grundanspannung in allem, was sie tut, die ich nicht ganz einordnen kann. Endlich sagt sie: »So, jetzt mache ich dir mal etwas zu essen.« Ich atme erleichtert auf, inzwischen habe ich wirklich Hunger, und wir gehen in die Küche. Wir schnippeln Gemüse, und Gesa redet dabei in einem fort. Nur geht irgendwie nicht beides zusammen, und das Reden hat eindeutig Vorrang.

Wie stelle ich es nur an, höflich zu bleiben und trotzdem bald meinen Salat zu bekommen? Der Auftritt ist schon in einer guten Stunde. Schließlich sage ich frei heraus: »Ich habe einen Mordshunger und nicht mehr viel Zeit.« Gesa schaut erschrocken auf mich, dann auf die Uhr, und ein paar Minuten später esse ich glücklich einen köstlichen Salat.

Dass ich meiner Gastgeberin so offen von meinem Hunger erzählt habe, scheint auch bei ihr etwas gelöst zu haben. Sie sagt mir, dass sie unter einer Angststörung leidet. Die Angst ist so weitgreifend, das sie nicht mehr arbeiten kann und sich seit vielen Jahren nur im Ort und der direkten Umgebung aufhält. Keine Reisen, nirgendwohin.

Ich versuche das zu begreifen: Diese humorvolle und intelligente Frau hat die Gegend seit Jahren nicht verlassen, weil es ihr einfach nicht möglich ist, und nun bin ich hier, Botschafterin der Freiheit, für eine Nacht zu Gast und morgen wieder weg. Es kommt mir fast brutal vor. Gesa redet sehr offen über ihre Krankheit, und ich bin ihr dafür dankbar. So kann ich die grundlegende Anspannung einordnen und weiß auch, dass sie nichts mit mir zu tun hat.

Das Haus füllt sich mit ehemaligen Kollegen und guten Freunden. Es wird viel gelacht an diesem Abend, und die Gespräche sind offen und herzlich. Hin und wieder ruht ein besorgter Blick auf meiner Gastgeberin. Alle wissen von ihren Problemen und kümmern sich um sie.

»Das ist meine Familie«, sagt Gesa lächelnd, als die Besucher wieder gegangen sind. Das habe ich gesehen. Neben aller Schwere, die hier unter dem Dach wohnt, existiert auch eine warme Geborgenheit, die diese Gemeinschaft heute zurückgelassen hat.

Am nächsten Morgen gießt es in Strömen, und schon der Blick aus dem Fenster raubt mir alle Kräfte – ich zögere meine Abfahrt hinaus. Gesa zeigt mir Fotos und Bilder, die sie von Blumen und Blüten anfertigt. Ich bin kein Fachmann, aber ich finde, sie hat einen besonderen Blick und eine spezielle Technik, durch die beeindruckende Nahaufnahmen voller Farbe und Kraft entstehen. Noch Monate später sehe ich die Fotos vor mir, wenn ich an Gesa und ihren Garten denke.

Es hört nicht auf zu regnen, und gegen Mittag fahre ich schließlich doch noch los. Aber ich komme nicht weit. Schon im nächstbesten Café mache ich Halt, warte darauf, dass der Regen nachlässt, und versuche, die Begegnung mit Gesa zu verdauen. Sie nimmt mich mit. Ich kann nicht gut gelaunt eine Frau verlassen, die von einer unbestimmten Angst so stark vereinnahmt wird, dass sie nicht reisen kann, nicht arbeiten, nicht normal leben. In diesem Moment symbolisiere ich mit meinem gelben Koffer eine Form von Freiheit, die für Gesa unendlich weit entfernt ist, die sie im Moment nicht erreichen kann, vielleicht nie mehr. Ich bin sehr froh, dass ich mich entschlossen habe, sie zu besuchen, denn ich ahne, wie viel ihr mein Auftritt bedeutet. Gesa ist eine belesene Frau und liebt Kultur, Bücher, Musik. Sie kann aber nicht einfach ins Theater gehen, in ein Konzert, und schon gar nicht einen Abstecher in die nächstgrößere Stadt machen. Ich weiß, dass mein Besuch ihr gutgetan hat, dass ich ihr damit eine Freude gemacht habe, und trotzdem fühle ich mich schuldig. Als würde allein die Tatsache, dass ich weiterziehen kann und sie mit ihren Ängsten zurücklasse, mir selbst alle Kraft rauben. Es erscheint mir einfach zu ungerecht! Ich habe das Gefühl, als würde ich jemanden verraten.

Als ich schließlich wirklich aufbreche, ist es weit nach Mittag und ich tröste mich: Ich lasse niemanden allein. Gesa hat ihre Freunde, die wie eine Familie an ihrer Seite stehen. Und sie hat ihren Garten, in dem sich die Schönheit der ganzen Welt widerspiegelt. In der Pore einer Blüte, dem Bogen eines Blattes, der leuchtenden Farbe eines Grashalms. In meinem Koffer habe ich das Foto einer kräftigen dunkelroten Blume, ein Stückchen Garten, das ich mitnehme in die weite Welt. Und vielleicht habe ich ja ein kleines Stückchen Welt bei ihr gelassen.

Weiter geht's nach Oldenburg. In einer schönen Altbauvilla wohne ich bei Karin und Norbert. Die beiden haben schon alles für meinen Besuch vorbereitet, das Bett im Gästeappartement ist bezogen, das Essen steht im Ofen, das Publikum für morgen Abend ist eingeladen. Und trotzdem machen sich die beiden Gedanken, ob denn alles auch perfekt verläuft.

Laden Sie mich ein, geben Sie mir Kost und Logis, und dann trete ich auf – wo Sie wollen!

Das klingt nach einem einfachen Konzept, das für alle Seiten nur Vorteile bringt. Ich komme in Kontakt mit meinen Landsleuten, brauche kein Hotel und kein Restaurant und erlebe etwas, worüber ich berichten kann. Die Gastgeber haben ohne viel Aufwand eine künstlerische Darbietung im Haus, können ihre Freunde einladen, und gemeinsam haben wir alle einen netten Abend.

Nun sind wir aber, wie wir sind, und das macht die Sache kompliziert. Man sagt uns Deutschen ja nach, wir seien perfektionistisch, und was mich betrifft, stimmt das auch. Ich möchte wissen, was auf mich zukommt, um mich darauf bestmöglich vorzubereiten.

Und nun sitze ich auf dem Rad und habe nicht den blassesten Schimmer, was mich bei meinem nächsten Gastgeber erwartet: Steht ein riesiges Abendessen auf dem Tisch oder sollte ich lieber beim Bäcker meinen Heißhunger stillen, weil vielleicht erst sehr spät oder nur Salat gegessen wird?

Die Frage der Ernährung ist während der ganzen Reise kompliziert für mich. Ich will höflich sein, keinen brüskieren und die Mühen der Gastgeber entsprechend würdigen. Aber mein ganzer Organismus ist durcheinander, ich komme einfach in keinen natürlichen Rhythmus aus Bewegung und Ruhe und weiß ich eigentlich gar nicht, was mein Körper braucht. Ich esse einfach das, was da ist. Unterwegs beim Bäcker oder abends am Tisch. Die Gastgeber geben sich trotzdem alle Mühe, es mir angenehm zu machen. Sie überlegen sich, was ich wohl mag, was ich vertrage, und nehmen von mir mitunter Essenswünsche entgegen. Aber ehrlich gesagt habe ich 24 Stunden vorher keine Ahnung, worauf ich am nächsten Abend um 20 Uhr Appetit habe. Doch ich kann schwerlich sagen: »Ich schau dann einfach in den Kühlschrank und brutzel mir was«, bevor ich dem Kühlschrankbesitzer nicht wenigstens einmal in die Augen geblickt habe.

Im Vorhinein frage ich mich auch häufig, warum man mich eingeladen hat. Denn die Gründe dafür sind vielfältig: Für manche ist vor allem die Radreise von Interesse, da sie selbst gerne Touren fahren und die Erlebnisse teilen möchten. Andere lieben Gedichte, die nächsten wollen Kultur veranstalten, wieder andere spricht das Thema Identität an. Aber darüber hinaus können auch anderweitige Beweggründe dahinterstehen: Einmal bin ich plötzlich Programmpunkt auf einer Hauseinweihung oder trete vor der zerstrittenen Nachbarschaft auf, dann stehe ich im Frühstücksraum eines Altersheims oder im Rathaus einer Kleinstadt. So richtig weiß ich vorher nie, was auf mich zukommen wird, und kann mich innerlich also auch nicht darauf einstellen. Denn erst in dem Moment, in dem sich die Haustür öffnet oder das Publikum hereinkommt, habe ich eine ungefähre Ahnung, was mich erwartet. E-Mails und Telefonanrufe können mich nicht darauf vorbereiten.

Also versuche ich, mich vor Ort auf die jeweilige Situation

einzustellen und alle Erwartungen zu erfüllen. Mal plaudere ich über Kilometerzahlen, mal über verkannte Autoren oder die deutsche Geschichte. Und prüfe hinter all dem: Was für Menschen sind meine Gastgeber und was sehen sie in mir? Wo haben wir Schnittmengen, wie viel Nähe oder Distanz stellt sich ein? Was kann ich tun, um die Situation zu erleichtern? Was erwarten meine Gastgeber von mir? Aber natürlich bin ich nicht immer in der Lage, genau das zu geben. Manchmal will ich einfach nicht mehr reden, sondern entschuldige mich direkt nach dem Essen und gehe auf mein Zimmer. Stadtführungen versuche ich zu umgehen, ich möchte in meinem Tempo die Gegend erkunden, genauso wie ich am liebsten in meinem Tempo Fahrrad fahre und deshalb fast immer das Angebot ablehne, einen Teil der Strecke begleitet zu werden. Es ist ein ständiges Abwägen für mich – wie viel Selbstbestimmung kann ich mir erhalten und dabei auf meine Gastgeber eingehen?

Für die andere Seite ist es auch nicht viel leichter. Die meisten meiner Gastgeber machen sich viele Gedanken: Sie fragen sich, ob ich das Essen mag und das Bett bequem genug ist. Ob ihre Wohnung oder ihr Haus mir gefällt, ob das Wohnzimmer groß genug ist, ob genügend Publikum kommt, ob ich anderswo mehr Publikum habe, schlaueres oder lustigeres. Nach meinem Auftritt höre ich nicht selten die vorsichtige Frage: »Und, wie waren wir so?«

Ich kann sie verstehen, die Unsicherheit, die Sorge der Gastgeber, etwas falsch zu machen. Schließlich wohnt jemand bei ihnen, den sie noch nie gesehen haben, der aber selbst schon viel rumgekommen ist und sie mit anderen vergleichen könnte. Zudem wollen sie natürlich einen guten Eindruck hinterlassen. »Du kommst ja auch bewaffnet«, hat ein Freund mal zu mir gesagt. Ich könnte mir ja ein verletzendes Urteil bilden und darüber berichten. Daher versuchen manche Gastgeber, sich bestmöglich vorzubereiten: Der Hausführung folgt die Stadtführung und der Torte folgt der Braten.

Natürlich schlafe ich gerne bequem und freue mich über leckeres Essen und zahlreiches Publikum. Aber mein Wunsch ist in erster Linie, meine Gastgeber kennenzulernen und ihren Alltag zu erleben. Am ehesten gelingt das noch bei Familien mit Kindern, einfach weil hier noch andere Menschen Aufmerksamkeit beanspruchen. Im Trubel gibt es immer jemanden, der dringender als ich essen oder schlafen muss. Aber meistens macht mein Besuch aus jedem x-beliebigen Wochentag einen Sonntag und mir damit einen Strich durch die Rechnung. Das ist die Krux an dem ganzen Konzept und ich kann es nicht ändern. Im Laufe der Reise versuche ich den Gastgebern so viel Unsicherheit wie möglich abzunehmen und im Vorfeld einen ungefähren Ablauf meines Besuchs zu skizzieren. Ich kann mir noch hundertmal wünschen, einfach ein willkommener Gast zu sein, der ein paar Tage da ist, sorgen doch das Projekt, der Auftritt, die mediale Aufmerksamkeit dafür, dass meine Gastgeber sich ins Zeug legen. Sagt am Tag des Auftritts Publikum ab, dann grämen sie sich mitunter richtiggehend. Und entschuldigen sich wiederholt bei mir. Ich kann dann noch so oft beteuern, dass es mir nichts ausmacht, dass wir uns einfach einen schönen Abend machen sollten – die Stimmung kippt unweigerlich, weil beide Seiten sich für das Wohl des anderen verantwortlich fühlen. Das Lieblingsgedicht der Deutschen ist laut einer Umfrage Hesses »Stufen«. Ein ernster und anspruchsvoller Text – in jeder Hinsicht. Ich kenne kein Gedicht, dass einen höheren Anspruch an die Menschheit stellt. Anscheinend wollen wir es nicht anders. Wir hängen die Messlatte hoch und verzweifeln regelmäßig an unserem Scheitern.

Was mich zu meiner dritten Arbeitshypothese führt: *Mit dem hohen Anspruch an uns selbst machen wir uns das Leben schwer.*

Erst nach dem Auftritt fällt die Spannung endlich von allen ab, auch ich bin gelöster. Aufgedreht plausche ich mit dem Publikum, und manchmal entspinnt sich ein Gespräch, das bis in die Morgenstunden dauert. Daher denke ich auch nach wie vor, trotz aller Anstrengungen, die der Auftritt für mich und meine Gastgeber mitbringt, dass er unverzichtbar ist. Weil wir zusammen etwas auf die Beine stellen, das uns einander nahebringt.

Ähnlich ist es hier in Oldenburg. Auch wenn keine Massen gekommen sind, hat das Publikum doch mit großer Begeisterung das Kofferprogramm verfolgt, und hinterher sitzen wir einträchtig zusammen und unterhalten uns intensiv. Am Ende ist einzig die Bereitschaft, sich aufeinander einzulassen, entscheidend, nicht die Anzahl der Stühle oder der Rahmen, in dem ich auftrete. Die Wertschätzung der Oldenburger mir und meinem Projekt gegenüber macht den Abend für mich besonders. Die Begeisterung trägt mich durch die Lande, macht, dass ich immer weiterfahren kann.

Auf Oldenburg folgt Bremen und auf Bremen folgt Hamburg. Nach gut zwei Monaten trete ich vorübergehend den Heimweg an. Nach meinem letzten Auftritt bei meiner Tante in Ritterhude nahe Bremen werde ich gut zwei Wochen Pause einlegen, bevor ich mich dann aufmache Richtung Osten. Meine letzte Etappe soll etwas Besonderes werden, und so nehme ich mir vor, von Ritterhude nach Hamburg durchzufahren. Gut 140 Kilometer, das müsste ja zu schaffen sein. Es gibt einen historischen Radwanderweg über Dörfer und Felder (im Internet finde ich die Route), und tatsächlich stehe ich irgendwann vor dem Schild: *Hamburg 140 km*. Da bin ich allerdings schon 20 Kilometer gefahren. Die Strecke ist schlecht ausgeschildert, es gießt immer wieder in Strömen, und ich verfahre mich ständig. Um mich herum wird es einsam, irgendwann sehe ich kaum noch Menschen auf der Straße. Das hat auch einen guten Grund, heute ist WM-Finale, Deutschland könnte Weltmeister werden. Und ich radle allein durch den Weltuntergang. Regen, Matsch, menschenleere Ortschaften.

Ich will partout nicht aufgeben, aber als ich am frühen Abend in Buxtehude bin, kann ich mir ausrechnen, dass ich es niemals rechtzeitig zum Anpfiff schaffe. Ich spreche mir Mut zu: »Und? Macht mir das was aus? Im Gegenteil, dann habe ich die Straßen heute mal für mich allein!« Es überzeugt mich irgendwie nicht. Ich sehe mich selbst voll bepackt und triefend nass durch die Lande radeln – während alle anderen gemütlich vor den Bildschirmen hocken und bei dieser entscheidenden Partie mitfiebern. Nein!, entscheide ich irgendwann. Und rase sieben Kilometer zur nächsten S-Bahn-Station, springe in die wartende Bahn und fahre von Buxtehude nach Hamburg. Regel drei ist nun vollends gebrochen. Aufgeben kann so schön sein, denke ich, als ich 30 Sekunden vor dem Anpfiff geduscht und warm eingepackt bei meiner Freundin Anja auf dem Sofa sitze. Und endlich einmal das tue, was alle anderen auch tun: Fußball schauen!

HERMANN HESSE

Stufen

Wie jede Blüte welkt und jede Jugend
Dem Alter weicht, blüht jede Lebensstufe,
Blüht jede Weisheit auch und jede Tugend
Zu ihrer Zeit und darf nicht ewig dauern.
Es muß das Herz bei jedem Lebensrufe
Bereit zum Abschied sein und Neubeginne,
Um sich in Tapferkeit und ohne Trauern
in andre, neue Bindungen zu geben.
Und jedem Anfang wohnt ein Zauber inne,
Der uns beschützt und der uns hilft, zu leben.

Wir sollen heiter Raum um Raum durchschreiten,
An keinem wie an einer Heimat hängen,
Der Weltgeist will nicht fesseln uns und engen,
Er will uns Stuf' um Stufe heben, weiten.
Kaum sind wir heimisch einem Lebenskreise
Und traulich eingewohnt, so droht Erschlaffen,
Nur wer bereit zu Aufbruch ist und Reise,
Mag lähmender Gewöhnung sich entraffen.

Es wird vielleicht auch noch die Todesstunde
Uns neuen Räumen jung entgegen senden,
Des Lebens Ruf an uns wird niemals enden ...
Wohlan denn, Herz, nimm Abschied und gesunde!

Neuland oder: Göttliche Gerechtigkeit

Nach gut zwei Wochen, die mit Wäschewaschen, Familienbesuch und Schwimmen im See wie im Flug vorbeiziehen, heißt es wieder Satteltaschen packen. Diesmal bin ich nicht mehr ganz so aufgeregt, ich weiß jetzt ungefähr, was auf mich zukommt, zumindest Radfahren und Auftreten betreffend. Ansonsten betrete ich mit dem Osten Neuland. Den Norden kannte ich schon vor meiner Reise ganz gut, im Osten war ich bisher nur an der Küste und in Berlin. Vor allem deshalb bin ich gespannt, was mich dort erwartet. Es gibt bisher nur wenige Gastgebereinträge auf der Karte, im gesamten ehemaligen DDR-Gebiet. Ob das etwas mit der Grenze zu tun hat, die physisch zwar nicht mehr vorhanden ist, aber vielleicht noch in den Köpfen steckt? Ich bin unsicher, wie die Menschen im Osten auf meine Identitätssuche reagieren, schließlich bedeutet »Deutschland« für sie gleichzeitig eine Wende ihres ganzen Lebens.

Ich denke an einen Menschen, den ich im Norden getroffen habe und der die Teilung Deutschlands am eigenen Leib erlebt hat: Pastor Jürgen Eggert traf ich bei Frau von Hülsen im holsteinischen Testorf. Nach meinem Auftritt gestand er mir, dass er Volker Braun und sein Gedicht »Das Eigentum« partout nicht leiden könne – über den Mauerfall jammern, das kann er nicht nachvollziehen. Er selbst habe für die Freiheit im Gefängnis gesessen. Das machte mich neugierig, und am nächsten Tag fuhr ich bei ihm vorbei, um mehr über seine Lebensgeschichte zu erfahren. Ich klingelte dreimal vergeblich an der Tür des großen holsteinischen Hauses, bis mir Frau von Hülsen am Telefon riet, einfach die Tür zur Werkstatt aufzumachen und runterzurufen. Von unten kamen laute Geräusche, ich ging die Treppe runter und fand Pastor Eggert an einer riesigen Säge, große Stücke Holz bearbeitend. Er sah beileibe nicht aus wie ein Einundsiebzigjähriger. Und auch nicht unbedingt wie ein Pastor. Er hatte breite kräftige Hände, sonnengebräunte Haut und tiefe Lachfalten um die wachen hellgrünen Augen.

Wir gingen nach oben ins Wohnzimmer, und bei einer Tasse Tee begann der Pastor mit rauer Stimme zu erzählen: Aufgewachsen ist er in Greifswald bei einer christlichen Familie, die sich in der evangelischen Kirche engagiert und allein damit schon ein Stachel im DDR-System ist. So wächst Jürgen mit eigenständigem Denken auf und lernt früh, die Ideologie des Staates zu hinterfragen.

Der Vater ist Arzt, und auch Jürgen beginnt ein Medizinstudium. Weit kommt er nicht. Schon mit neunzehn wird er von der Stasi verhaftet und für ein Jahr in die U-Haft in Rostock gesteckt. Einzelhaft. Der Grund: Sein Bruder ist geflohen, 1961, direkt nach dem Mauerbau, und nun soll wenigstens er dingfest gemacht werden. Und natürlich hat er mit seiner Kritik an der Mauer auch nicht hinter dem Berg gehalten. Also ein Jahr Einzelhaft und unzählige Verhöre. Die Jürgen Eggert nicht beeindruckten. »Ich bin eben stur«, sagt er, und ein triumphierender Zug spielt um seinen Mund, als er eine Bemerkung eines der Verhörsbeamten zitiert: »Aufgrund seiner verstockten Art war er trotz langer Verhördauer nicht aufzubrechen.«

Nach einem Jahr U-Haft wird er zu drei Jahren Zuchthaus verurteilt. Als er wieder rauskommt, ist er dreiundzwanzig Jahre alt. Und ungebrochen: »Diese Zeit hat aus einem Halbstarken einen fröhlichen Erwachsenen gemacht.« Und als dieser kämpft er weiter – beginnt das Studium der Theologie, da ihm die Medizin verwehrt wird, macht auf Missstände aufmerksam, provoziert. Jürgen Eggert zeigt viele Beweisstücke seines Widerstandes: Briefe, in denen er die Ausreise verlangt, da das Handeln des Staates gegen die eigene Verfassung verstößt, Ausreiseanträge, lange bevor es diese offiziell gibt, immer wieder legt er den Finger in die Wunde. Und zahlt dafür mit einem weiteren Jahr hinter Gittern, wegen »Verbindungen zu verbrecherischen Organisationen«.

Eine Geschichte, wie es sicher viele dieser Art gibt. Aber einzigartig schien mir das Feuer, das der Pastor versprühte, während er von seinen Siegen und Niederlagen im Kampf gegen das System berichtete. Mit fester Stimme und blitzenden Augen erwachte sein Kampfgeist wieder zum Leben. Ich hockte auf der Sofakante, hielt mich an meinem Tee fest und wollte mit keiner falschen Frage, keinem Husten das verscheuchen, was hier in diesem Wohnzimmer wieder lebendig wurde: der unbedingte Kampfgeist eines Menschen, der keine Zweifel hat, dass er auf der richtigen Seite steht. Dessen Glaube nicht zu brechen war: »Bei jeder Gelegenheit haben wir auf den Fall der Mauer angestoßen. Ich wusste immer, dass er kommen wird, aber ich wusste nicht, ob ich ihn noch erlebe.« Da war der Pastor mit seiner Frau schon im Westen, 1975 war endlich der Freikauf gelungen. In Hohenstein wird er von der Gemeinde herzlich aufgenommen und ein Amtsbruder schenkt ihm 1000 Mark, damit er Möbel kaufen kann. Daraus macht Eggert nun eine Tradition für seine Zukunft als Fluchthelfer:

Jeder Neuankömmling bekommt von ihm 1000 Mark. »Wie ein gutes Schneeballsystem zog diese Tradition Kreise«, sagte der Pastor. Hier in der Holsteinischen Schweiz brechen die »wunderbaren Jahre« für die Eggerts an, »die schönste Zeit seines Lebens«.

Als sich all seine Träume erfüllen, in der Nacht des Mauerfalls, packt der Pastor Hammer und Meißel in seinen Kofferraum, zieht sich einen Südwester über den Kopf und fährt nach Berlin. Und legt selbst Hand an: Er hämmert, von der Stasi mit Argusaugen beobachtet, große Stücke aus der Mauer. »Ich war niemals Opfer«, sagte er, während er das Gewicht der Steine in den Händen wog, »aber heute bin ich Sieger.«

Jürgen Eggert verdrängt seine Vergangenheit nicht, er hat einen Weg gefunden, sie zu transformieren. Im Garten hinter dem großen Haus, das er mit seinen breiten Händen in jahrelanger Arbeit selbst erbaut hat, steht ein riesiger Stein – ein Stück Heimat: Den hat Eggert aus Pommern, seinem Geburtsort, hierher transportiert. Dann führt er mich einen engen Pfad durch Büsche auf einen kleinen Hügel – hier stehen fünf schmale Bäume um einen Obelisken mit einem goldenen Morgenstern. Es sieht aus wie moderne Kunst im Mittelpunkt eines Labyrinths. »Fünf Eichen«, werde ich aufgeklärt. Das ist der Name eines gefürchteten sowjetischen-»Speziallagers«, in dem entfernte Verwandte von Eggert umgekommen sind. Und er hat sich hier, auf diesem Hügel hinter dem Haus eine eigene Gedenkstätte errichtet. Mit fünf jungen Eichen.

Sie berührte mich sehr, diese Form der Vergangenheitsbewältigung. Etwas Neues zu schaffen, ohne das Geschehene zu verdrängen, den Schrecken in Schönheit verwandeln. Das hat eine Kraft, die keine Angst zulässt. Jürgen Eggert scheint mir das zu sein: Ein Mann ohne Angst. Woher nimmt er nur diese

Sicherheit? »Ich wusste immer, dass der Mauerfall eines Tages kommen wird. Ich wusste nur nicht, ob ich ihn noch erlebe. Ein getrenntes Volk, das kann es nicht geben, nicht auf Dauer – wenn es eine göttliche Gerechtigkeit gibt.«

VOLKER BRAUN

Das Eigentum

Da bin ich noch: mein Land geht in den Westen.
KRIEG DEN HÜTTEN FRIEDE DEN PALÄSTEN.
Ich selber habe ihm den Tritt versetzt.
Es wirft sich weg und seine magre Zierde.
Dem Winter folgt der Sommer der Begierde.
Und ich kann bleiben wo der Pfeffer wächst.
Und unverständlich wird mein ganzer Text
Was ich niemals besaß wird mir entrissen.
Was ich nicht lebte, werd ich ewig missen.
Die Hoffnung lag im Weg wie eine Falle.
Mein Eigentum, jetzt habt ihrs auf der Kralle.
Wann sag ich wieder mein und meine alle.

Mariechen oder: Aufbruch in den wilden Osten

Hamburg – Grevesmühlen – Beidendorf – Wismar – Rostock – Kröpelin – Stralsund – Hiddensee – Rügen – Greifswald

Es sieht nicht gerade danach aus, als würde die Ostetappe thematisch und organisatorisch einfacher werden als die Reise durch den Norden. Aber es gibt einen Umstand, der mir die ganze Sache leicht macht: Mariechen kommt mit! Maria Hafner, meine ehemalige Kommilitonin, ehemalige Mitbewohnerin, immer noch Freundin, heute Rampensau und autonome Volkmusikerin aus Bayern, begleitet mich einen ganzen Monat durch den Osten. Wir haben zusammen studiert, gewohnt, gefeiert und Grenzen ausgelotet. Unsere eigenen genauso erbarmungslos wie die unserer Mitmenschen.

Mariechen kann ich zu allem Möglichen anstiften, das hat in der Studienzeit gut geklappt, und ich kann es kaum glauben, dass sie sich auch heute noch mitreißen lässt. Eigentlich hat Maria wenig freie Zeit, sie ist selbstständig als Musikerin und Schauspielerin in ganz Bayern unterwegs, spielt in der Band »Zwirbeldirn« und im Duo »Hasemanns Töchter«. Aber sie schaufelt sich frei für das Wandermärchen.

Maria hat also den August über »Urlaub« genommen und schnallt ihr kleines Reise-Akkordeon auf den Gepäckträger. Damit wird sie mich begleiten, auf dem Rad und auf der

Bühne. Bevor wir endgültig in die Proben einsteigen, sage ich ihr lieber die Wahrheit: »Maria, das wird kein Urlaub. Das hier ist aufregend, aufreibend, einmalig – aber alles andere als Urlaub.« Mariechen nimmt es gelassen und freut sich. Glück gehabt!

Die Schwierigkeiten gehen wie versprochen schon sehr schnell los – unsere erste Station ist Beidendorf, ein kleiner Ort zwischen Wismar und Schwerin. Wir beschließen, mit dem Zug aus Hamburg rauszufahren, die 110 Kilometer schaffen wir nicht am ersten Tag, da wir am Vorabend unser gemeinsames Programm uraufgeführt haben und morgens noch packen müssen. Aber wie weit mit dem Zug fahren? Ich würde gerne eine ordentliche Strecke radeln, das Bahnfahren kratzt an meinem Ego – es fühlt sich irgendwie falsch an. Maria und ich diskutieren aber so lange, wo und wann wir am besten aussteigen, dass wir schließlich schon in Grevesmühlen sind, nur rund 20 Kilometer von Beidendorf entfernt.

Als wir mit Rädern und Gepäck den Zug verlassen, sind wir Lichtjahre von Hamburg entfernt, zumindest was die Umgebung betrifft. Alles sieht anders aus, die Häuser, die Natur – rauer kommt mir die Gegend vor, weniger rausgeputzt und dünner besiedelt. Völlig erschöpft von der ungewohnten Streckendiskussion, lassen wir uns in der nächsten Gaststätte nieder und stoßen auf den Start der Reise an. Am Nebentisch wird über »Wessis und Ossis« diskutiert und ich raune Maria zu: »Wir sitzen schon mittendrin im Thema!«

»Na, zu welcher Strecke darf ich euch tapferen Radlerinnen denn gratulieren?«, fragt Anne, unsere charmante Gastgeberin lächelnd. Maria und ich drucksen herum und schauen uns dann wortlos an.»Wir sind in Grevesmühlen aus dem Zug gestiegen«, gebe ich schließlich kleinlaut zu. Anne lacht:»Zwei Stationen weiter und ihr wärt quasi vor der Haustür angekommen.« Kein guter Start, denke ich beschämt. Aber jetzt sind wir hier, untergebracht in einem schönen Pfarrhaus, jede von uns hat ihr eigenes Zimmer und wir richten uns ein.»Hier können wir uns erst mal erholen«, sagt Maria mit Sinn fürs Praktische. Die Reisevorbereitungen, die gemeinsamen Proben, der Auftritt in Hamburg, das ständige Zusammensein – jetzt brauchen wir erst einmal eine Pause.

Morgens um sechs schlüpfen wir in Bademänteln zu Anne ins Auto und fahren an den nächstgelegenen See. Dort schwimmen wir in den mecklenburgischen Sonnenaufgang, werfen wieder die Bademäntel über, mit Sitzheizung werden wir bis zur Dusche warmgehalten. Kurz: Wir fühlen uns pudelwohl und verlängern gleich unseren Aufenthalt. Als wir fragen, ob wir noch eine Nacht bleiben können, lacht Anne wieder, spätestens jetzt hält sie uns wohl nicht mehr für tapfere Reisende, aber sie beherbergt uns weiter und lädt uns sogar zu den mecklenburgischen Festspielen ein. Endlich mal selbst Zuschauer!

Am nächsten Morgen heißt es dann aber wirklich:»Abfahrt!«, und wir schwingen uns auf die gepackten Räder. Auf dem Weg zur Hauptstraße kommt eine Weggabelung, Maria sagt, links herum gehe es schneller, ich sage rechts herum, und als sie weiter auf»Links« beharrt, sage ich:»Probieren wir es doch einfach aus«, und fahre nach rechts. Zu meinem Ärger erkenne ich schnell, dass Maria recht hat, ich muss einen großen Umweg fahren. Als ich endlich auf der Hauptstraße bin, ist Maria nirgends zu sehen, und ich strenge mich ordentlich an, um sie einzuholen. Sie muss einen großen Vorsprung haben, denn ich erreiche sie einfach nicht. Aber die Straße ist abschüssig, die Felder fliegen an mir vorbei, ich habe Rückenwind und genieße es, endlich wieder auf dem Sattel zu sitzen. Heute geht die Reise so richtig los, da halte ich doch nicht an.

Nach 10 Kilometern fällt mir auf, dass mein Handy in der Satteltasche steckt, und ich bleibe stehen. Drei Anrufe und fünf Textnachrichten von Maria. »Wo bist du?«, steht da. Ich rufe schnell zurück. »Wo bist du?«, frage ich. »An der Hauptstraße in Beidendorf, aber wo bist du?« – »In Wismar«, gebe ich kleinlaut zu. »Du bist wo?« Maria schreit: »Ich dachte, du liegst im Straßengraben.« – »Sorry, aber ich hatte Rückenwind.« Ich höre selbst, wie absurd das klingt. Als Maria eine halbe Stunde später angefahren kommt, sehe ich schon von Weitem, dass sie immer noch wütend ist. Sie hatte im Pfarrhaus etwas vergessen, musste noch einmal umdrehen und hat dann vergeblich an der Hauptstraße auf mich gewartet. Ich sehe ein, dass ich wohl nicht gut darin bin, mit jemandem gemeinsam Fahrrad zu fahren. »Mein Cowboy ist schuld«, sage ich zerknirscht. Marias Augen funkeln. »Wer, bitteschön?«

Meine Reise durch Deutschland ist schmerzhaft – aber nicht wegen der Kilometer, des Muskelkaters, der vielen Eindrücke. Der Cowboy ist schuld. Er zeigt sich in dem einen Moment, in dem ich begreife, dass ich nicht dazugehöre. Dass alle anderen ein anderes Leben leben als ich. Ich bin auf dieser Reise immer die Ausnahme. Die Unterbrechung des Alltags, ein Gast, der erwartet wird, manchmal sogar heiß ersehnt. Vor mir die Freude und nach mir der Alltag.

In den Feriengebieten wird es besonders deutlich: Als wir

einige Zeit später Rügen besuchen, ist Hochsaison, die Menschen strömen von der Fähre, sie haben Urlaub und ihr Ziel fest im Blick: die Gegend erkunden, Kaffee trinken, die Kreidefelsen sehen. Maria und ich sind erschöpft, aber gleichzeitig überwältigt von Rügens Farbenpracht. Und glücklich, dass wir es nach langer Unsicherheit, ob wir hier unterkommen können, doch noch auf die Insel geschafft haben. Wir setzen uns in die erste Bude am Anleger und schauen dem Strom hinterher, der die Fähre verlässt und sich über die Insel verteilt. »Maria, das sind doch auch Reisende, aber gehören wir zu denen?« – »Nein.« – »Aber zu wem gehören wir dann?« – »Zu niemandem.« – »Wir sind überall anders, oder?« – »Ja.«

Mehr brauchen wir nicht zu sagen. Noch lange hallt es in mir nach: »Wir gehören zu niemandem.« Dieses Gefühl kenne ich, und es wird immer stärker im Laufe der Reise. Irgendwann ist es so sehr Teil meiner selbst geworden, dass ich ihm einen Namen gebe: meinen Cowboy. Und der macht süchtig.

Symbolisiert er die Freiheit, die meine Gastgeber sich wehmütig erträumen, während ich meinen gelben Koffer aufs Rad schnalle und mich in den Sattel schwinge? Nein, bestimmt nicht. Sucht ist ja eher das Gegenteil von Freiheit. Aber trotzdem ist es wohl gerade dieser süße Schmerz, der die Rückkehr in den Alltag nach einer langen Reise so schwierig macht.

Es kostet Kraft, sich alleine durchzuschlagen. Aber es gibt einem auch das Gefühl, keinen anderen zu brauchen. Und es wird irgendwann schier unmöglich, sich nach jemand anderem zu richten.

Das ist gefährlich, weil ein Trugschluss ist. Nie im Leben war ich stärker von anderen abhängig als auf dieser Walz. Ich bin darauf angewiesen, dass die Gastgeber freundlich sind, die Zuschauer wohlgesinnt, es genug zu essen gibt und das Bettchen warm ist. Ich benötige Unterstützung von allen Seiten, jedes freundliche Wort, jede herzliche Umarmung, jeden begeisterten Applaus brauche ich, um weitermachen zu können. Und trotzdem: Sobald ich wieder auf dem Rad sitze, zählt das alles nicht mehr. In dem Moment, in dem ich um die Kurve biege, beginnt etwas Neues. Nur der Weg zählt, das neue Abenteuer, das unbekannte Ziel. Darum beneiden mich die Daheimgebliebenen, denn auf sie wartet der Alltag. Immer wieder möchten mich Gastgeber ein Stück mit dem Rad begleiten, aber wenn ich mich einmal dazu überreden lasse, wird es für uns beide kein Spaß. Es fühlt sich an, als würden sie mich um etwas berauben, schließlich gehört die Straße mir allein. Das Unbekannte gehört mir. Das teile ich nicht, mit keinem. Als ihr Gast war ich in ihrem Reich und habe mich angepasst an ihre Regeln. Auf der Straße gilt nur mein Tempo, lasse ich meine Launen frei heraus und fahre, wie und wohin ich will.

Ich glaube, in jedem von uns wohnt so ein Cowboy. Meiner ist eine coole Socke und braucht nichts und niemanden auf der Welt. Er verachtet die Tretmühle des Alltags und bedauert alle, die in ihr gefangen sind – auch noch freiwillig.

Noch Monate nach Abschluss der Reise wird mein Cowboy immer wieder urplötzlich erwachen – wenn ich aus dem Auto heraus die roten und grünen Pfeile sehe, Hinweisschilder mit möglichen Zielen in alle Himmelsrichtungen: 5 Kilometer bis Greven, 13 Kilometer bis Münster. Dann lächelt der Cowboy in sich hinein und murmelt: »Bald bin ich wieder dran. Bald sind wir wieder anders als der Rest der Welt. Besser.«

So ein Cowboy schickt einen in die Wüste, wenn man nicht aufpasst. Denn ich bin nicht geschaffen für ein Leben außerhalb der Gesellschaft (wenn es das überhaupt gibt). Ich bin gerne mittendrin, statt nur dabei; und liebe es, dazuzugehören, eine Rolle zu spielen. Wie oft sehne ich mich in der Fremde danach, einfach mit Freunden zusammenzusitzen, banale Dinge zu tun, Zeit zu vergeuden. Ich will kein Cowboy-Leben. Ich will alltägliche Regelmäßigkeit, Sicherheit, Hingehören. Ich will Liebe.

Zum Glück ist jetzt Maria an meiner Seite. Wir sind gemeinsam einsam, und das hilft. Zwei Cowboys sind gar nicht so lonely …

»Er muss sich nur erst an dich gewöhnen!«, werbe ich bei Maria um Verständnis.

»Na gut, aber ab jetzt fahren wir immer zusammen links oder rechts!«

»Versprochen!«

Es braucht eine Weile, aber nach ein paar Tagen finden Maria und ich unseren Rhythmus: ein entspanntes und gleichzeitig flottes Tempo auf dem Rad, abwechselnd ist jede von uns mal vorneweg und mal hintendran. Bei den Gastgebern sind wir unübersehbar happy, wenn wir zwei Zimmer bekommen und ein bisschen Raum für uns haben. Dann holen wir unsere Laptops raus und schreiben Blogs, telefonieren, lümmeln auf dem Bett rum. Bald sind wir so ein eingespieltes Team, dass Mariechen die Gastgeber unterhält, wenn ich mit meiner Familie telefonieren will, und ich den Auftritt vorbereite, wenn sie noch kurz schlummern muss. Kommen wir in eine Stadt, die wir uns anschauen wollen, trennen sich unsere Wege unwillkürlich am Marktplatz: Maria besichtigt die Kirche und ich das nächste Café. Nach einer Stunde treffen wir uns im örtlichen Second-Hand-Laden wieder und kaufen uns knallgelbe Bademäntel oder zarte Sommerschuhe, die wir dann per Post in unsere Heimatstädte befördern. Also alles in allem doch ein bisschen Urlaub, so scheint es.

Als ich Maria eineinhalb Jahre später frage, was für sie denn nun im Nachhinein der größte Gewinn an dieser Reise war, sagt sie: »Ich war so raus aus allem, dem ganzen Alltag, wie noch nie. Ich wusste gar nicht, dass das überhaupt möglich ist. Ich bin in meinem Leben schon in sehr ferne Länder gereist, aber ich war nie weiter weg als in diesen Wochen mit dem Rad in Deutschland.« Diese Reise hat also auch Marias Cowboy erwachen lassen.

Von Beidendorf nach Rostock liegt dann unsere erste lange Strecke vor uns. Wir fliegen fast entlang des Ostseefernradwanderwegs, mit Wind im Rücken und dem weiten Meer an der Seite, auf und ab in sanften Wellen; die lange Strecke halten wir überraschend gut durch. Als wir in Rostock ankommen, sind wir fast traurig, dass der schöne Ostseeweg erst mal vorbei ist. In Rostock ist gerade Hansesail, Segelschiffe aus aller Welt haben hier festgemacht. Diesmal haben wir zwei Gastgeber in einer Stadt, und mit jedem tauchen wir in ein vollkommen anderes Leben ein.

Unsere erste Gastgeberin lebt in einer kleinen Wohnung an einer Hauptstraße, sie hat keine Gästezimmer, aber gibt uns, was sie kann. Sie schläft auf dem Sofa und quartiert uns im Schlafzimmer ein. Das Wohnzimmer ist zu klein für einen Auftritt, deshalb ziehen wir in eine Kneipe im Plattenbaugebiet um, in der wenig los zu sein scheint. Der Wirt inszeniert seine eigene Show während und nach unserem Programm, er hält Vorträge, singt aus vollem Halse und lässt seinen Sohn Gitarre spielen. Zum Glück sind die Freunde unserer Gastgeberin zahlreich gekommen und retten uns mit ihrer Fröhlichkeit.

Unsere nächsten Gastgeber leben in einem großen Einfamilienhaus am anderen Ende Rostocks. Am Morgen bekommen wir köstlichen Cappuccino aus einer riesigen Espressomaschine, wie sie sonst normalerweise in italienischen Restaurants zu finden ist. Wir treten im Wohnzimmer vor der halben Nachbarschaft auf, und der Abend mündet in eine fröhliche Gartenparty. Zwei Haushalte in der gleichen Stadt, die äußerlich sehr unterschiedlich sind. Aber in den Gesprächen zeigt sich, dass das Thema »Deutschland« alle Gastgeber und ihre Gäste auf eine ähnliche Weise bewegt. Maria und ich erfahren sehr viel über die »Wende«, die bis heute einen wirklichen Wendepunkt im Leben aller Menschen darstellt, die sie miterlebt haben. Auch in den nächsten Wochen wird uns das Thema überall begegnen, und ich verstehe erst langsam, wie einschneidend der Mauerfall für jede Biografie war.

Die Menschen hier sind direkt betroffen von dem, was wir auf der Bühne thematisieren, das spüren wir deutlich. Das Publikum nimmt das Thema nicht leichtfertig, nicht philosophisch. Sie sind zurückhaltend in ihren Äußerungen, vorsichtig. Schon bei den ersten Auftritten wird Maria und mir schlagartig klar, dass hier etwas anders ist: Wir starten gut gelaunt mit Musik, dann ein bisschen Erzählung à la wo kommen wir her, warum machen wir das, darauf folgt das erste Gedicht, Heines »Wintermärchen«, und dann frage ich ins Publikum: »Und, was würden Sie sagen, ist Deutschland ein Himmelreich oder ein Jammertal?« Schweigen. Ich versuche es noch mal: »Manche sagen ja ein Jammerreich, weil wir zu viel

Jammern – sehen Sie das auch so?« Schweigen. Keiner rührt sich, ich blicke in unbewegte Mienen, die mich angespannt anschauen. »Machen wir es doch so: Heben Sie einfach die Hand, wenn Sie denken, dass wir zu viel jammern.« Keine Bewegung im Raum. Schließlich erbarmt sich die Gastgeberin und sagt: »Manchmal bestimmt.« Ich greife nach meinem gelben Koffer und hole das schon erwähnte Zitat von Friedrich Nietzsche heraus, eine sichere Bank. Spätestens jetzt wird immer gelacht. Schweigen. So geht es weiter, eine ganze lange Stunde, voller Zweifel und leiser Verzweiflung auf der Bühne. Nach dem Auftritt schauen Maria und ich uns an: Was war denn das? Wie schlecht waren wir? Was haben wir falsch gemacht?

Als wir mit dem Publikum zusammensitzen, zeigt sich ein ganz anderes Bild: Es herrscht eine heitere Stimmung, wir werden mit Fragen geradezu gelöchert, man möchte alles über unsere Reise wissen. Ich bringe das nicht ganz zusammen und frage schließlich nach: »Warum haben Sie denn eben gar nichts gesagt?«

»Wir Mecklenburger brauchen für alles etwas länger. Und uns öffentlich vor anderen zu äußern, das machen wir wirklich sehr ungern. Das steckt noch in uns drin.«

Es sind Sätze wie dieser und die folgenden, die mir helfen, die Wirkung der deutschen Geschichte zu verstehen: »Ich war auf See, als die Mauer fiel. Als ich wiederkam, war mein Land nicht mehr da, mein Geld in der Tasche nichts mehr wert.«

»Selbstständig denken habe ich nach neunundachtzig erst lernen müssen.«

»Ich erkenne einen Wessi noch heute auf den ersten Blick.«

»Ich habe meine Akten nie eingesehen. Hätte mich einer meiner Freunde bespitzelt, würde ich das nicht ertragen.«

»Es gab in der DDR einen starken Zusammenhalt. Wir saßen ja alle im selben Boot und besaßen fast alle das Gleiche. Nach der Wende haben dann irgendwann alle angefangen, Zäune zu bauen und die Türen abzuschließen.«
»Die überregionalen Medien sind immer noch sehr stark westlich geprägt. Wir kommen da nicht so viel vor.«
»Erst die letzten Jahre verstehe ich, was das DDR-Regime mir angetan hat. Ich konnte viel mehr, als mir zugetraut wurde. Aber das Individuelle wurde nie gefördert, sondern unterdrückt.«
»Wir haben uns auch nach außen nie individuell gezeigt. Womit auch? Wer nur einen Gartenzwerg ergattern konnte, der war schon der König der Straße!«
»Mit der DDR ist ein großartiger Humor verlorengegangen. Da gab es zum Beispiel die Parteiplakate, eines sagte: ›Der Kapitalismus steht am Abgrund‹, das nächste titelte ›Der Kommunismus ist dem Kapitalismus immer einen Schritt voraus‹. Darüber hat das ganze Land gelacht.«

Darüber haben Maria und ich auch gelacht. An diesem lauen Sommerabend in einem Rostocker Garten wirkt die DDR weit weg. Aber das ist sie nicht, das erkenne ich schon daran, wie wenig ich als Westdeutsche mich damit bisher auseinandergesetzt habe. Thematisch begebe ich mich auf eine neue Ebene meiner Identitätssuche. Und physisch besuchen wir neues Land. So zumindest kommt es mir vor, als wir die vorpommersche Boddenlandschaft erkunden, die bezaubernde Landschaft im Naturschutzgebiet Fischland-Darß. Auf der einen Seite der malerische Bodden, auf der anderen Seite die weite Ostseeküste. Wo man hinschaut, glitzerndes Wasser, üppige Pflanzen und dieses Licht, das alles wie ein Gemälde erscheinen lässt. Eine der schönsten Radstrecken der Tour; Maria und ich sind hin- und hergerissen zwischen andächtigem Schweigen und glückstrunkenem Triumphgeheul.

Bis wir schließlich in Stralsund ankommen und von dort übersetzen nach Hiddensee. Viel zu wenig Zeit haben wir für die schöne Altstadt, Weltkulturerbe zusammen mit der Altstadt von Wismar. Zwei echte Perlen an der Ostsee, in die ich bald wieder abtauchen will. Aber jetzt heißt es erst einmal: Beine hochlegen und die Sonne genießen, wir stechen in See!

Die »African Queen« liegt im Hafen von Hiddensee und ist für eine Nacht unser Quartier. Auf dem schmucken Motorboot ist genug Platz für sechs Personen; zwei Frauen und zwei Jugendliche beherbergen uns. Als wir ankommen, zieht sich der Himmel zu, Maria und ich brechen schnell auf, um die Insel zu erkunden. »Du links rum, ich rechts?« – »Okay«, sagen wir und trennen uns. Wir sind froh darüber, ein paar Stunden allein umherstreifen zu können – inzwischen sind wir knapp zwei Wochen zusammen unterwegs und ganz schön geschlaucht. Es ist vor allem die Route, die uns Sorgen macht. Die Organisation geht schleppend voran, wegen der Hochsaison an der Ostsee sind alle beschäftigt, und es gibt wenig Freiraum, sowohl örtlich als auch im Veranstaltungskalender. Obwohl ich wirklich glücklich darüber bin, nicht mehr allein unterwegs zu sein und meine Erlebnisse teilen zu können, ist das gemeinsame Reisen nicht so leicht wie gedacht. Schließlich ist das Wandermärchen mein Projekt, und ich bin damit auf einmal für das Wohl beider Seiten verantwortlich, für das Marias und das der Gastgeber.

Als es zu regnen beginnt, treffen wir uns an Bord wieder und betrachten das Wolkenspiel über dem Meer vom sicheren

Hafen aus. So ein schaukelndes Boot gibt mir Geborgenheit wie sonst nichts auf der Welt. Während der Wind die Takelage der Segelboote zum Klirren bringt, träume ich von einem Wandermärchen zu Wasser. Unterwegs mit einem Boot auf den Flüssen Deutschlands ... In der Nacht stürmt und regnet es so heftig, dass Regenwasser in das Boot läuft. Unsere vier Gastgeber schöpfen es mit Eimern ins Hafenbecken. Maria und ich erfahren erst am Morgen beim Frühstück davon, wir haben tief und fest geschlafen, während um uns herum große Aufregung herrschte. Ich glaube, wir wollten in dieser einen Nacht um nichts in der Welt die Geborgenheit des Schiffsbauches aufgeben.

Von Hiddensee setzen wir über nach Rügen, wochenlang haben wir versucht, hier eine Unterkunft zu finden. Ein Baron hat schließlich von unserer Not erfahren und lässt uns in der Ferienwohnung seines Jagdsitzes unterschlüpfen. Die Lyrik gehört zu den schönen Künsten und wird von der adligen Gesellschaft gehütet und gepflegt – und so kommt es, dass Maria und ich in herrschaftlichen Gutshäusern residieren dürfen. Diese Welt ist uns beiden fremd und wir blicken nur kurz hinein – wir betreten sie mit einem neugierigen Augenzwinkern und geben darin mal Schlossfräulein und mal Hofnarren. Aber dass es eine sehr eigene Welt ist, mit einem undurchsichtigen Regelwerk, das ahne ich. Zugang auf Zeit wird einem Gast gerne gewährt, ganz besonders, wenn er Künstlerisches vorführen kann. Und die Darbietung wird allerorten mit Achtung und Wohlwollen aufgenommen. Die Verhaltensregeln bei Tisch und im Salon sind für mich trotzdem etwas schwer zu durchschauen, und meine Anspannung ist wesentlich größer, als wenn ich in einen turbulenten Familienhaushalt eintauche.

Der Zusammenhalt dieser internationalen Gemeinschaft der Adligen scheint mir dem in einer großen Familie ähnlich – daher wird das Wandermärchen durch die ganze Republik weiterempfohlen. Und betrachtet man die Adligen als eine Familie, dann sind die Mauern vielleicht dicker, die Türen fester, die Regeln zahlreicher als bei Bürgerlichen – aber am Ende spielt sich hinter diesen dicken Mauern das gleiche uralte Schauspiel ab wie in jeder anderen Familie, jeder anderen Gemeinschaft auch: Wer darf wem etwas sagen, wie viel Autonomie bekommt das Individuum, wie sieht der Beitrag aus, den jeder für die Gemeinschaft bringen muss? Das gängige Gesellschaftsthema der Männer ist eher die Jagd als der Fußball, die Frauen halten das ganze Gefüge zusammen, also grob gesehen ist es wie überall in der Welt auch.

Ich möchte nicht hinter solch dicken Mauern leben, und ich ahne, dass ich in meinen wilden Pubertätsjahren vielleicht die ein oder andere Jagdveranstaltung gesprengt hätte. Adel privilegiert bestimmt und er verpflichtet sicher auch, aber am Ende befreit er niemanden von der Frage: Wie will ich leben? Und die ist wahrscheinlich sogar schwerer zu beantworten, wenn ein möglicher Weg schon dick vorgezeichnet ist.

Ich habe es genossen, solch schöne Orte zu sehen, durch Gärten zu lustwandeln, mein eigenes Bad zu haben und »die Künstlerin« genannt zu werden. Ich habe Adlige mit so viel Herz und Humor getroffen, dass ich mir kurz wünschte, ein Teil dieser Welt zu sein und gut geschützt hinter dicken Mauern zu leben. Aber ich weiß, wer ich bin. Am Ende kämpfen wir alle denselben Kampf, und ich kämpfe sehr viel besser im Hofnarrenkostüm als in der Jagdmontur. Schließlich ist der

Hofnarr der Einzige, der dem König die Wahrheit sagen darf. Das ist ebenfalls ein Privileg und eine Verpflichtung …

Unser heutiger Gastgeber ist ein Baron. Er hat einen schelmischen Blick und viele Lachfalten um die wachen Augen. Seine Wände hängen voller Trophäen, aber sein Kühlschrank ist leer. Der Baron hat ein großes Jagdgewehr, das er morgens mit Hingabe putzt, wenn wir zu spät zum Frühstück kommen. Aber die schärfere Waffe ist wohl sein Humor, und den setzt er oft und überraschend ein. Maria und ich haben selten so viel gelacht wie mit »unserem Baron« auf Rügen.

Weiter geht's nach Kransdorf. In dem kleinen Ort auf Rügen ist der Insel e. V. aktiv – ein sozial-ökologisches Projekt, das Menschen mit Behinderung, Suchtproblemen oder psychischen Erkrankungen ein Zuhause bietet. In Kransdorf gibt es unter anderem eine Bäckerei, Gärtnerei, Töpferei, Holzwerkstatt und einen Reiterhof. Holger, der Geschäftsführer des Vereins, führt Maria und mich herum, wir beißen in die süßen Tomaten direkt vom Strauch. Kransdorf ist ein Paradies. Nicht nur wegen des stimmungsvollen Lichts auf Rügen, sondern auch, weil das Leben sich hier so sinnvoll anfühlt. Holz zum Bauen und Heizen wird im Wald gefällt, Gemüse selbst angebaut, Brot gebacken, Keramik getöpfert. Mich überfällt eine starke Sehnsucht nach so einem Leben, wenn ich zwischen den Werkstätten und den Feldern entlanglaufe. »Wie ist das, hier zu leben?«, frage ich verträumt. Holger deutet auf einen Bauwagen unter Bäumen: »Komm wieder, wohn da drin, probier es einfach aus!«

Immer wieder werde ich in den nächsten Monaten an diesen Bauwagen denken. Er ist eine Möglichkeit, die in meinem gelben Koffer landet und die mir diese Reise mit jedem Tag, den ich unterwegs bin, verdeutlicht. Nicht nur eine Möglichkeit für mich, sondern auch für uns als Gesellschaft. Nichts ist gesetzt. Es ist nicht automatisch richtig, so zu leben, wie ich es tue, nur weil ich es nicht anders kenne oder weil alle so leben. Es gibt Alternativen. In Kransdorf sehe ich auf eine realistische und ganz praktische Art in Ansätzen verwirklicht, was ich schon immer gehofft habe.

Arbeitshypothese Nummer vier: *Wir entscheiden, wie wir leben. Wir sind frei.*

INGEBORG BACHMANN

Landnahme

Ins Weideland kam ich,
als es schon Nacht war,
in den Wiesen die Narben witternd
und den Wind, eh er sich regte.
Die Liebe graste nicht mehr,
die Glocken waren verhallt
und die Büschel verhärmt.

Ein Horn stak im Land
vom Leittier verrannt,
ins Dunkel gerammt.

Aus der Erde zog ich's,
zum Himmel hob ich's
mit ganzer Kraft.

Um dieses Land mit Klängen
ganz zu erfüllen,
stieß ich ins Horn,
willens im kommenden Wind
unter den wehenden Halmen
jeder Herkunft zu leben!

... Und alles ist anders

Kotelow – Lindetal – Krümmel

Manchmal, wenn ich spät abends bei einem Glas Wein mit einer Gastgeberin, einem Gastgeber zusammensitze, wenn wir vertraut geworden sind miteinander, wenn der Mond hell leuchtet und eine schöne Stimmung zaubert, dann steht auf einmal die Frage im Raum:»Sag mal, warum machst du das – diese ganze Reise?« So als würden meine Gastgeber wissen, dass noch mehr dahinter steht als nur die Neugierde auf mein Land. Und dann fasse ich mir ein Herz und erzähle ihnen von der dritten Ebene, von einer ganz persönlichen Motivation zu dieser Reise:

»Der letzte November machte seinem Namen alle Ehre: Es regnete in Strömen und die Tränen liefen in Strömen. Ich war trotz grauer Wolken mit dem neuen Fahrrad unterwegs, weil ich es in geschlossenen Räumen nicht mehr aushalten konnte. Ich wollte nur noch raus, war aber an einem Punkt angekommen, an dem ich nicht mehr wusste, wohin.

Vor ein paar Monaten war ich aufs Land gezogen, eine schnelle Entscheidung, hatte mich aus einer schwierigen Beziehung gelöst und konnte mir nicht vorstellen, für eine kleine Bude in Hamburgs Szenevierteln ein Vermögen zu zahlen. Es wäre mir wie eine Strafe vorgekommen. Also hatte ich mir eine

Wohnung direkt an der Elbe hergerichtet, eine halbe Auto-
stunde vom Zentrum entfernt und eine halbe Ewigkeit vom
Stadtleben. Als Frau Anfang 30 allein aufs Dorf zu ziehen, ohne dort
aufgewachsen zu sein (oder zumindest eine Karriere in der
freiwilligen Feuerwehr zu erwägen), ist waghalsig. Oder wahnsinnig. Ich dachte, so schlimm kann es ja nicht sein, es ist ja
noch Hamburg. Aber mit der Zeit wurde mir bewusst, dass ich
wirklich weit draußen war und zwar allein. Manchmal biss
ich vor Wut und Verzweiflung ins Lenkrad, wenn ich auf den
langen Deichstraßen nach Hause fuhr. Ich fühlte mich in einer
Sackgasse gefangen, denn auch in allen meinen beruflichen
Richtungen ging es nicht mehr weiter, ich spürte deutlich, dass
ich etwas Neues machen musste. Aufbrechen. Immer wieder
stand ich am Deich – halb hungrig, halb verzweifelt – und sah
den Schiffen hinterher, die Elbe hinauf. Meine Gedanken spielten immer die gleiche Platte: ich muss los, ich muss los, aber
wohin nur, wohin?!

Ich konnte mich nicht einfach treiben lassen, es gab es etwas, das mich hielt. Schmerzlich. Meine Mutter war vor ein
paar Jahren an Krebs erkrankt, inzwischen saß er in ihren
Knochen und sie im Rollstuhl. Diagnose unheilbar. Wie viel
Zeit ihr noch blieb, konnte keiner sagen. Glück im Unglück:
Meine Mutter und ich hatten uns über alle Widrigkeiten des
Lebens eine sehr innige, liebevolle Beziehung bewahrt. Sie war
mir und meinen drei Geschwistern immer eine Mutter im besten Sinne, sah mich, wie ich war, und liebte mich dafür. Oder
trotz dessen. Kritisierte mich, unterstützte mich, rief immer im
richtigen Moment an.

Nun brauchte sie mich, als tröstende Hand an ihrer Seite.
Das hatte meinem Leben eine neue Richtung gegeben. Zum

einen erkannte ich mit einem Schlag, dass es sich nicht lohnt, Lebenszeit mit Dingen zu vergeuden, die mich nicht wirklich erfüllten. Zum anderen war da auf einmal der Wunsch, dieser Frau, die für mich unersetzlich war, die mich geduldig und liebevoll großgezogen hat in dieser turbulenten Welt, jetzt etwas zurückzugeben. Wenn nicht jetzt ...

Viele Stunden saß ich an ihrem Bett, habe mit mir gerungen, Hamburg aufzugeben und zu meinen Eltern ins Ruhrgebiet zu ziehen. Aber dieser Gedanken machte mich immer kraftloser. Irgendwann sagte meine Mutter bestimmt: »Unglücklich kannst du mir nicht helfen. Und glücklich wirst du hier nicht.« Das stimmte, also blieb ich in Hamburg und pendelte zwischen meiner Trauer und der Trauer meiner Eltern. Und immer wieder diese eine Frage: Wie geht es nur weiter?

Ich wollte wieder an meine Wurzeln, rezitieren, Gedichte sprechen. Aber jetzt ein Bühnenprogramm inszenieren, an alle Türen klopfen, Werbung für mich machen – nein, das ging in diesem Moment gar nicht. Frei wollte ich sein vom Schreibtisch und den Zwängen des Alltags – nur wie?

Während ich also mit meinem nagelneuen Fahrrad am Deich entlang kurvte (das ich mir aus irgendeinem starken Bedürfnis heraus, natürlich ohne es mir leisten zu können, in Berlin gekauft hatte), der Regen auf mich einprasselte und ich versuchte, den letzten Besuch bei meinen Eltern zu verkraften, stand plötzlich ein Gedanke wie eine Mauer vor mir: Meine Mutter wird sterben. Etwas, was ich schon lange in der Theorie verstanden hatte, drang plötzlich in mein Bewusstsein und wurde zu einer Erkenntnis, die sich nicht mehr leugnen ließ. Sie würde mich wirklich und endgültig verlassen. Ein unglaublicher Schmerz überfiel mich. Ich hielt an, versuchte verzweifelt, nicht den Boden unter den Füßen zu verlieren, mir schwindelte, ich bekam Atemnot. Kaum hatte ich diese Erkenntnis in mein Leben gelassen, da plusterte sie sich auf, wurde riesig und wollte mich zum Platzen bringen. Meine Gedanken rasten: Was soll ich nur tun? Egal, Hauptsache weit weg. Nein, ich muss doch bei ihr bleiben. Das Fahrrad. Einfach an der Elbe entlang, immer weiter. Nicht an morgen denken. Unabhängig sein. Zeit für meine Eltern haben. Nicht am Bett sitzen, raus, bewegen! Gedenkstätte KZ-Neuengamme, hier ist das? Warum war ich da denn noch nie, wo war ich denn überhaupt schon. Wie viele wichtige Dinge übersehe ich jeden Tag?

Hinschauen, reisen, aber zuhause, in den Grenzen Deutschlands, im Land meiner Eltern, sie einkreisen, in der Nähe bleiben und trotzdem neu anfangen, wieder rezitieren, Dichter mitnehmen, wie ein Wandererzähler reisen, auftreten gegen Kost und Logis, mit Gedichten auf der Walz, durch Deutschland, Heine, Wintermärchen, Deutschland. Ein Wandermärchen!

Da war es. Zwei Blitzschläge innerhalb von ein paar Sekunden, es fühlte sich unbeschreiblich an: So unfassbar traurig die Erkenntnis war, dass meine Mutter wirklich sterben würde, so dankbar packte ich die Rettungsleiter, die mir in diesem Moment von irgendwo zuflatterte. Ich hatte wieder ein Ziel. Denn es war von Anfang an mehr als eine Idee – es war wie ein Austausch: Akzeptiere, was du weißt, und du bekommst, was du brauchst, um es zu ertragen. Damit wurde mein Wandermärchen neben allem anderen auch eine Art Trauermarsch, den ich mit so viel Leben wie nur möglich füllte. Etwas Einzigartiges war passiert – ich hatte eine Idee, die mich in diesem Moment rettete, die mich viele Nerven kosten sollte, Muskelkater, noch mehr Tränen, die mir aber auch unvergessliche Momente schenken würde, einzigartige Erinnerungen, Gespräche, Begegnungen – und eine Heimat in der Zukunft.«

Der Anruf kommt am späten Vormittag. Maria und ich fahren durch mecklenburgische Felder, eine dünn besiedelte Gegend, leere Dörfer links und rechts der Pflasterstein-Wege. Die Nacht haben wir in einem Jagdschloss verbracht und von der Hauswirtin alles über die jahrhundertealte Feindschaft zwischen »Bauerndörfern« und »Gutsdörfern« erfahren. Eine Welt wie zu Romeo und Julias Zeiten, aber heute noch aktuell in Mecklenburg an der Seenplatte. Maria fährt vorneweg und ich trödle hinterher und schaue auf mein Handy. Eine Mailboxnachricht von meiner älteren Schwester aus Essen: »Ruf mich mal bitte zurück.« Mit klopfendem Herzen suche ich Handynetz und rufe zurück: »Mama sagt, du sollst nach Hause kommen«, sagt Katrin ruhig. Dann weint sie. Mehr weiß ich nicht von dem Gespräch. Ich fahre weiter, als wäre nichts geschehen, mit angehaltenem Atem. Doch dann trifft mich Marias fragender Blick und ich wiederhole mechanisch die Worte meiner Schwester: »Mama sagt, ich soll nach Hause kommen.«

In diesen sieben Worten ist schon alles enthalten, was kommen wird. Und doch plane ich mit Maria so, als würde ich nur einen kurzen Abstecher machen. Ich hoffe inständig, dass es nur halb so bedrohlich ist, wie es klingt. Dass die plötzliche Verzweiflung, die mich überfällt, nur Angst ist und keine Ahnung. Ein Fehlalarm sozusagen. Dass ich zu meiner Mutter fahren werde, an ihrem Bett sitzen, ihre Hand halten und dass sie mich nach ein paar Tagen wieder hinausschickt in die weite Welt mit den Worten: »Danke mein Lenchen, dass du da warst. Das tat mir gut. Jetzt aber los, der Osten will erobert werden.«

Das hoffe ich. Und ich rufe sie an, frage vorsichtig nach. »Ich komme Sonntag. Was denkst du, wie lange soll ich bleiben?«

»Ach, so drei Tage vielleicht«, sagt sie langsam und leise und klingt unendlich weit weg. Drei Tage. Für was?

Wir schmeißen die Fahrräder ins Feld und ich lasse die Wellen über mir zusammenschlagen. Maria ist bei mir, hält meine Hand und hält es aus.

Zwei Auftritte noch, Samstag den NDR-Beitrag drehen, danach fahre ich ins Ruhrgebiet und Maria Richtung Berlin. Und da treffen wir uns wieder. Vielleicht. Soweit der Plan. Wir rollen erschöpft weiter zu unserem nächsten Ziel. Eine Empfehlung einer früheren Gastgeberin, eine therapeutische Lebensgemeinschaft auf einem Gut in Mecklenburg-Vorpommern. Ich bin völlig erschlagen, als wir eintreffen, und fürchte mich vor den üblichen Gesprächen: Wo kommt ihr her, wie läuft die Reise, habt ihr wirklich Gedichte sprechen studiert? Maria und ich überlegen, wie wir Zeit für uns gewinnen können, und beschließen, abends ins Kino zu gehen.

Untergebracht sind wir in einem Gebäudetrakt, in dem auch therapiert wird, direkt neben dem Meditationsraum. Unser Raum ist in weiß gehalten und heißt »Frieden«. In mir tobt allerdings Krieg. Ich bin offen, verwundet, blute innerlich und alles an dieser Umgebung soll heilsamen Frieden verbreiten. Das macht mich wütend. Die Gastgeber sind fröhlich und nett, servieren Kuchen, stellen Fragen nach meiner inneren Motivation zur Reise. Ich werde noch wütender. Wir sagen, wir wollen vielleicht heute Abend ins Kino, sie sagen, wie wunderbar, sie wollen sowieso *alle* ins Kino. Ich koche. *Alle* quetschen sich also in drei Autos und ab geht's in die nächstgrößere Stadt. Eingequetscht auf der Rückbank widerspreche ich garstig jedem Kommentar zu dem Sinn meiner »Sinnsuche«.

Alle gehen in die lustige Sommerkomödie, deshalb entscheiden Maria und ich uns für den anderen Film. Und leiden still während der 90 Minuten sinnlosen Gemetzels. Wir hätten die Sommerkomödie dringend gebraucht.

Am nächsten Tag wird es nicht besser. Ich erwache vom Gesang im Meditationsraum nebenan. Es klingt schön, ich fühle mich aber nicht aufgehoben, nur verloren. Ich kann meine innere Verzweiflung nicht zeigen, alles in mir sträubt sich dagegen. Im gleichen Gebäude ist ein Paar untergebracht, das nun in den Therapieräumen »um seine Ehe kämpft«. So klingt es auch. Maria und ich fliehen in die WG nebenan, dort gibt es zwar WLAN, aber auch eine Mitbewohnerin, die wutschnaubend unseren Gastgeber anzischt: »Die blockieren die Leitung und ich kann nicht arbeiten.« Der Mitbewohner, der uns freundlicherweise eingeladen hatte, lächelt und bleibt in seiner inneren Mitte.

Wir schwingen uns auf unsere Räder und finden ein Garten-Café, wo wir den Rest des Tages verbringen. Immer wieder suche ich einen Flecken Himmel mit Empfang und rufe meine E-Mails ab. Da ist die Hölle los. Ausgerechnet heute ist eine Fotoserie und ein Interview auf Spiegel-Online erschienen. Ich sitze auf einem Baumstumpf, blättere durch die unzähligen E-Mails und komme nicht mehr hinterher. Maria bestellt einen Sekt, wir stoßen an und ich weine. Noch zwei Tage, dann bin ich bei meiner Mutter. Nichts anderes zählt.

Der Auftritt abends im Meditationsraum überrascht mich. Wir müssen in Socken spielen (der weiße Teppich) und trotzdem fühle ich mich wohl. Die Zuschauer lachen laut und herzhaft und freuen sich unbändig über unser Programm. Es erleichtert mich etwas. Trotzdem: als wir am nächsten Tag durch das große Schlosstor radeln, fallen säckeweise Steine von mir ab. Bis zuletzt habe ich widersprochen, wann immer jemand etwas zu meinem Projekt gesagt hat. Und unsere Gastgeber haben mir angemerkt, dass ich angespannt bin und unter

Strom stehe. Sie versuchten herauszufinden, was mich bewegt. »Meine Mutter stirbt«, wäre die Wahrheit gewesen. Nur bringe ich das nicht über die Lippen und beiße lieber die Zähne fest zusammen.

Wir fahren Richtung Krümmel, einem kleinen Ort an der Seenplatte. Ich habe mich sehr auf die berühmte Naturlandschaft gefreut, nun nehme ich das glitzernde Wasser und die tiefen Wälder wahr, bin aber gleichzeitig immer bei meiner Familie im Ruhrgebiet. Auf einer Landstraße platzt Marias Reifen, fachmännisch dreht sie ihr Rad auf den Kopf und fummelt etwas hilflos daran herum. Ich setze mich auf den Bürgersteig und öffne die kleine Flasche Himbeerlikör, ein Gastgeber-Geschenk. Maria und ich warten, ich weiß gar nicht genau worauf. »Braucht ihr Hilfe?«, fragt ein junger Mann und steigt von seinem Rad ab. »Auf dich haben wir gewartet«, freue ich mich und biete ihm einen Schluck Himbeerlikör an. Der junge Mann heißt Andreas und flickt fachmännisch Marias Schlauch, im Gegenzug erzählen wir ihm Reiseabenteuer und versorgen ihn mit Likör. Ich selbst habe gar kein Flickzeug dabei, nicht einmal eine Luftpumpe. Noch in Hamburg wollte mir ein Freund schnelle Notfallhilfe bei einem Platten beibringen, er baute das Hinterrad ab und hat dann dreimal so lange gebraucht, es wieder dran zu bekommen. Seinen Rat habe ich beherzigt: »Geh in eine Werkstatt, das hier ist zu kompliziert.« Aber bisher war das noch nicht nötig, zum Glück.

Abends kommen wir bei den von Maltzahns an. Maria von Maltzahn hat sechs Kinder großgezogen. Ein Blick in ihre Augen, und es bricht aus mir heraus: »Meine Mutter ist schwer krank, ich muss die Reise abbrechen, kann ich mein Rad und Gepäck hierlassen?«

»Aber natürlich«, sagt sie. Die Wut verschwindet, ich werde ruhig.

Maria und ich spüren beide, dass nun das Ende unserer gemeinsamen Reise naht. Daher hat alles einen schwermütigen Zauber – der letzte Auftritt in der kleinen Kirche von Krümmel ist wie ein Abschied voneinander. Vielleicht merkt man uns etwas an auf der Bühne, denn das Publikum will nicht aufhören zu applaudieren.

Das Team vom NDR ist wieder da, ich gebe die fröhliche Blonde auf der Wanderschaft und bin dankbar für die Ablenkung. In der Nacht kann ich kaum schlafen und bin am Morgen erleichtert, als ich endlich in der Bahn Richtung Ruhrgebiet sitze. Maria wird später den Zug nach Potsdam nehmen und Freunde besuchen. Wir wissen beide, dass ein Wiedersehen in Berlin sehr unwahrscheinlich ist, und reden gar nicht mehr davon. Sie umarmt mich lange. »Zum Glück war sie bei mir in dieser Zeit«, denke ich, während ich aus dem Zugfenster starre. Diese gemeinsamen Wochen auf dem Rad werden immer ein Meilenstein unserer Freundschaft sein. Mariechen hat jeden Kilometer mitgestrampelt, mitgebangt um unsere nächste Unterkunft, mitgeträumt, was es wohl zu Essen gibt, und jeden Schmerz und alles Glück dieser Reise mit mir geteilt. Nun trennen wir uns eine Woche früher als gedacht, und jede geht ihrer Wege. Ich fürchte, dass ich sie um die fröhliche Leichtigkeit gebracht habe, die das Wandermärchen eigentlich auch haben soll. Die ständige Suche nach Unterkünften und meine innere Anspannung haben es ihr sicher nicht leicht gemacht. Zum Glück haben wir einen schönen Abschluss geschaffen. Gute Weiterreise, meine Gefährtin! Danke dir.

Bei meinen Eltern angekommen, drücke ich mit weichen Knien die Klingel. Was erwartet mich hinter dieser Eingangstür? Ich renne fast in das Wohnzimmer, in dem seit Monaten das Pflegebett meiner Mutter steht. Sie ist bleich und weit weg, hat die Augen geschlossen. »Ich bin jetzt da, Mama.«

»Das ist gut«, ist die schwache Antwort. Nach einer kleinen Pause fragt sie: »Wann fährst du wieder?«

»Ich bleibe.«

Über den folgenden Tagen hängt ein Schleier, der alles verschwimmen lässt. Ich verbringe ein paar Nächte auf der Luftmatratze im Zimmer nebenan, sitze mit meinen Geschwistern und meinem Vater am Bett, weine, rede, sehe zu, wie meine Mutter Abschied nimmt. Sie ist wach, bewusst, antwortet auf alle Fragen, auch wenn sie kaum noch sprechen kann. Sie steuert das Sterben, entschuldigt sich, dass es so lange dauert, bricht uns damit das Herz. Sie diktiert mir Dankesworte an ihre Freundinnen und einen Brief an ihre noch ungeborenen Enkel. Sie hat keine Angst, sie kämpft sich durch. Manchmal bringt sie uns zum Lachen, wenn sie z.B. plötzlich triumphierend sagt: »Ich gehe plusminus Null«, und darauf anspielt, dass sie uns keine Schulden hinterlässt.

»Warum bist du traurig?«, fragt sie mich einmal, als ich an ihrem Bett stehe.

Ich weiß gar nicht, was ich antworten soll. »Da wo du bist, ist es da nicht traurig?«

»Nein, überhaupt nicht«, sagt sie sehr bestimmt und wirkt fast fröhlich dabei.

Es erfordert viel Kraft von uns allen, die wir um sie herum sind und um unsere Fassung ringen. Aber eine Seite in mir beobachtet fasziniert diesen Prozess des Sterbens. Es wirkt auf mich, als würde meine Mutter unablässig arbeiten, als würde sie viel mehr Kraft brauchen als wir alle. Hochkonzentriert ist sie und entschlossen, sie geht einen Weg, den nur sie gehen kann, den sie allein gehen muss, und sie hat ein Recht auf jeden einzelnen Schritt dieses Weges. Dieser Prozess hat etwas Erhabenes an sich, unaufhaltsam und in gewisser Weise schön. Er flößt mir Respekt ein und ich habe oft das Gefühl, meine Mutter nicht mit Belanglosem stören zu dürfen. Als sie nur noch sehr wenig spricht, frage ich sie trotzdem: »Ist es anstrengend, das Sterben?«

»Ja.«

»So anstrengend wie Kinder bekommen?«

»Ja.«

»Oder schlimmer?«

»Nein.« Das beruhigt mich etwas. Sie hat uns vier bekommen, sie wird das schaffen.

Meine Schwester hat ihre drei Kinder mitgebracht, damit sie sich verabschieden können. Um ihnen die Angst zu nehmen, singen wir am Bett meiner Mutter. Es sind alte Volkslieder, die wir immer wieder anstimmen, weil sie uns Kraft geben und die Verzweiflung im Zaum halten. Die nächsten Jahre werden wir diese Lieder nicht singen können ohne Tränen in den Augen, aber wir nehmen das in Kauf. »Wo sind deine Haare, August, August, deine goldnen Jahre, August, August. Keiner hatte Locken so wie du, keiner trug die Socken so wie du«, den alten Schlager hat mir Maria auf dem Rad beigebracht. Ich singe ihn so lange, bis sogar meine beiden Nichten mitsingen und ein Stück Wandermärchen in der Luft liegt. Meine Mutter lächelt immer bei »keiner trug die Locken so wie du«. Sie hatte wunderschöne starke Locken und hat schwer gekämpft, als diese ihr ausfielen. Plötzlich sagt sie entschieden: »Den August will ich auf meiner Beerdigung hören.« Kein Widerspruch möglich. »Ich wusste es«, stöhnt meine Schwester. Meine Mutter bekam letzten Endes immer, was sie wollte …

In einer Nacht auf der Matratze schreibe ich einen Blogeintrag, weil ich weiß, ich kann es nur jetzt. Ich veröffentliche ihn aber nicht.

Sieben Tage sind seit meiner Ankunft vergangen, sie fühlen sich nach sieben Wochen an. Ich brauche eine Pause und übernachte nicht bei meinen Eltern. Am Morgen ruft mein Bruder an. »Es wird nicht mehr lange dauern«, sagt er. Gegen zwölf Uhr sind wir endlich bei meiner Mutter, sie hat Atemnot und ihr Körper kämpft. Ich habe trotzdem keine Angst, denn ich spüre, dass sie schon sehr weit weg ist. Und innerlich ganz ruhig.

Nach ein paar Stunden sagt mein Bruder, indem er seinen Blick über uns Geschwister streifen lässt: »Wir sind ja schon groß.« Darin schwingt Dankbarkeit mit und das Wissen, dass wir es schaffen werden ohne sie. In diesem Moment holt meine Mutter ein letztes Mal Luft.

Blogeintrag 1. September 2014

Du liegst im Zimmer nebenan und schläfst friedlich. Ich lausche auf Deine Atemzüge. Dein ganzer Körper setzt sich ein für jeden einzelnen Atemzug. Du bist schon weit weg und gleichzeitig nah wie nie.

Du wirst mich verlassen.

Nein, Du wirst immer bei mir sein. Ein Teil von mir sein.

Als ich vorhin an Deinem Bett saß, da war mir, als könnte

ich mich zurückerinnern an unsere erste Begegnung. Wie auf-
geregt ich war. Wie gut Du gerochen hast. Wie warm Dein
Herz schlug, für mich. Für uns.

Nun wird mein Herz für Dich mitschlagen. Ich werde für Dich
weiteratmen, ein und aus. So tief ich kann.
Und ich werde mich bald wieder auf den Sattel schwingen und
durch die Lande radeln. Und dabei all die Melodien pfeifen,
die Du so liebst. Und all die albernen Witze reißen, über die
Du so laut lachst.
Wo und wann ich ankomme, das ist mir egal.
Du bist jetzt auf der Reise. Du bist angekommen.
Wo Raum und Zeit nicht mehr existieren, da werden Weg und
Ziel erst recht eins, oder?
Weißt Du jetzt alles? Erzähl mir davon.
Du hast so viel mit mir geteilt.
Ich habe das unbeschreibliche Glück, Deine Tochter zu sein.
Ich danke Dir.

Gestern verstarb meine Mutter. Sie war ein Teil dieser Reise,
von Anfang an. Sie hat mir Freiheit geschenkt und ein Zuhause.
Sie hat mich aus dem Nest geworfen und jeden Tag begleitet.
Meine Mutter hat ihre Krankheit getragen und gemeistert.
Sie war grenzenlos stark.
Ich bin dankbar, dass ich die letzten sieben Tage ihres Lebens
eng an ihrer Seite sein durfte.
Zusammen mit meiner ganzen tapferen Familie.
Nun geht meine Reise bald weiter. Und alles ist anders.

HILDE DOMIN

Ziehende Landschaft

Man muss weggehen können
und doch sein wie ein Baum:
als bliebe die Wurzel im Boden,
als zöge die Landschaft und wir ständen fest.
Man muss den Atem anhalten,
bis der Wind nachlässt
und die fremde Luft um uns
zu kreisen beginnt,
bis das Spiel von Licht und Schatten,
von Grün und Blau,
die alten Muster zeigt
und wir zu Hause sind,
wo es auch sei ...

Danach oder: Inseln im Nebel

Bergsdorf – Berlin – Kolpin – Reichenwalde – Cottbus –
Görlitz – Zittau – Bautzen – Kleinwelka

Nach der Beerdigung fahre ich allein weiter. Es ist etwas verrückt, aber ich weiß nicht, was ich sonst tun soll. An die Strecke,
die Gastgeber und Auftritte erinnere ich mich schemenhaft, als
läge alles im Nebel. Hin und wieder tauchen Begegnungen und
Ereignisse wie Inseln im Dunst auf. Sie stehen deutlich vor mir,
wie aus der Zeit gefallen, lassen sich aber nicht in das Ganze
einordnen.

Um Kraft zu tanken, verbringe ich ein paar Tage an der
Mecklenburgischen Seenplatte. Eine zauberische Landschaft, die mich sofort in ihren Bann zieht. Tagelang könnte
ich einfach am See sitzen, der Stille lauschen und die Welt
um mich herum vergessen. Märchenhaft wirkt die Landschaft aus kleinen und großen Seen, tiefen Wäldern und sanften grünen Hügeln. Irgendwie passen wir gut zusammen. So
oft es geht, springe ich in das samtweiche Wasser und träume
vom Leben auf einem Hausboot. Da das für mich in weiter Ferne liegt, möchte ich wenigstens einmal segeln gehen.
Ich suche mir eine Jugendherberge mit Bootshaus an der
Müritz, stelle mein Rad dort ab und laufe gleich zum Boots-
verleih.

»Kann ich mir noch schnell ein Boot leihen?«, frage ich den Inhaber, der gerade das Kassenhäuschen abschließt. »Wollen Sie nicht mit dem jungen Mann rausfahren?«, fragt er zurück. »Der hat gerade eins ausgeliehen.«

Ich zögere, eigentlich wollte ich allein sein, andererseits habe ich meinen Segelschein noch nicht so lange, mitzusegeln wäre schon praktisch. Der junge Mann zögert auch. Aber wir haben nicht wirklich eine Wahl, der Bootsverleiher wünscht uns viel Spaß und macht sich vom Acker. Also steige ich ein und beginne misstrauisch meine Befragung: »Kannst du segeln?«

»Klar!«

»Wie lange hast du das Boot gebucht?«

»Vier Stunden.« O mein Gott! Vier Stunden auf einem Boot gefangen mit jemandem, der nicht mal lächeln kann.

Schweigend paddeln wir auf den See hinaus und warten auf Wind. Ich beschließe, das Beste aus meiner Situation zu machen und Konversation zu betreiben. Der junge Mann heißt Fabian und kann tatsächlich segeln, wie sich kurze Zeit später herausstellt. Aber in Plauderstimmung ist er nicht wirklich. Ich überlege kurz, ob ich ihn nicht doch bitte, mich am nächsten Steg abzusetzen, aber der Wind wird stärker und ich genieße das Segeln.

»Machst du hier Urlaub?«, versuche ich einen neuen Anlauf.

»Sozusagen.« Schweigen. Was soll er denn sonst hier machen, es ist Mittag und unter der Woche.

»Wohnst du in der Jugendherberge?«

»Nee.«

Puh, das ist Schwerstarbeit. Schließlich rückt Fabian raus: »Ich bin hier in einer Klinik am See. Burnout.« Jetzt bin ich sprachlos. »Und du?«, fragt er, um abzulenken.

»Ich fahre mit dem Rad durch Deutschland und rezitiere. Aber ich mache gerade eine Pause. Meine Mutter ist gestorben.« Jetzt ist er sprachlos. »Sag mal, wolltest du auch eigentlich deine Ruhe haben und allein segeln?«, wage ich mich vor. »Unbedingt«, grinst Fabian. Wir lachen, und ab dem Moment ist das Eis gebrochen. Die Stunden fliegen dahin, während wir uns gegenseitig von unseren Lebenswegen berichten, die uns letztendlich zusammen auf dieses Boot geführt haben. Der Wind pustet uns quer über den See, dann rührt er sich nicht mehr und wir paddeln an den Steg. Fabian hat es eilig, er muss zum Abendessen wieder in der Klinik sein. Ich schiebe mein Rad Richtung Jugendherberge, Fabian fragt: »Sollen wir morgen früh noch mal raus?«

»Klar!«, sage ich. Wir sind beide nicht überzeugt. Wir kennen uns nicht, haben für vier Stunden wie vertraute Freunde unser Leben miteinander geteilt. Wir wissen beide, dass sich das nicht wiederholen lässt.

Am nächsten Morgen herrscht absolute Flaute, und ich schwinge mich aufs Rad und ziehe weiter. Und bin dankbar für diesen Moment geteiltes Leid, denn es tritt sich etwas leichter, die Sonne scheint etwas heller, und Flaute bedeutet immerhin kein Gegenwind …

Meine nächste Insel im Nebel ist Bergsdorf. Das Museum Mühlenhaupt liegt in Brandenburg, 70 Kilometer nördlich von Berlin, und meine Gastgeberin Hannelore Mühlenhaupt hat mich spontan eingeladen. Als ich mit dem Rad auf den großen Hof rolle, ist sie noch unterwegs. Ich setze mich und lasse den Blick schweifen: ein großes ausgebautes Gehöft, überall stehen Zwerge in den unterschiedlichsten Größen und Ausgestaltungen. Manche sind lebensgroß und viele schauen frech durch die Gegend. Ein riesiger Hund jagt über das Gelände, zwei Esel nagen an allem, was ich ihnen nicht sofort entreiße, Schweine stromern über den Hof. Jetzt verstehe ich auch, warum ich das Hoftor geschlossen lassen soll.

Nach einer Weile kommt meine Gastgeberin. Etwas außer Atem steht sie vor mir, das ganze Gesicht voll kleiner schwarzer Punkte, die sich bei näherem Hinsehen als kleine Fliegen entpuppen. Sie sei noch eine schnelle Runde Fahrrad gefahren, sagt sie. Das war wirklich schnell, denke ich. Und stelle fest, dass ich wohl langsamer als die Fliegen bin. Meine Gastgeberin schaut mich etwas ratlos von oben bis unten an. »Ich habe überhaupt keine Lust, Ihnen etwas zu Essen zu kochen«, sagt sie geradeheraus. Ich bin kurz geschockt und dann sehr erleichtert. »Macht nichts, ich will sowieso nur noch schlafen.« Zufrieden gehen wir beide in die Küche, sie drückt mir eine Pfanne, eine riesige Tüte frische Pfifferlinge, Bioeier und Vollkornbrot in die Hand und sagt: »Guten Appetit. Bis morgen!« Und verschwindet.

So geht es also auch, denke ich, während die Pfifferlinge in der Pfanne brutzeln. Man kann ganz offen sein und trotzdem höflich bleiben. Ich bin meiner Gastgeberin dankbar, denn genau das habe ich gebraucht: einen kleinen Imbiss, Zeit für mich in meinem Reich und schnellstmöglich ins Bett. Ich bewundere sie dafür, dass sie einfach frei heraus gesagt hat, was sie will und was nicht – und damit mir die Erlaubnis erteilt hat, dasselbe zu tun.

Am nächsten Morgen schaue ich mir in Ruhe den Hof an. Es ist eigentlich ein Museum, das Kunstwerke von ihrem Mann zeigt, dem Maler Kurt Mühlenhaupt.

Aber es finden dort auch immer wieder Lesungen statt mit hochkarätigen Autoren wie Herta Müller. Am Abend unterhalte ich mich mit Frau Mühlenhaupt über die Frage, wie man als ehemaliger Städter heimisch werden kann auf so einem Dorf. Und ob man angekommen ist, auch wenn die Bewohner des Dorfes einen nicht zum Geburtstag einladen. Frau Mühlenhaupt ist der Meinung, dass sich Ankommen nicht an Geburtstagseinladungen messen lässt. Ich denke an meine spärlichen Versuche an meinem heimischen Deich, mit meiner Nachbarschaft Kontakt zu knüpfen, und wie kläglich diese immer wieder gescheitert sind. Vielleicht hat sie recht. Vielleicht darf man auf dem Land leben, aber seine Freunde in der Stadt haben, und schadet damit keinem. Vielleicht bedeutet Integration auch, sein zu dürfen, wie man ist, ohne sich verstellen zu müssen. Schließlich bringt das Museum Bergsdorf Kultur, und Kultur ist nicht nur für die Städter gut, sondern bereichert auch die brandenburgische Dorflandschaft. Oder anders gedacht: Vielleicht ist das Land nicht nur für diejenigen da, die dort geboren sind? Wohnen kann dort jeder, aber ein Platz in der Gemeinschaft wird einem nicht geschenkt, das habe ich am eigenen Leib erfahren.

Als ich bei mir am Deich einmal ein Päckchen im örtlichen Supermarkt mit Poststelle abholen kam, wollte man mir das Paket ohne meinen Abholschein nicht aushändigen. Mein Personalausweis reichte nicht. »Das geht aber doch sogar bei der Post!«, sagte ich verzweifelt. Keine Chance. »Es ist ja nicht das erste Päckchen, das ich hier abhole«, versuchte ich es weiter. In Wahrheit war es wohl Nummer 33. »Vielleicht kennt mich ja die Inhaberin.« Ich kannte nämlich zu dem Zeitpunkt alle Mitarbeiterinnen zumindest vom Sehen. »Frau Schneider«, brüllte die Angestellte durch den kleinen Laden, »kennen Sie diese Dame?« Frau Schneider kam forschen Schrittes aus dem Lagerraum und musterte mich von oben bis unten. »Kennen is was andres!«, sagte sie schließlich entschieden. Ich schluckte und sagte gar nichts mehr. Mit einem resoluten Kopfnicken gab sie mein Paket trotzdem frei, und ich machte mich gedemütigt vom Acker. Vor der Tür murmelte ich wütend so etwas wie:»Na wartet, ihr werdet mich noch kennenlernen!«

Stadt und Land, das beschäftigt mich sehr auf dieser Reise, weil es mich auch in meinem Leben nicht loslässt. Ich liebe die Abenteuer der Großstadt, aber ich will nicht leben ohne Sicht auf den Himmel aus jedem Fenster. Ich brauche einen weiten Blick und will die Jahreszeiten am Körper fühlen. Ich lebte jahrelang mitten in St. Pauli, bis mir bei dem Blick aus einem Zugfenster auf eine grüne Wiese die Tränen kamen – da wurde mir bewusst, dass ich mehr Natur brauchte, und ich zog ins Hamburger Umland. Aber wirklich angekommen bin ich dort noch nicht. Ich möchte beides: Kultur und Trubel und Ruhe und Natur. Da bin ich wohl keine Ausnahme: Die meisten Deutschen leben in urbanem Umfeld, in sogenannten Metropolregionen. Ein bisschen im Grünen, aber mit Anschluss. Wiedenborstel ist der kleinste Ort im Land, elf Einwohner inklusive Bürgermeister. Hier gibt es Platz: 1,1 Einwohner auf einem Quadratkilometer. In Berlin, der größten deutschen Stadt mit 3,4 Millionen Bewohnern, leben 3849 Menschen auf einem Quadratkilometer. Und dazwischen verteilen wir uns. Drei Viertel der Deutschen leben in einer Stadtregion, auch wenn 70 Prozent ländliche Gemeinden sind. Die wenigsten wollen ihre Kinder in Großstädten aufwachsen sehen oder mit dem Auto ins nächste Café fahren. Kein Wunder, dass ich meinen Platz noch nicht gefunden habe, an dem ich Wurzeln schlagen möchte. Ich schätze, ich muss ihn kreieren. Ich bin damit nicht alleine, ich kenne so viele, die einen ähnlichen Traum haben: in einem»Zwischending« das Beste vereinen von Stadt und Land. Kultur, Gemeinschaft, Fortschritt und Natur. Warum bauen wir nicht grüne Städte? Oder urbane Dörfer?

Ich fahre durch das brandenburgische Umland in die Hauptstadt: Berlin ist mein nächstes Eiland, das aus dem Nebel auftaucht. Allerdings kommt mir Berlin schon immer wie eine Insel vor. Die Hauptstadt ist ungeheuer spannend mit ihren vielen Gesichtern, aber auf mich wirkt es stets so, als hätte sie mit den Rest des Landes nicht viel zu tun. Berlin fordert und überfordert mich regelmäßig mit seiner Unruhe, seinen zahllosen Veranstaltungen, den Kiez-Bezirken, die wie Parallelwelten nebeneinander existieren. An lauen Sommerabenden finde ich Berlin aufregend, ansonsten aufreibend. Das ist meine bisherige Erfahrung, aber als ich mit meinem Fahrrad die Hauptstadt erkunde, will ich mich frei machen von allen bisherigen Erlebnissen und ganz neu auf die Metropole schauen. Das gelingt auch, denn mir wird zum ersten Mal die gigantische Größe dieser Stadt bewusst.

Ich komme von Norden, von der Seenplatte, und meine ersten Gastgeber leben in Schöneweide. Rund 30 Kilometer sind es von der nördlichen Stadtgrenze in diesen Stadtteil, und auf dieser Strecke ziehen Welten an mir vorbei. Ich habe eigentlich viele Gastgeberangebote in Berlin, aber irgendwie ist da der Wurm drin: Die wenigsten haben Zeit, und wenn sie mich aufnehmen wollen, dann kommt ihnen die Organisation eines Auftritts ungelegen.

Eine Gastgeberin fragt ihren Freundeskreis rund eine Woche vorher an, und wirklich alle möchten sehr gerne dabei sein, nur hat nicht ein Einziger an dem fraglichen Datum Zeit. Selbst meine in Berlin lebenden Freunde sind zu eingespannt, um einen Auftritt zu veranstalten. Aber wozu sind Freunde da, wenn man sie nicht in solchen Situationen zu ihrem Glück zwingen könnte? »Ich bin eigentlich nicht zum Couchsurfen vor Monaten in Hamburg mit dem Rad aufgebrochen«, insistiere ich. So kommt dann doch noch ein einziger privater Auftritt in der Hauptstadt zustande. Etwas ratlos verlasse ich Berlin wieder – schon früher ist mir aufgefallen, dass in den großen Städten viel weniger Veranstaltungen wirklich stattfinden und auch die Publikumszahl wesentlich geringer ist als in kleineren Orten oder auf dem Land. Liegt das am Überangebot, an den beruflichen Verpflichtungen oder den generellen Strapazen, die das Leben in der Großstadt mit sich bringt? Auch erlebe ich in kleineren Ortschaften großes Engagement und Wertschätzung für Kultur, von dörflicher Einöde kann gerade in kleinen Städten und Gemeinden keine Rede sein – alle sind dabei, wenn es gilt, eine Veranstaltung auszurichten.

Berlin hat mir mehr genommen als gegeben, die Stadt frisst meine letzten Energiereserven. Erleichtert verlasse ich die überfüllten Straßen und flüchte in den Wald. In Reichenwalde bei Fürstenwalde trete ich neben dem größten Ofen auf, den ich je gesehen habe. Er wärmt aber nicht halb so stark wie die Dorfgemeinschaft, die sich gesammelt zum Auftritt eingefunden hat. »Unglaublich, dass Sie wirklich hierhergekommen sind«, sagt ein Gast im Anschluss. »Ich wäre ja schön blöd, wenn ich mir das hier entgehen ließe!«, antworte ich. Und strecke meinen Rücken noch etwas mehr Richtung Ofen, der seine wohlige Wärme im ganzen Raum verbreitet und jede Zelle meines Körpers neu belebt.

Cottbus, Görlitz und Zittau – die ostdeutschen Städte begeistern mich, vielleicht auch, weil ich von ihrer Schönheit nichts wusste. In Görlitz gehe ich über die Neiße nach Polen, esse Borschtsch, trinke Bier für ein Drittel des Preises der deutschen Seite und genieße den Blick auf den prächtigen Dom der Grenzstadt. Das erste Mal wird mir wirklich bewusst, welche Freiheit wir uns mit den offenen Grenzen in Europa errungen haben. Was für ein erhabenes Gefühl es ist, von einem Land in das andere lustwandeln zu können.

Europa – knapp 80 Prozent aller Europäer wollen die Reisefreiheit in Europa ungeachtet der Flüchtlingsströme erhalten. Trotz neu entbranntem Nationalismus will ein überraschend großer Teil der europäischen Bürger diese weltweit einmalige Vereinigung unterschiedlichster Länder und Kulturen laut einer großen Umfrage nicht aufgeben. Ein Teil des Ganzen zu sein bedeutet ja auch, das Ganze sehen und erleben zu dürfen. Und manchmal höre ich, wenn ich nach der deutschen Identität frage: »Ich sehe mich eher als Europäer.« Je länger ich unterwegs bin, umso bewusster wird mir, dass wir es anscheinend gewohnt sind, uns über die Differenzen zu definieren und weniger über die Ähnlichkeiten. Dass wir ein Stück weit vergessen haben, wie viel wir miteinander und mit unseren Nachbarn gemeinsam haben. Und dass unser Zusammenschluss nicht nur wirtschaftliche Gründe hat. Wir nehmen uns nicht nur die Reisefreiheit, wenn wir dieses Europa nicht erhalten können, wir verlieren eine einzigartige Errungenschaft des friedlichen Zusammenlebens. Auch wenn die Europäische Gemeinschaft 1952 aus wirtschaftlichen Erwägungen gegründet wurde, ist sie doch viel mehr als ein Handelsabkommen. Sie gehört zu unserer Weltanschauung, sie ist der Jahrzehnte während Beweis, dass Grenzen im Zusammenleben verschiedener Nationen nicht zwingend erforderlich sind. Deutschland ist ein wichtiger Teil von Europa, und Europa ist ein wichtiger Teil von Deutschland. Das spüre ich auf dieser Brücke über die Neiße, aber ob ich wirklich schon begriffen habe, was auf dem Spiel steht? Ich werde daran arbeiten.

Arbeitshypothese Nummer fünf: *Wir haben etwas zu verlieren!*

Von der Grenze geht es zurück ins Landesinnere. Kleinwelka ist meine nächste Insel, die aus dem Nebel auftaucht. Kleinwelka liegt in der Oberlausitz und ist ein Ortsteil von Bautzen, der aber lange Zeit selbstständig war und es auch heute noch zu sein scheint. Kleinwelkas einzige Attraktion ist ein Saurierpark, aber das könnte sich bald ändern, denn der kleine Stadtteil hat jetzt einen »Kulturentwickler«. So nennt sich Mike Salomon, ein Künstler, der es sich zur Aufgabe gemacht hat, die ehemals leerstehenden Gebäude der »Schwesternhäuser« in Kleinwelka, mit neuem Leben zu füllen.

Mike Salomon macht, was ihm in den Kopf kommt. Zum Beispiel, mit einem Traktor drei Monate durch die Lande fahren – und dabei »Kulturbotschaften« auf seinem Weg hinterlassen. So kommt es, dass er 2013 mit einer historischen, aber sehr lauten Trecker-Schönheit durch Sachsen, Sachsen-Anhalt und Thüringen tuckert und bei Künstlern und kulturellen Einrichtungen übernachtet. Der Traktor hinterlässt auf 2800 Kilometern literarische Spuren: Durch eine angehängte Regenmaschine fallen Wassertropfen auf die Straße, die Buchstaben bilden. In dicken Lettern schreibt der Traktor also zum Beispiel Novalis' »Mensch werden ist eine Kunst« auf die Straßen eines Dorfes, je nachdem, wie Mike Salomon die Maschine programmiert. Manchmal folgen dem Traktor Autos oder Polizeiwagen, um zu sehen, was da passiert. Nach ein paar Minuten verdunstet das Wasser und die Kulturbotschaft mit ihm.

Eine sehr besondere Reise, die scheinbar viele Schnittpunkte mit meinem Wandermärchen hat. Ich bin sehr gespannt auf den Künstler und radle nach Kleinwelka. Mike hat sich als nächstes Projekt die sechs wunderschönen, aber sanierungsbedürftigen Schwesternhäuser vorgenommen. Der drahtige Mann ist unablässig in Bewegung: Kein Wunder, ist er doch

Tänzer, Choreograf, Künstler, Festivalveranstalter, Traktorreisender und Bauherr in einer Person. Seit einem Jahr wohnt und arbeitet Mike Salomon in dem historischen Gebäudekomplex. Er hat hier eine Ausstellung eingerichtet, eine Veranstaltungsbühne, eine Bar, eine Ferienwohnung, das Café eröffnet nächsten Sommer, und darüber hinaus sollen Ateliers, Restaurants und Gewerberäume entstehen.

Am Abend bitte ich ihn um ein Interview, und so sitzen wir in seiner Küche zusammen. Zumindest ich sitze. Mike springt alle zwei Minuten auf, gießt Tee nach, holt Zucker, zündet sich eine Zigarette an, läuft umher. Klassische Musik dröhnt aus dem Radio, zwischendurch werden lautstark Theatertexte deklamiert, Mike scheint das aber gar nicht wahrzunehmen. Er antwortet auf meine Fragen geistreich und reflektiert, ich werde jedoch das Gefühl nicht los, dass wir auf zwei verschiedenen Planeten leben und uns aus zwei Wirklichkeiten heraus unterhalten. Mike *macht* einfach – wenn er eine offene Tür sieht, geht er hindurch, ohne an mögliche Hindernisse oder an morgen zu denken. So wurde er auch Tänzer. Mit zehn Jahren entdeckte er die Anzeige einer renommierten Tanzschule in Dresden in dem Pioniers-Blatt *Die Trommel,* welche mit freien Ausbildungsplätzen warb. Mike sagte, das würde er machen, und verließ sein Elternhaus, ohne je zuvor getanzt zu haben. Es klappte. Aber nachdem er jahrelang Tänzer an der Komischen Oper in Berlin war, beschloss er, »vom Schaf zum Hirten zu wechseln« und studierte Choreografie an der Berliner Hochschule Ernst Busch. Und organisierte Festivals. Bei einem ging ihm das Geld aus, und als die ganze Veranstaltung auf der Kippe stand, gewann er 100 000 Euro in einer Lotterie. Keine Frage, dass er damit die Gagen der Künstler bezahlte, und drei Monate später war kein Cent mehr übrig. Ob er das heute anders machen würde, frage ich. Ob er über Zukunft nachdenke, so etwas wie Rente? Ob er denn keine Angst habe? »Na ja«, sagt Mike, »vielleicht würde ich heute nicht mehr das ganze Geld ausgeben, ich werde ja auch älter.« Aber Gedanken an Rente, Zukunftsangst, die kenne er nicht. »Ich halte nichts fest, also kann ich auch nichts verlieren.« Die Remise will er drei Jahre ausbauen und dann weiterziehen. Mal sehen. »Was zu essen bekomme ich immer und die Hütte, die ist doch egal.« Und Heimat, wo ist deine Heimat? Mike sagt, die könne man nur in sich finden, die gäbe es nicht in der äußeren Welt. Und lacht lauthals, als ihm auffällt, dass er inzwischen nur knapp 100 Kilometer von seinem Geburtsort entfernt lebt, obwohl er auch eine Professur für Tanz in Izmir haben könnte. Aber er wird ja nicht ewig bleiben, er wird weiterziehen. Der ehemalige Tänzer sprüht vor Ideen, da gab es zum Beispiel mal das Konzept eines »Kunst-Rummels«, eines mobilen Kunsterlebnisparks, der durch die Lande zieht. Mangels Finanzierung ist nie etwas daraus geworden, man gewinnt nicht zweimal in der Lotterie.

Mike Salomon sieht Bilder, und wenn ihm eines gefällt, dann will er es verwirklichen. Es ist ihm egal, ob jemand seine Zitate auf der Straße gesehen hat. Es ist ihm auch egal, ob jemand die hundert DDR-Fernseher gesehen hat, die er in einem Wald aufgestellt hat. Ob er auch im Westen ein leerstehendes Gebäude übernehmen würde, frage ich. Die Antwort kommt prompt: »Nein.« Hier im ehemaligen Osten sei mehr möglich und mehr nötig. Er mag das Wort Arbeit nicht, er arbeitet nicht, sondern ist tätig. »Aber wenn es keine Arbeit gibt, dann gibt es auch keine Pausen?«, frage ich. »Na ja, ich stehe schon permanent unter Spannung. Zur Ruhe komme ich eigentlich nur in der Hängematte«, sagt er und steht auf, um Wein nachzufüllen. Eigentlich brauche er viel Zeit für sich, er müsse viel denken. Und am Wochenende seien immer irgendwelche Leute da. »Sorry«, sage ich.

Mike springt in den Gedanken und Stimmungen so schnell, dass ich kaum hinterherkomme. Was er sagt, klingt auf einer philosophischen Ebene sehr plausibel. Aber ich bin nun schon ein paar Monate heimatlos und spüre, wie es an meinen Kräften zehrt. Und auch, dass ich meine finanzielle Sicherheit aufgegeben habe, macht mich nicht unbedingt stärker. Könnte ich all meine Sorgen loslassen, dann wäre ich vielleicht tatsächlich frei. Ist Mike frei? Er scheint mir ein Beobachter zu sein, der etwas außerhalb der Gesellschaft steht – um sie so genauer unter die Lupe nehmen zu können. Er braucht vielleicht Abstand zur Mitte der Gesellschaft, um sie unterhalten, sie spiegeln zu können. Die Welt ist für ihn ein Raum voller Möglichkeiten, der keine Grenzen hat. Eigenheime, Besitztümer und Ländergrenzen sind für ihn abstrakte Größen, die auf einem anderen Planeten eine wichtige Rolle spielen, erstaunlicherweise.

»Am Ende zählt doch nur, dass man ein erfülltes Leben lebt«, sagt er, und es klingt nicht hohl in dieser improvisierten Küche mit dem alten Ofen. Gemütlich ist es und geschmackvoll eingerichtet, aber die Besitztümer von Mike sind ein Bruchteil von dem, was ich in Hamburg angehäuft habe. Und natürlich brauche ich davon auch nur einen Bruchteil wirklich. Trotzdem: Könnte ich so leben?

Auf meine Möbel, meine Klamottenberge könnte ich verzichten, da bin ich mir sicher. Auf etwas anderes nicht: Ich brauche ein Hingehören. Das wird mir klar in den beiden Tagen in Kleinwelka. Ich möchte Wurzeln schlagen, einen geregelten Alltag haben, eine Familie gründen. Je länger ich unterwegs bin, desto mehr sehne ich mich nach einem Ort, an dem man mich kennt. Eine Stammkneipe, einen Bäcker, notfalls auch die kleine »Kennen is was andres«-Poststelle am Deich. Hauptsache, ich muss mich nicht erklären, weiß, wo alles steht, und kann am Wochenende meine Freunde treffen. Mike ist ein echter Lebenskünstler, bei ihm gehen Leben und Kunst ineinander über, keine Grenze trennt Privates von Beruflichem. Ich glaube, unsere Gesellschaft braucht Menschen wie Mike, weil sie uns mit ihrer ganzen Lebensweise den Spiegel vorhalten, uns zeigen, dass es auch anders geht. Die es gut mit uns meinen, uns nicht belehren wollen, sondern einfach zeigen: Nichts ist gesetzt, wir haben eine Wahl. Mike Salomon lebt nicht aus einer ideologischen Überzeugung heraus so, sondern weil es sein Wesen ist. Und trotzdem braucht er sicherlich auch uns.

Ich glaube, jeder Mensch will die Spuren seiner Existenz sehen. Ich zumindest will wissen, wie ich auf meine Umwelt wirke. Mag sein, dass es nicht wichtig ist, ob ich die DDR-Fernseher im Wald selbst gesehen habe. Das brauche ich auch nicht, denn Mike hat mir davon erzählt, er hat dieses Bild mit mir geteilt und nun ist es für mich real. Vielleicht ist Heimat tatsächlich kein Ort und kein Haus. Vielleicht entsteht Heimat durch Teilen. Etwas miteinander teilen, das schafft Zusammenhalt, das weiß jeder, der mit einem öffentlichen Bus im Schneesturm steckenbleibt. Sofort weicht die Anonymität einem Gemeinschaftsgefühl. Wir gehören zusammen, wenn wir Dinge zusammen erleben. Manchmal für einen Moment, manchmal für die Dauer eines Gedichtes, manchmal für immer.

Als Ankündigung für meinen Auftritt hat Mike Flyer in jeden Briefkasten der Nachbarschaft geworfen, und so kommt das halbe Dorf in die Remise. Die Bühne umweht der Charme des Unperfekten, Decken und Kerzen sorgen für Wärme, eine Glitzerkugel verzaubert den ehemaligen Stall und setzt Publikum und Bühnenkünstler in das richtige Licht. Mike selbst steht hinter der Bar, verkauft Getränke, reißt Witze, lacht lauthals und strahlt mit der Glitzerkugel um die Wette. Mein Publikum in Kleinwelka besteht unter anderem aus Sorben. Mir sind die zweisprachigen Ortsschilder schon aufgefallen, nur konnte ich mir darauf bisher keinen Reim bilden. Ich hielt Sorbisch für Tschechisch. Die Sorben sind eine Minderheit mit circa 60 000 Menschen, sie leben seit dem 6. Jahrhundert in Deutschland und sind vor allem in der Lausitz verwurzelt. Sie haben eine eigene Sprache (genau genommen sogar zwei), eine eigene Nationalhymne und sorbische Kindergärten und Schulen. Und sie haben eine Heimat. Zumindest sagen sie das, als das Gespräch nach dem Auftritt darum kreist. Ein Handwerker erzählt, dass er immer wieder die gleiche Situation erlebt habe: Er bildet Jugendliche in seinem Fach aus, und wenn sie ausgelernt haben, wandern sie ab in die größeren Städte. Und er muss von Neuem mit der Ausbildung beginnen. Da riet ihm ein Freund: »Stell doch Sorben ein. Die bleiben!«

Und tatsächlich hat er den Rat befolgt, und seitdem sind alle seine Angestellten bei ihm geblieben. Es scheint also, als wären die Sorben besonders stark verwurzelt mit ihrer Heimat. Vielleicht, weil sie nur in der Lausitz ihre Sprache sprechen können? Vielleicht, weil sie eine starke katholische Glaubensgemeinschaft sind? Vielleicht, weil sie die Landschaft lieben? Vielleicht, weil sie immer und überall eine Minderheit darstellen? Eine abschließende Erklärung finden wir an diesem Abend nicht, aber gerade im Gespräch zeigt sich, dass den Sorben ihre dörfliche Gemeinschaft und auch die ganze Lausitz wirklich am Herzen liegen. Sie diskutieren leidenschaftlich und wirken dabei trotz allem sehr geerdet. Als reichten ihre Wurzeln bis hinunter ins Magma ...

Zwischen ihnen wirkt Mike Salomon wie ein bunter Vogel, der immer mal wieder gut gelaunt nach dem Rechten sieht, sich aber nicht in die Diskussion einmischt. Er hält Abstand, bietet den Rahmen und freut sich über das, was darin entsteht. Warum macht er das alles hier?, frage ich mich. Und erinnere mich dann an einen Moment zu Beginn meines Auftritts: Ich betrete im Licht der Glitzerkugel die kleine Bühne. Mike klappert nebenan mit den Flaschen, und ich bin etwas enttäuscht, dass er anscheinend nicht zuhören will.

Doch als das erste Gedicht den Raum erfüllt, kommt mein Gastgeber mit leisen Schritten um die Ecke, lehnt sich an den Eingang und schaut. Und lauscht. Und lächelt. Dann schleicht er sich wieder davon. Er hat sein Bild verwirklicht. Mehr braucht er nicht.

DIETER MUCKE

Unerhörte Begebenheit

Ein Maler malte Menschen
Die ohne Flugzeug flogen
Und so wie wilde Schwäne
Über den Himmel zogen.
Da sagte man dem Maler
Er sei wohl nicht gescheit
Denn ohne Flugzeug fliege
kein Mensch in Wirklichkeit.
Der Maler nahm sein Bild
Und sagte nicht ein Wort
Hielt es wie einen Drachen
Und flog im Herbstwind fort.

Die Elbe und Goethe oder: Ein schweres Erbe

Dresden – Lilienstein – Leipzig – Jena – Weimar –
Buchenwald

Dresden. Schon zu Hause am Deich war das für mich immer
ein Sehnsuchtsort. Darin schwang so viel Ferne, so viel Abenteuer mit, wenn ich den Schiffen nachsah, die langsam den
Flusslauf Richtung Quelle hinauftuckerten. So viel Unbekanntes liegt an diesem Fluss, Städte, Menschen, eine ferne
Welt. Und nun komme ich Monate später tatsächlich in Dresden an. Es wird schon dunkel und ich sehe die Prachtbauten
nur von ferne entlang des Flusses glitzern. Ich begrüße meinen
Gastgeber kurz und herzlich, schmeiße seine Waschmaschine
an und laufe umgehend zum Elbufer hinunter. Die Nacht ist
bereits angebrochen, aber ich brauche kein Licht. Ich erkenne
meinen Fluss am moderig-grünen Geruch und an dem leisen
kecken Plätschern. Schmaler und sanfter ist der Strom hier,
aber nicht weniger charakteristisch – unverkennbar meine
Elbe!
Ich juchze innerlich und vielleicht auch laut, es ist mir egal.
Hunderte Kilometer von daheim entfernt, bin ich plötzlich
zu Hause. Meine Euphorie reißt nicht ab, und am nächsten
Tag rase ich mit dem Rad so lange es geht den Fluss rauf und
runter. Aber das reicht mir immer noch nicht. Meine Gast-

geber bestärken mich in meinem Wunsch, die Elbe noch ein Stück zu begleiten: »Du kannst doch nicht hier wegfahren, ohne das Elbsandsteingebirge gesehen zu haben.« Also werfe ich das erste Mal auf dieser Reise alle Pläne freiwillig um, lasse meinen gelben Koffer in Dresden und begleite die Elbe Richtung Quelle. Endlich habe ich wieder Freude am Radfahren, die Felsformationen ziehen an mir vorbei, und ich erklimme euphorisch den Lilienstein, das Wahrzeichen der Sächsischen Schweiz. Dort oben ist jedes Hotel ausgebucht, aber auf beharrliches Nachfragen finde ich einen Reiterhof, der Zimmer frei hat. Ich lade das Gepäck ab und lege die letzten Meter auf das Plateau des Tafelberges zu Fuß zurück. Endlich bin ich oben. Ich lasse den Blick schweifen und werde ruhiger.

Manchmal muss man wohl auf einen Berg steigen, um klarer zu sehen. Hier oben weiß ich auf einmal wieder, warum ich diese Reise unternommen habe. Ich schaue auf den Flusslauf, der sich kilometerweit durch die Landschaft schlängelt, und ein gewaltiges Gefühl der Dankbarkeit durchströmt mich. Es hat einen Sinn. Ich bin dem Schmerz nicht ausgewichen, der Angst nicht und habe nicht aufgegeben. Wie die Elbe unbeirrbar ihren Weg geht, so habe auch ich meinen zurückgelegt. Ich bin meinen Unterstützern, meinen Gastgebern, meiner Familie, meinen Liebsten so unendlich dankbar, dass sie mir auf dieser Reise beistehen. Und das erste Mal auch mir selbst.

Vor genau einem Monat ist meine Mutter verstorben und die Trauer ist Teil meines Lebens geworden. Sie überfällt mich plötzlich und unerwartet, reißt mir den Boden unter den Füßen weg und lässt sich nicht beherrschen, nicht klein machen, sie ist total. Auch in diesem Moment. Aber hier oben auf dem

Lilienstein sehe ich, dass neben der Trauer noch etwas anderes existiert – Schönheit, Freude und Liebe sind nicht aus meinem Leben verschwunden. Es gab Momente in den letzten Wochen, in denen ich das befürchtet hatte. Dunkle Stunden, in denen mir alles sinnlos erschien, hohl und leer und die Einsamkeit mich innerlich zu zerreißen drohte. Aber nun geht die Sonne unter und taucht das Elbsandsteingebirge in die prachtvollsten Farben. Ja, es hat Sinn, dass ich hier draußen unterwegs bin. Allein. Dieser Augenblick gehört nur mir. Er enthält eine Botschaft für mich: Es gibt noch Gründe, das Leben zu lieben. Das sehe ich in diesem Moment, einfach weil die Schönheit der Welt mich überwältigt und keinen Zweifel daran gelten lässt.

Reglos bleibe ich auf dem äußersten Felsen hocken, bis der Mond aufgeht, schaue auf den Lauf der Elbe, die mystischen Felsformationen aus Sandstein im Licht der Dämmerung und umarme den ganzen gigantischen Kosmos.

Und alles ist im Fluss …

Hier auf dem Lilienstein lichtet sich der Nebel, der mich seit dem Tod meiner Mutter umgibt. Die Dinge erhalten ihre Kontur zurück, ich komme langsam und stetig wieder zu Bewusstsein, ich bin wieder da. Ich sehe die Schönheiten am Wegesrand mit wachsender Begeisterung: Dresden und Leipzig sind beides Städte, die mir wirklich gut gefallen – lebendige Viertel, viel Grün und Wasser im Umkreis. Es tut gut zu wissen, dass Deutschlands urbane Landschaft mehr zu bieten hat als Berlin, Hamburg und München. Und dann kommt Weimar.

Weimar! Dieses kleine schmucke Städtchen birst förmlich vor kulturellem Leben: Da ist die Anna-Amalia-Bibliothek, die Bauhaus-Universität, die Musikhochschule, das Deutsche Nationaltheater und die Staatskapelle. Außerdem eine verwunschene Altstadt, riesige Parkanlagen, Cafés und Kneipen. Nicht zu vergessen die Schätze in Sachen Literatur: Goethe, Schiller, Herder und Wieland.

Das hat Folgen: Auf 65 000 Einwohner kommen 1,12 Millionen Besucher im Jahr. Und die bleiben alle ein paar Nächte in der Stadt. Kurz: Das kleine Städtchen an der Ilm birst nicht nur vor kulturellem Leben, sondern auch vor Menschen. Trotzdem, ich könnte hier wohnen! Das beschließe ich in den ersten Minuten, in denen ich mein Rad durch die vollen Gassen schiebe. Und schaue gleich mal nach, wie lange die Züge von hier nach Hamburg brauchen. Über vier Stunden – und der ICE hält auch nur einmal am Tag. Na gut, vielleicht komme ich doch eher als Besucherin wieder, so wie alle anderen auch.

Meine erste Station ist natürlich das Goethe-Haus. Schon das Schiller-Haus in Jena hat mich beeindruckt, jetzt bin ich umso gespannter auf das Reich des Dichterfürsten. Und ja, es ist ein wahres Reich! Goethes Refugium unterstreicht die gesellschaftliche Stellung, die er anders als viele seiner Kollegen zu Lebzeiten schon innehatte. Das Haus prahlt mit zahlreichen Kunstwerken, schönen Möbeln – aber am meisten beeindruckt mich der geschmackvolle Stil, der sich durch alle Räume zieht. Auch heute noch hat Goethes Wohnhaus unserer pragmatischen Ikea-Einrichtung viel voraus. Ich laufe staunend durch die Welt der Klassik und versuche, dem Dichter näher zu kommen, aber es will mir nicht gelingen.

In Jena erging es mir nicht anders – einmal eingetaucht in

die Welt der Frühromantik von Novalis, kann ich es kaum noch in Einklang bringen mit der Welt, in der wir heute leben. Auch hier in Weimar kippt meine Stimmung – ich kann in der Originaleinrichtung von Goethes Haus herumspazieren, aber er als Mensch, als Dichter und vor allem als Denker ist nicht mehr Bewohner dieses Planeten. Natürlich, er lebt in seiner Dichtung weiter und die ist uns erhalten, aber was mich brennend interessiert – wie würde er über unsere Welt heute denken? Das kann ich ihn nicht mehr fragen. Was würde Goethe zu unserer hektischen Lebensweise sagen, in der kaum mehr Raum ist für ein sinnliches und sinnhaftes Leben? Zur respektlosen Umweltverschmutzung, die jetzt sogar schon unser Leben bedroht (von dem unserer Kinder gar nicht zu sprechen!)? Und zur Macht der Digitalisierung, die uns das Leben erleichtern sollte und nun über unsere Zeit herrscht wie die grauen Herren bei Momo? Was würden sie, die Maler, Musiker, Poeten, Philosophen und Wissenschaftler, die in so kurzer Zeit so viel in der Welt bewegt haben, dazu sagen? Ihnen haben wir es zu verdanken, dass wir weltweit als das Land der Dichter und Denker gelten. Aber viele der großen Freidenker sind schon nahezu zwei Jahrhunderte oder länger von diesem Planeten verschwunden, und wir sind auf uns gestellt. Hinterlassen haben sie uns ein großes und reiches Erbe, das wir bis heute hegen und pflegen und in Ehren halten.

Oder etwa nicht?

Schließlich gibt es unzählige Kulturveranstaltungen, Institutionen, Vereine, private und öffentliche Initiativen. In Deutschland finden jedes Jahr rund hunderttausend Theateraufführungen und siebentausend Konzerte statt, die von insgesamt rund 35 Millionen Menschen besucht werden. Wir haben 820 Theater, 6200 Museen, 8800 Bibliotheken und 4700 Kinosäle vorzuweisen. Die Zahlen sollten stimmen, denn sie stammen von dem Bundesministerium für Wirtschaft und Energie. Aber sie sagen nichts darüber aus, ob deshalb Kultur im Leben eines Einzelnen eine entscheidende Rolle spielt. Ob wir sie lieben, schützen, weiterentwickeln und als Teil von uns selbst begreifen. Ob wir Lösungen in ihr suchen, sie als Richtungsweiser sehen. Oder ob wir mittels Kultur abgelenkt werden wollen von den kleinen und großen Problemen unserer Zeit.

Und Zahlen sagen auch nichts darüber aus, wie wir selbst uns sehen. Wenn ich mein Publikum frage: »Sind wir noch das Land der Dichter und Denker?«, dann fällt die Antwort eindeutig aus. Einstimmiges, bedauerndes Kopfschütteln. »Nein.« – »Was sind wir dann?« Die Erwiderungen sind vielseitig, aber wenig freudvoll: »Wirtschaftsnation.« – »Fußballweltmeister.« – »Perfektionisten.« – »Richter und Henker.« – »Häuslebauer.« – »Besserwisser.« – »Jammerer.«

Es scheint, als hätten wir uns weit entfernt von unserem kulturellen Erbe, zumindest innerlich. Und als sähen wir uns selbst in keinem guten Licht. Was ist passiert in den letzten hundertachtzig Jahren, dass wir uns selbst so wahrnehmen?

Eine mögliche Antwort liegt nur 10 Kilometer vom Weimarer Stadtzentrum entfernt. Unübersehbar thront das Mahnmal der KZ-Gedenkstätte Buchenwald über den sanften Hügeln, die den kleinen Ort umgeben. Ich mache mich auf, um das ehemalige KZ zu besichtigen. Es wird die einzige KZ-Gedenkstätte bleiben auf dieser Reise. Mit meiner Schulklasse war ich vor zwanzig Jahren in Auschwitz, und noch Jahre später taucht das KZ in meinen Albträumen auf. Grausamkeit hat mich schon im Kindesalter mitgenommen und verstört, ich wollte weder, dass dem Wolf der Geißlein-Bauch aufgeschnitten wird, noch dass die böse Stiefmutter den Berg in einem Fass mit Nägeln herunterrollt. Und als ich das erste Mal von Daumenschrauben gehört habe, musste ich mich übergeben.

Ich wappne mich also innerlich, als die Führung über das Gelände beginnt, und sage mir: »Diesmal wird es nicht so weit kommen. Du bist jetzt erwachsen – außerdem musst du dir auch nicht alles anhören.« Das hilft etwas, und ich bin relativ gefasst – und schaffe es bis zum Krematorium. Dann verlasse ich fluchtartig das Gelände. Ich bin sicher nicht die Erste, der das so ergeht, denn bevor wir das Krematorium betreten, bittet der ehrenamtliche Gästeführer meine Gruppe um eine Spende für die Führung. Er hat wahrscheinlich die Erfahrung gemacht, dass viele nach dem Anblick der Verbrennungsöfen der Gedenkstätte den Rücken kehren.

Mit dem Fahrrad fahre ich zum Mahnmal. Vom Fuß des riesigen Turmes hat man einen weiten Blick über das Land. Ich setze mich auf die Treppenstufen und versuche, einzelne verlorene Teile von mir wieder zusammenzusetzen.

Ein Teil läuft noch durch Weimars Altstadt und sucht das persönliche Gespräch mit Persönlichkeiten, die uns ihr poetisches Erbe hinterlassen haben, aber keine Kontaktdaten, unter denen wir sie im Notfall mal erreichen können.

Ein anderer Teil sitzt hinter dem Tor zur KZ-Gedenkstätte Buchenwald mit dem ungeheuerlichen Schriftzug »JEDEM DAS SEINE« und blickt auf die Baracken hinunter. Und versucht zu begreifen. Und schafft es nicht. Und fühlt sich elend, mutlos und schuldig.

Unser Land hatte alles: Musik, Weisheit, Poesie, Schönheit. Und trotzdem konnte diese hoch entwickelte Kultur den Nationalsozialismus nicht verhindern. Konnte kranke Ideologie, Vernichtungslager, das Gegenteil von allem Guten und Schönen nicht verhindern.

Ich war mir bewusst, dass ich an etwas rühre, was Schmerzen bereiten könnte, als ich mir die Grundsatzfrage dieser Reise stellte:»Bin ich Deutschland?« Ich habe allerdings nicht damit gerechnet, dass mir allein schon die Fragestellung eines Tages frevelhaft erscheinen könnte. Und dass mir die Auseinandersetzung, die mit der Beantwortung dieser Frage einhergeht, unlösbar erscheinen könnte. Ist das anmaßend – eine Gedichte-Sprecherin, die ungefragt durch die Lande radelt und meint, ein bisschen in der großen Wunde unserer Geschichte herumstochern zu dürfen? Ist das respektlos gegenüber den Menschen, die diese Zeit mitgemacht haben? Ein unausgesprochener Abgrund verbirgt sich noch heute hinter dem Wort »Deutsch«. Hier ist sein Ursprung. Und ein Teil von mir sitzt davor und starrt in diesem Abgrund. Und kann sich nicht mehr bewegen.

Der dritte und größte Teil von mir blickt in die Zukunft: Er schaut auf alles, was an Problemen auf ihn zurollt. Und weigert sich, es »Herausforderungen« zu nennen. Dieser Teil fragt sich, woher der Mut kommen soll, die Probleme überhaupt anzuerkennen, geschweige denn, sie zu bekämpfen.

Dieser Teil ist es, der am Ende die anderen beiden wieder einsammelt. Den ersten finde ich am Weimarer Theaterplatz, wo er deprimiert am Fuße der Goethe-und-Schiller-Statue hockt.»Was willst du, du bist mit deinen Gedichten, mit deinem Beruf näher dran als viele andere!«, sage ich zu ihm. Den zweiten Teil ziehe ich geduldig Stück für Stück weg vom Abgrund des nationalen Schuldgefühls und der ganz persönlichen Mutlosigkeit – das dauert ein paar Tage, aber dann sitzt auch dieser Teil wieder mit auf dem Fahrradsattel, gestärkt durch den Gedanken: Wenn ich mich heute nicht mehr traue, nach meiner eigenen Identität zu suchen, wenn Ideologien stärker sind als Dichter und Denker, dann gebe ich dem Nationalsozialismus Macht – über mich, meine Wurzeln und meine Zukunft. Dann kann ich den Nationalsozialisten von heute nichts entgegensetzen, weil ich mich schäme für sie. Als hätte ich selbst sie in die Welt gesetzt. Als wären diese Menschen »deutsch« und mir bliebe somit nichts anderes übrig, als mich vom Deutschsein zu distanzieren. Pegida propagiert Liebe zum Heimatland, also will ich mit meiner Heimat nichts mehr zu tun haben. Schon der Begriff »Heimat« klingt in meinen Ohren auf einmal gefährlich. Und damit überlasse ich den Rechtspopulistischen kampflos das Feld. Sie definieren auf einmal, was »deutsch« ist. Nehmen mir meine Wurzeln. Das hatten wir doch alles schon einmal, die Umkehrung von Worten und Werten. Die Menschen, die unsere Kultur geprägt haben und heute noch prägen, waren allesamt Freigeister, sie haben sich über Grenzen im Kopf hinweggesetzt und die Welt mit ihrem Werk bereichert. Ich will mich an ihnen orientieren, wenn ich an »Deutschsein« denke. Sonst hocke ich mein Leben lang an diesem Abgrund. Bewegungslos, mutlos und handlungsunfähig.

Denn das hat mir der dritte Teil klargemacht: Ich kann die Probleme der Zukunft nur handelnd lösen – also weitermachen. Und mein Handeln sieht für diesen Moment so aus: Ich radle mit meinem Koffer voller kulturellem Erbe durch die Republik und stelle Fragen. Und werde ja sehen, welche Antworten ich bekomme. Und welche Hilfe für die Zukunft. Ich werde auch sehen, ob sie nicht doch noch irgendwo zu finden sind, die Spuren der großen Dichter in unserer heutigen Zeit. Und ob sie uns stark machen können in unseren Gedanken, in unserem Leben, in einem Wir, das sich nicht ablenken lassen will, sondern den Problemen die Stirn bietet. Die Denkerstirn, meinetwegen.

MASCHA KALÉKO

Emigranten-Monolog

Ich hatte einst ein schönes Vaterland,
So sang schon der Refugee Heine.
Das seine stand am Rheine,
Das meine auf märkischem Sand.

Wir alle hatten einst ein (siehe oben!)
Das fraß die Pest, das ist im Sturm zerstoben.
O, Röslein auf der Heide,
Dich brach die Kraftdurchfreude.

Die Nachtigallen wurden stumm,
Sahn sich nach sicherm Wohnsitz um,
Und nur die Geier schreien
Hoch über Gräberreihen.

Das wird nie wieder wie es war,
Wenn es auch anders wird.
Auch wenn das liebe Glöcklein tönt,
Auch wenn kein Schwert mehr klirrt.

Mir ist zuweilen so als ob
das Herz in mir zerbrach.
Ich habe manchmal Heimweh.
Ich weiß nur nicht, wonach ...

Heimwärts oder: Ein unverhofftes Bett

Erfurt – Magdeburg – Straßfurt – Wittenberge – Dömitz –
Rüterberg – Wulfsen – Hamburg

Weimar hat mich viel Kraft gekostet, und so habe ich nicht
wirklich ein Auge für die historische Schönheit Erfurts. Ich bin
jetzt mit freiwilligen und unfreiwilligen Unterbrechungen seit
über fünf Monaten unterwegs; es wird Zeit für mich, ins Winterquartier einzuziehen.

Ab Magdeburg fahre ich an der Elbe entlang Richtung
Hamburg zurück. Wenn man das fahren nennen kann. Ein Hexenschuss hat mich zwei Tage an das Bett der Magdeburger
Jugendherberge gefesselt, nun kann ich nicht mehr. Kann nicht
mehr daliegen und auf das Stockbett über meinem Kopf starren. Also nehme ich mir das Mantra aller Physiotherapeuten
und Ärzte, »Bewegung tut gut«, zu Herzen und rolle mich aus
dem Bett auf den Boden, werfe auf Knien meine Habseligkei-
ten in die Satteltaschen, bringe diese irgendwie an das Rad und
mich auf den Sattel. Dann trete ich so langsam in die Pedale,
als würde ich auf rohen Eiern fahren, weiche jedem Schlagloch
aus und bremse nicht mehr. Und tatsächlich, es wird besser!

Ich muss zwar viele Pausen machen (Fahrrad ausrollen lassen,
Beine auf den Boden, vorbeugen, rechtes Bein über den Sattel,
langsam Fahrrad abstellen, zur Bank humpeln, hinsetzen,

Beine umlagern, auf den Rücken legen, entspannen – Durst – sehnsuchtsvoller Blick zur Flasche am Fahrrad – doch kein Durst – zehn Minuten später der Entschluss: Weiter geht's! – nach fünf Minuten dann von der Bank auf den Boden abrollen lassen, hinknien, langsam aufstehen, zum Fahrrad humpeln, halb liegend das Bein über den Sattel heben, vorsichtig aufrichten, in die Pedalen treten – Durst! – vorsichtig vorbeugen, Hand kommt nicht an die Flasche, Rad schlingert, Schlagloch – doch kein Durst mehr! – weiterfahren – wo kommt die nächste Bank?), aber ich komme im Schritttempo voran.

Warum ich nicht einfach den Zug nehme? Da ist zum einen die deutsche Infrastruktur. Ich weiß, im Vergleich zu anderen Ländern können wir wirklich nicht jammern und so weiter, aber: Längst nicht alle kleinen Regionalbahnhöfe haben Aufzüge zu den Gleisen. Gepäck abnehmen, Fahrrad die Treppe runterwuchten, dann die Treppe hochschleppen, Gepäck nachholen, alles in Sekundenschnelle in den Zug wuchten, Fahrrad im vollen Zug festhalten … niemals! Schon der Gedanke an diese Tortur bereitet mir körperliche Schmerzen.

Zum anderen ist da meine Vorfreude. Schon seit Wochen freue ich mich auf die Rückfahrt nach Hamburg an der Elbe entlang. Der Elbradwanderweg soll auf dieser Strecke besonders schön sein, und jetzt im Herbst gibt es in den Elbtalauen ein Farbenmeer, das ich auf keinen Fall im Vorbeifliegen durch ein Zugfenster sehen will. Also: Bewegung tut gut! Und es stimmt, mit der Zeit klappt alles besser und ich werde beweglicher. Nur meinen Zeitplan einzuhalten, das gelingt mir nicht. Also rufe ich unterwegs meine nächste Gastgeberin aus Rüterberg an. Sie hat dort eine Ferienwohnung direkt am Elbradwanderweg, und mein Auftritt wird am nächsten Abend in Dömitz sein.

»Ich schaffe es heute nicht mehr nach Rüterberg«, sage ich bedauernd. »Ich übernachte in Wittenberge und komme dann morgen Mittag an.«

»Wo wollen Sie denn übernachten?«, fragt sie mich.

»Ach, ich finde schon was. Da gibt es ja genug Unterkünfte.«

»Moment, ich rufe Sie gleich zurück«, sagt Eva Maria Lauterfeld. Es beginnt zu regnen. Eine Stunde später klingelt das Telefon erneut: »Also, Sie übernachten im ›Hotel zur Elbaue‹, essen Abend im ›Theaterkeller‹ und Frühstück gibt es beim Bäcker.«

Ich bin perplex. »Und wer zahlt das?«, frage ich unsicher.

»Das nimmt jeder auf seine Kappe«, sagt Frau Lauterfeld. »Soll ich die Adressen per SMS schicken?« Ich verwerfe den Gedanken, abzusteigen und etwas zu schreiben zu suchen.

»Das wäre toll, vielen Dank«, sage ich. Und weiß gar nicht, wie mir geschieht.

Der Regen wird stärker, und als ich in Wittenberge ankomme, ist es dunkel und ich bin pitschnass und durchgefroren. Da taucht das Schild »Zur Elbaue« am Wegesrand auf. Triefend öffne ich die Tür, da schallt es mir aus dem warmen Vorraum schon lauthals entgegen: »Da sind Sie ja! Ich warte schon eine Weile auf Sie, was machen Sie denn bei dem Wetter noch draußen?« Der Pensionswirt nimmt mir energisch meine schlammbespritzten Satteltaschen ab. Mein Zimmer hat alles, was ich jetzt brauche – zwei Betten, einen Fernseher und vor allem: zwei große Heizkörper. Die drehe ich auf, stelle mich unter die heiße Dusche und kann mein Glück gar nicht fassen – kein Rumkurven im Regen, Zimmer suchen, Preise vergleichen, einen Imbiss finden –, für mich ist rundum gesorgt. Und siehe da, meinem Rücken geht es schlagartig besser. Im gemütlichen »Theaterkeller« darf ich aus der gesamten Karte aussuchen und taumle nach einer heißen Suppe und einem riesigen Salat umgehend in mein weiches Bett.

Am nächsten Morgen geht es weiter nach Rüterberg, und ich bin heilfroh, dass ich nicht den Zug genommen habe – die Strecke ist unsagbar schön: Kleine Dörfer tauchen links und rechts der Elbe auf, die Dächer der großen Bauernhäuser lugen verschmitzt über den Deich, der Herbstwind lässt die Blätter der großen Bäume in der Sonne glitzern, das Auge streift endlos über die grünen Auen, Zugvögel gleiten in majestätischen Formationen über den blauen Himmel – ich bin restlos verzaubert.

Die Elbtalauen sind idyllisch, unaufgeregt und so still, dass ich den Wind rauschen höre. Die Frösche quaken und die Gänse schnattern. Als ich in Rüterberg ankomme, ist mein Hexenschuss Vergangenheit.

Eva-Maria Lauterfeld empfängt mich mit einer riesigen Torte und teilt mir die Prinzessinnen-Wohnung zu: mit Himmelbett.

»Wie haben Sie das gemacht in Wittenberge, kannten Sie alle, die mich gestern so rührend versorgt haben?«, frage ich, als wir bei Kaffee und Zitronentorte sitzen. »Nein, eigentlich nicht. Ich habe mir die Gelben Seiten gegriffen und der Reihe nach alle Hotels angerufen und gesagt: ›Da kommt eine Frau mit einem gelben Koffer, die radelt durch Deutschland, das geht uns alle an! Kann sie nicht bei Ihnen umsonst übernachten?‹«

Mir bleibt der Kuchen im Hals stecken. »Und wie viele Hotels haben Sie angerufen?«

»Na ja, ich glaube das ›Hotel zur Elbaue‹ war Nummer sechs. Und dann habe ich mit den Restaurants weitergemacht. Und danach mit den Bäckern.«

Ich bin sprachlos. Eva-Maria Lauterfeld hat mich noch nie gesehen, sie wusste noch nicht einmal, ob sie mich sympathisch findet. Jemand Unbekanntes selbst zu unterstützen, ihn zu bekochen und in seinem Haus aufzunehmen, das ist schon viel. Aber fremde Menschen am Telefon darum zu bitten, dass sie diesen Unbekannten aufnehmen oder bekochen, das ist noch mal ein ganz anderer Schnack. »Warum haben Sie das gemacht?«

Schon diese Frage versteht meine Gastgeberin nicht. »Warum denn nicht?«, kontert sie. »Ihre Reise geht uns doch alle an!«

Ich hätte mich sicher auch alleine organisieren können in Wittenberge, ich war nicht in einer Notlage, nur nass und erschöpft. Umso größer ist dieses Geschenk für mich: Ich habe diese Unterstützung einfach so bekommen. Völlig unverhofft und unverdient. Einfach so!

All das gibt mir Kraft für die letzten 110 Kilometer. Ich fahre durch die malerischen Elbtalauen bis Wulfsen, dort trete ich ein letztes Mal auf und fahre dann im Sonnenuntergang nach Hause.

Es ist längt dunkel, als ich am 18. Oktober 2014 in meine Deichstraße einbiege, Fischbrötchen und Bier vom Fähranleger im Gepäck. Meine Freundin Anja wartet vor meiner Haustür und nimmt mich in den Arm. 4160 Kilometer, 54 Auftritte und unendlich viele Wunder am Wegesrand liegen hinter mir. Jetzt will ich nur noch schlafen.

Nachdem ich mich ausgeschlafen habe, versuche ich, den Osten und meine Reise durch das »Neuland« zu begreifen. Noch während ich unterwegs war, gab es ein großes Jubiläum zu feiern, fünfundzwanzig Jahre Mauerfall. Anlässlich dieses Datums veröffentliche ich im Blog einen »Brief an den

Osten« und stelle fest, dass mir inzwischen Deutschlands ehemalige DDR sehr am Herzen liegt. Auch wenn es keine einfache Reise war, privat nicht und auch organisatorisch nicht, steht für mich fest: Ich hätte nichts Heilsameres unternehmen können, als gerade in dieser Zeit durch den Osten Deutschlands zu fahren.

Für mich ist dieser Teil des Landes zu einem Symbol geworden: für Freiheit, für Ehrlichkeit, für Schönheit und Zukunft. Zugegeben, das hat eine Weile gedauert. Der Osten und ich, das war Liebe auf den zweiten Blick.

Obwohl die Städte an der Ostseeküste schon auf den ersten Blick zum Verlieben schön sind: Wismar und Stralsund. Dann die bezaubernde Landschaft im Naturschutzgebiet Fischland-Darß, auf der einen Seite der malerische Bodden, auf der anderen Seite die weite Ostseeküste. Oder die traumhaft schöne Seenplatte, die dichten Wälder Brandenburgs, in denen ich mich sogar mit Rad und Koffer verirrt habe.

Warum es für die Liebe trotzdem einen zweiten Blick gebraucht hat?

Anfangs hatte ich es nicht ganz leicht, Zugang zu bekommen. In Mecklenburg war es besonders auffällig, da schien es mir, als wären die Menschen generell etwas verschlossen, auch tagsüber, wenn ich mit dem Rad unterwegs war. Einmal fragte ich auf der Straße eine junge Frau mit Kinderwagen, wo denn dieser köstliche Fischgeruch herkomme, ob es hier in der Nähe eine Räucherei gebe. Sie starrte mich erschrocken an und schob schnell den Kinderwagen weiter. Ein anderes Mal begann ich übermütig ein Wettrennen mit einem Mountainbiker, ich überholte ihn, protestierte lautstark, als er an mir wieder vorbeifuhr, lachte, als wir beide an der roten Ampel standen. Er sagte keinen Ton, verzog keine Miene. Ich ließ mir meine gute Laune nicht nehmen, ich fuhr gern durch diese Landschaft, es befreite mich geradezu. Aber ich schaffte es nicht, andere damit anzustecken.

Ein bisschen wehmütig denke ich an Peter aus Schleswig-Holstein. »Wohin, min Deern?«, fragte mich der alte Mann mit den gutmütigen Augen im breitesten Platt, als ich an einer Kreuzung stand und suchend auf mein Handy starrte. Als Peter aus mir herausbekam, was ich mache, war er restlos begeistert. »Komm man mit, das muss meine Frau hören!« Ich ließ mich also mitschnacken und besuchte ihn und seine Frau. Bei Filterkaffe, Eis und Enkelfotos griff Peter plötzlich meine Hand und sagte: »Nu sprich ma ein Gedicht. Bitte, nur ein kleines.« Ich konnte seinen großen Augen nicht widerstehen und rezitierte Hilde Domin:

Nicht müde werden
sondern dem Wunder
leise
wie einem Vogel
die Hand hinhalten.

Peter hatte Tränen in den Augen. »Is das schön«, flüsterte er. Ich brach auf. Als ich gerade 500 Meter gefahren war höre ich ihn rufen: »Min Deern, jetzt warte mal! Ich begleite dich.« Peter hatte sich auf sein rostiges Hollandrad geschwungen und fuhr so lange neben mir her, bis er sicher war, dass ich den Weg finden werde.

So etwas scheint in Mecklenburg undenkbar. Die Straßen sind oft leergefegt, und wenn mich mal ein Blick aus einem Vorgarten trifft, dann lese ich mehr Misstrauen in ihm als Neugierde. Es gibt selten Radwege, und gerade in Brandenburg rasen die Autos in einem irren Tempo und ohne Mindestabstand an mir vorbei. Er empfängt mich also nicht mit offenen Armen, der Osten. Er nimmt mich aber auch nicht für sich ein, instrumentalisiert mich nicht. Ich fühle mich frei. Ich kann hier sein, wie ich bin.

Mit der Zeit irritiert mich das anfängliche Schweigen bei den Auftritten nicht mehr, und es kommt auch immer seltener vor. Vielleicht, weil ich selbst authentischer bin und mein Publikum nicht mehr einfach überrolle. Ich verstehe, dass die Frage »Bin ich Deutschland?« hier nicht abstrakt ist, keine Gedankenspielerei, sondern viele im Publikum persönlich berührt. Die Wende war für viele Lebenswege eine echte Wende, aber nicht für jeden zum Guten. Die Menschen tragen diese Veränderung in sich, und oft betrifft sie ihr Leben heute noch. Sie haben Erfahrungen gemacht, die wir »Wessis« vielleicht nachvollziehen können, aber die wir nun mal nicht mit ihnen zusammen erlebt haben. Und wir werden sie niemals ganz und gar verstehen können. Trotzdem sind viele, mit denen ich spreche, dankbar, dass ich zumindest den Versuch mache. Nach jeder Darbietung kommt das Gespräch irgendwann auf die DDR, die Wende und die Zeit danach.

Eine Zuschauerin sagte nach einem Auftritt zu mir, sie verstehe überhaupt nicht, warum ich so wenige Einladungen bekomme, sie hätte mich sehr gerne beherbergt. »Auch, wenn Sie mich nicht vorher gekannt hätten?«, frage ich. Sie zögert und gibt dann zu: »Nein, dann wahrscheinlich nicht.« Da liegt das Problem. Wenige möchten sich etwas ins Haus holen, das sie nicht kennen. Ich vermute, dass es manchen Ostdeutschen schwer fällt, Unbekannten zu vertrauen.

»Direkt nach der Wende wurden wir ausgenommen und veräppelt. Wir hatten doch keine Ahnung, wie viel unsere antiken Möbel wert waren. Oder unser Grundstück.« Das sagte eine Zuschauerin in Mecklenburg-Vorpommern.

Beschämt denke ich daran zurück, wie ungläubig ich den Ton-Dokumenten gelauscht habe, in denen DDR-Bürger das erste Mal auf einen Anrufbeantworter sprachen. Sie kursierten damals durch die Medien, und wir »Wessis« lachten uns kaputt über so viel Rückständigkeit. Auch ich. Und nun sitze ich den Menschen gegenüber, die das alles ausgehalten haben. Die akzeptieren mussten, dass ihr bisheriges Leben auf einmal nichts mehr galt, ihre berufliche Karriere, ihr soziales Engagement, ihre Werte – alles wirkte gegenüber dem Westen unvollkommen, hinterwäldlerisch oder sogar verbrecherisch.

»Warum haben wir nicht aus zwei Systemen ein Neues geschaffen? Und von beiden Seiten das Beste übernommen?«, sagte eine Freundin vor Jahren mit Tränen in den Augen zu mir. »Mein Vater saß nach dem Mauerfall nächtelang da und hat gerechnet, wie wir beide Systeme zusammenbringen könnten. Er war voller Tatendrang. Aber das wollte einfach keiner hören. Diese Erniedrigung hat er nie verwunden.«

Erniedrigung. Wenn heute von Jammer-Ossis gesprochen wird, dann geht es vielleicht auch darum. Der Osten war wirtschaftlich und politisch am Ende, aber die Träume der Menschen von einer gerechten Gesellschaft waren es deshalb noch lange nicht. Wir im Westen mögen es vielleicht so sehen, dass eine Grenze gefallen ist, ein Unrechtsstaat endlich besiegt wurde. Die Menschen im Osten haben diesen Sieg selbst errungen, mit ihrer Geduld und ihrem friedlichen, unbeugsamen Protest. Sie wollten diese Mauer fallen sehen, sie wollten wieder mit uns vereint sein.

Aber wollten sie deshalb auch genau so leben wie wir im Westen? Alles von uns übernehmen? Und vor allem: behandelt werden wie der Klotz am Bein der westlichen Bundesländer, der den Vormarsch in die Zukunft erschwert?

Vielleicht wollten sie lieber Inspirationsquelle sein, aus der Wende einen Aufbruch machen, mit uns gemeinsam eine ganz neue Richtung einschlagen ... »Ein getrenntes Volk, das kann es auf Dauer nicht geben, wenn es Gott gibt«, hat Pastor Eggert gesagt. Er versteht die bis heute andauernde Unzufriedenheit der Menschen im Osten überhaupt nicht, sie macht ihn wütend. Er hat gelitten in diesem System, er hat es unermüdlich bekämpft unter Einsatz seines Lebens. Er hat seine ganze Kraft dazu genutzt, eine neue Heimat auszubauen, aber vielleicht hatten nicht alle diese Möglichkeit?

Auf meiner Reise durch den Osten ist die häufigste Frage, die mir gestellt wird: »Wie gefällt Sie es Ihnen denn hier?« Es wirkt nicht wie eine höfliche Floskel, sondern eher wie eine Frage auf Leben und Tod. Meine Antwort wird über den weiteren Verlauf des Abends entscheiden, das spüre ich instinktiv. Also erwidere ich immer ernsthaft und wahrheitsgemäß: »Es ist wirklich unglaublich schön hier! Das habe ich nicht erwartet.« Die Gesichter entspannen sich, und das Gespräch kann weitergehen. Nach einem Auftritt nahe der mecklenburgischen Seenplatte ist der Applaus gerade versiegt, da steht ein älterer Herr im Publikum auf, sichtbar erregt. »Also, das hat mir alles sehr gut gefallen, die Gedichte und so«, sagt er in die Stille hinein. »Aber ich hätte wirklich erwartet, dass Sie einmal erwähnen, wie schön die Seenplatte ist!« Damit verlässt er den Raum.

Ich liebe die Seenplatte. Sie gehört mit zu dem schönsten, was ich bisher zu sehen bekommen habe. Ich träume heute noch von einem Hausboot am Ufer einer dieser glasklaren Seen, inmitten der sanften grünen Hügel. Ich hätte das sicher auch noch gesagt im Laufe des Abends. Aber für diesen Zuschauer war es das Wichtigste. »Sein Land« ist so lange nicht beachtet, nicht wirklich gesehen worden, daher ist die Sehnsucht nach Anerkennung groß. Die Welt soll realisieren, dass der Osten mehr ist als »ehemalig«. Dass er viel zu bieten hat. Und ich muss zugeben, dass mir das vorher wirklich nicht bewusst war.

Mich berührt die Landschaft im Osten durch eine Kraft und Ursprünglichkeit, die ich bis dahin nie erlebt habe. Verbunden sind die Menschen hier mit ihrem Land, sie sind ein Teil davon. Sie wandern aus in andere Gegenden Deutschlands oder der Welt, aber sie sehnen sich immer zurück nach dem Geruch des Feldes in der Sonne, der Farbe des roten Himmels über dem Dorf, den prächtigen Alleen, die von einer anderen Zeit erzählen.

Im Norden kenne ich mich aus, in den Osten komme ich als Pionierin. Und beginne zu träumen: Wenn ich mich hier niederließe, wie würde mein Leben aussehen? Ich denke nicht daran, hier zu arbeiten, ich denke daran, wie ich morgens aus meinem großen, verfallenen Haus trete und die klare Luft einatme. Wie ich mit meinem quietschenden Rad zum Waldsee fahre, in das eisige Wasser springe und mich danach in der heißen Sonne aufwärme. Diese Erde würde mich stark machen, diese Luft gesund, ich würde viel zu tun haben, körperlich, aber hätte trotzdem immer Zeit für einen Plausch oder einen Ausflug ins Dorf. Ich würde mir keine Gedanken mehr machen über meine Kleidung, meine Frisur. Ich wäre ganz natürlich und trotzdem schön. Abends säße ich erschöpft, aber zufrieden im Sternenlicht mit meiner Familie und meinen Freunden auf dem Hof zusammen und wir würden lachen und weinen über die Geschehnisse in der Welt. Um am nächsten Tag mit neuer Kraft all die großen und kleinen Probleme anzupacken und sie ein für alle Mal zu lösen.

Woran liegt es, dass so viele Menschen in den Osten gehen – um etwas Neues zu wagen? All die Aussteiger, Kommunen, Projekte und Andersdenkenden, die sich hier niederlassen? Die Mieten sind günstig, hier ist noch Raum. Aber das wäre nicht mein Grund, ich käme wegen der Kraft der Landschaft. Ich glaube, sie kann Berge versetzen.

Ein Dozent aus Sachsen erzählte mir, dass er seinen ostdeutschen Studenten eines immer klarzumachen versuche:»Der Westen, das ist auch euer Land! Engagiert euch, mischt euch ein, macht euch nicht klein!«

»Und wir müssen verstehen, dass der Osten auch unser Land ist«, sage ich nachdenklich.»Und uns reicher macht, nicht ärmer.«

Arbeitshypothese Nummer sechs: *Es ist unser Land!*

OTTO ERNST

Deutschland

Wie du mich treu begleitest
Auf meiner Wanderschaft,
An Mutterhand mich leitest,
Du Land voll Morgenkraft.

Wohin den Stab ich hebe,
Dein Auge sieht mich an
Und spricht: »Vertrau und lebe,
Mein Sohn und Wandersmann.«

Wohin die Füße schreiten
In nimmermüder Lust,
Dein Feld und Anger breiten
Sich weit in meiner Brust.

Geruhig steht mein Wille
Wie dieser Felsen Hang;
Durch meines Herzens Stille
Rinnt deiner Ströme Klang.

(gekürzt)

Im Winterquartier oder: Der leere Hut

Als ich wieder in meiner Wohnung bin, packe ich aus, wasche, hole meine Sachen vom Dachboden, putze die Bude, sortiere aus, versteigere meinen halben Kleiderschrank bei Ebay und schlafe. Allerdings längst nicht so viel, wie ich es mir immer vorgestellt hatte, ich bin oft unruhig und es fällt mir schwer, die monatelange Anspannung loszulassen. Das ist wohl nicht unüblich nach großen, langen Reisen, sagen erfahrene Backpacker und Weltreisende. Aber ich bin ja nicht in fremde Kulturen eingetaucht, habe mich nicht ans andere Ende der Erde begeben, im Gegenteil – ich war in Schleswig-Holstein, Niedersachsen, Mecklenburg-Vorpommern, Thüringen, Sachsen und Sachsen-Anhalt. Wieso kann ich also nicht innerlich runterfahren, endlich ankommen? Die Antwort ist eigentlich naheliegend: Über Monate hinweg habe ich alles aus mir herausgeholt, mich bis zum Anschlag gefordert. Und trotzdem gibt es jetzt und hier so viel aufzuarbeiten, vorzubereiten, zu organisieren, dass ich schon beim Gedanken daran kaum Luft bekomme. Und ich muss ein großes Problem lösen, vielleicht den größten Haken an diesem ganzen Konzept *Deutschland. Ein Wandermärchen.*

Auftreten gegen Kost und Logis, mit Gedichten auf der Walz, Land und Leute kennenlernen, Dichter und Denker im Gepäck, mit dem Rad durch die ganze Republik – all das sind

Beschreibungen meines Projektes, mit denen ich versuche, bei anderen ein Gefühl dafür zu wecken, was diese Reise ausmacht. »Ist das denn nun die ersehnte Freiheit, von der wir alle träumen?«, fragte mich eine Kollegin nach ein paar Wochen auf dem Rad. »Nein«, antwortete ich damals. Heute, ein paar Monate später, denke ich, die richtige Antwort lautet: »Teilweise.«

Ja, ich bin frei. Unterwegs auf dem Rad bin ich frei vom Alltag, frei von der Tretmühle des Immergleichen, Erwartbaren. Ich muss mich nicht morgens schlecht gelaunt an den Schreibtisch setzen (der Schreibtisch hat mir leider immer schlechte Laune gemacht), sondern kann draußen bei Sonne, Wind und Wetter jeden Tag eine neue Welt entdecken. Das ist Freiheit, unbestritten.

Aber nicht einen einzigen Tag dieser ganzen Reise bin ich auch frei von Sorgen. Zu den alltäglichen Gedanken, ob ich den nächsten Gastgeber rechtzeitig und gut gelaunt erreichen werde, kommen ganz grundlegende Ängste: Wie geht es meiner Familie, wie verkraftet sie den Verlust meiner Mutter? Wie kommen meine Angehörigen damit zurecht? Mein Vater, der auf einmal allein lebt, meine ältere Schwester Katrin, die drei kleine Kinder versorgt und nun nicht mehr unsere Mutter um Hilfe bitten kann, mein jüngerer Bruder Richard, der gerade selbst eine Familie gründet, und mein jüngster Bruder Martin, der als Rettungsassistent täglich mit Unglück, Krankheit und Tod konfrontiert wird. Wie schaffen sie das alles ohne meine Hilfe? Müsste ich nicht bei ihnen sein, jeden verdammten Tag, und auf sie aufpassen?

Meiner Familie geht es nicht anders, auch sie macht sich große Sorgen um mich, die ich nun allein auf dem Fahrrad sitze und keine Höhle, keinen privaten Rückzugsraum habe.

Aber es gibt noch etwas anderes, das diese Reise beschwert. Eine Frage, die mir schon vorab immer wieder gestellt wurde und die ich einfach überhört habe. Denn wenn ich mich mit dieser Frage schon eher beschäftigt hätte, wäre ich wohl niemals losgefahren. Jetzt, in diesen sechs Monaten hier im Winterquartier, muss ich sie aber unbedingt beantworten, sonst kann ich dieses Projekt nicht weiter realisieren: Es ist eine simple Frage und sie liegt auf der Hand: Wovon soll ich leben?

Ich habe versucht, während der Reise meine Kosten so gering wie möglich zu halten. Die Wohnung ist untervermietet, mein Auto weggegeben, aber trotzdem bleiben da monatliche Ausgaben: Versicherungen, Bafög-Rückzahlungen, meine Mitarbeiterin Güde, die das Projekt mitorganisiert und unverzichtbar ist, Ausrüstung, Homepage, Flyer, Blog, Reisekosten – alles muss organisiert, aktualisiert und bezahlt werden.

Erstaunlicherweise geht es irgendwie, ich halte mich über Wasser, gerade so. Ich schwimme von Insel zu Insel und ziehe mich immer irgendwo an Land. Außer Atem und erschöpft schaue ich dann von meiner Insel und versuche einzuschätzen, wie weit es bis zur nächsten ist. Das geht eine Weile gut, und ich denke schon: »Geht doch!«, da flattert ein Brief auf meine Insel, der alles ändert. Ich werde wohl noch lange Herzklopfen bekommen, wenn ich diesen Absender auf einem unerwarteten Schreiben lese: Finanzamt Hamburg. Ausgerechnet jetzt, während ich kein Geld verdienen, sondern nur ausgeben kann, schreibt das Finanzamt. Die Steuer für 2012 wird fällig und gleichzeitig Einkommensteuervorauszahlungen für die Jahre 2013 und 2014. Ein fünfstelliger Betrag, soll in ein paar Wochen eingezogen werden. Ich weiß nicht, ob ich lachen oder weinen soll. Das ist zu viel, das ist schlicht nicht machbar. Und so lege ich mich kurzerhand in das nächstbeste Bett und ziehe mir die Decke über den Kopf. Das halte ich drei Tage durch, schaue amerikanische Serien und gehe nicht mehr ans Telefon. Dann sehe ich ein, dass das überraschenderweise nichts ändert, und hole mir schweren Herzens Hilfe. Meine Familie, meine Freunde, alle geben, was sie können und ein paar Tage später habe ich wieder etwas Geld auf dem Konto. Aber damit ist es nicht getan. Über den ganzen Zeitraum des Projektes bin ich nun damit beschäftigt, diese riesige Summe aufzuteilen, zu verschieben, abzutragen.

Auch wenn von Anfang an alle Realisten und Skeptiker gefragt haben: »Wie willst du das finanzieren?«, war ich davon überzeugt, dass es irgendwie gehen würde. Wenn ich erst einmal unterwegs wäre, dann würde mein Wandermärchen mich schon tragen. Ich habe natürlich trotzdem Förderungen an jeder Ecke beantragt, aber abgesehen von einer kleinen Stiftung, von der ich zu Beginn eine Anschubfinanzierung bekam, mochte niemand mein Projekt finanziell unterstützen und ich erhielt nur Absagen, sogar vom Deutschen Literaturfonds. Rezitation als Kunstform hat keine Lobby und fällt durch alle Schubladen.

Ich hätte mich und meine Projektkosten finanzieren können, irgendwie, das wusste ich. Aber mit diesen Forderungen vom Finanzamt bin ich überfordert. Klar, ich hätte damit rechnen können, hätte vorrausschauend sein und dafür sparen müssen. Hätte. Habe ich aber nicht. Konnte ich nicht. Meine Gastgeber und mein Publikum verbinden Unbeschwertheit und Freiheit mit dem Wandermärchen, sie sind verzaubert von der Idee, Kunst gegen Kost und Logis zu tauschen. Und ich habe mir das Konzept ausgedacht, habe den Handel selbst vorgeschlagen, ich kann keinen anderen dafür verantwortlich machen. Ich war selbst fasziniert von der Idee, bin es immer noch.

Also thematisiere ich meine Sorgen nur dann, wenn ein Gastgeber wirklich wissen will, wie es um meine Finanzen steht. Es ist ja auch eine Privatangelegenheit, wobei eigentlich nichts mehr privat ist, seit ich mir die Frage gestellt habe: »Bin ich Deutschland?«, und mich damit auf Wanderschaft begeben habe. Und so lege ich nun meinen Hut nach größeren Auftritten aus, mit einem dezenten Hinweis auf »Projektunterstützung«. Am Anfang ist es mir unangenehm, ich möchte den Eindruck erwecken, als spielte es keine Rolle, als müsste ich nichts verdienen. Aber das Gegenteil ist wahr, in Wirklichkeit bin ich darauf angewiesen. Vom Geld im Hut bezahle ich meine täglichen Ausgaben – und auch wenn ich sparsam bin, ist das Leben auf Reisen teuer.

Als ich über den Winter also ein paar Monate zu Hause verbringe, weiß ich, dass ich etwas ändern muss. Auch, damit sich in meinem Kopf nicht alles um Geld dreht und ich dieser Reise gerecht werde. Das hat mir ein Erlebnis im Osten vor Augen geführt, mit Bauchschmerzen denke ich daran zurück: eine schöne Stadt in Thüringen, ich war zu Gast in einem schicken Loft bei einer wirklich charmanten Kleinfamilie. Mein Auftritt erfuhr viel Beachtung, der ganze Raum wurde umgestaltet, und das zahlreiche Publikum war gut gelaunt, die Getränke flossen reichlich. Da der Gastgeber noch auf Besucher wartete, fingen wir erst gegen 21.30 Uhr an. Vor Auftritten kann ich generell nichts essen, nichts trinken und will mich auch nicht unterhalten, da ich meine Konzentration für die Performance aufheben will. Daher feierte ich nicht mit, beobachtete aber mit zunehmender Sorge, dass die Stimmung stieg.

Als es endlich losging, brauchte ich vergleichsweise lange, um den Fokus meines Publikums auf die »Bühne« zu lenken. Und auch wenn es wirklich nicht leicht war, sich in einer Partyatmosphäre mit Gedichten durchzusetzen, wirkten am Ende alle begeistert. Ich wies auf den Hut hin und warf mich ins Getümmel. Trotzdem schweifte mein Blick immer wieder zu der Kappe, die von allen vergessen auf einem Sideboard lag. Ich hatte mit den Spenden dieses Abends fest gerechnet, ich brauchte sie. Ich stand unter Strom und überwand mich irgendwann, den leeren Hut in die Mitte eines Stehtisches zu legen, zu den Flyern. Unübersehbar.

Dann ging ich schlafen, müde und beschämt. Vielleicht wäre ja morgen früh etwas drin, tröstete ich mich. Das war schon öfter vorgekommen.

Als ich am nächsten Morgen ins Wohnzimmer kam, war alles aufgeräumt, die Stehtische waren weg, mein Hut auch. Ich frühstückte angestrengt fröhlich mit der Familie und ließ mir nichts anmerken. Irgendwann sagte mein Gastgeber beiläufig: »Hier ist auch noch dein Hut.« Er überreichte ihn mir, ohne mich anzusehen. Ich nahm ihn scheinbar gut gelaunt mit einem »Ach super, danke!« entgegen und ging in mein Zimmer. Der Hut war leer – ironischerweise bis auf die Visitenkarte eines Künstlers, der auf ein Engagement hoffte.

In meinen Mails fand ich eine begeisterte Nachricht einer Zuschauerin, die sich für den tollen Auftritt gestern Abend bedankte. Ich dachte: »Was hilft mir das?«, und schämte mich gleichzeitig dafür. Wie groß war meine Not geworden und wie tief ließ sie mich sinken? Wo war meine Achtung vor mir selbst und vor dem, was ich tat? In diesem Moment überrollte mich die Verzweiflung.

Nie hätte ich gedacht, dass ich in meinem Alter noch einmal solch existenzielle Sorgen haben würde, und auch nicht, dass sie mich so im Griff haben könnten – denn objektiv betrachtet kann mir nicht viel passieren: Meine Familie, meine Freunde – alle unterstützen mich. Auch der Staat wird im Notfall einspringen, ich kann gar nicht tief fallen. Aber es ist ja nicht so, dass ich arbeitslos bin – im Gegenteil, ich arbeite so viel wie noch nie in meinem Leben. Ich gebe alles, auf der Bühne, beim Schreiben, beim Radfahren, ich gehe bis an meine Grenzen und darüber hinaus, gebe meine Privatsphäre, meine Selbstbestimmung und meine Freizeit auf – und verdiene trotzdem nichts. Stattdessen zahle ich jeden Tag für das, was ich hier mache, und mein Schuldenberg wird immer größer.

Irgendetwas ist aus dem Gleichgewicht geraten, und ich zweifle sogar daran, ob es grundsätzlich richtig ist, ohne Gage aufzutreten. Ob ich nicht zu viel Druck aufbaue. Der Gastgeber will mich ja auch in irgendeiner Form entlohnen für meinen Auftritt, und da er das laut Vereinbarung mit Kost und Logis tut, müssen diese eben ganz besonders gut sein. Und meine Freiheit ist ja keine echte, wenn ich in Wahrheit auf finanzielle Unterstützung angewiesen bin. Das geht so nicht. Etwas muss sich ändern im zweiten Teil der Reise. Und so beschließe ich, mindestens die Hälfte der Auftritte öffentlich zu machen, regulär gegen Eintritt und Gage. Das heißt allerdings, dass ich sofort einsteigen muss in den Vertrieb und dass ich mich und das Programm bewerben muss. Keine

Pause, kein Luftholen, stattdessen rausgehen und wieder an Türen klopfen. Mich anbieten, locker, leicht und vor allem unangestrengt.

Also versuche ich, so unbeschwert wie möglich mein Bühnenprogramm zu verkaufen. Das ist aber wirklich nicht leicht, da ich etwas bewerben muss, das genau genommen noch gar nicht existiert. Immerhin, ein paar kleine Bühnen lassen sich darauf ein. Aber auch bei den privaten Auftritten muss sich etwas ändern. In einem »Brief an meine Gastgeber« gebe ich vorab Bescheid, dass ich einen Hut auslegen werde, und bitte darum, dass sie diesen selbst erwähnen. Und für das Buch muss ich dringend einen Verlag finden. Ich engagiere eine Literaturagentur, und schließlich ist der Vertrag unter Dach und Fach.

Langsam kann ich nachts wieder ruhiger schlafen und endlich, endlich mit den Proben beginnen. Mal wieder rufe ich verzweifelt die Regisseurin Annette Uhlen an. Am 11. Mai 2014 wird »Bin ich Deutschland?« im Literaturhaus Hamburg zu sehen sein. Vier Wochen vorher startet der Vorverkauf – und ich weiß zu dem Zeitpunkt immer noch nicht, was ich auf der Bühne eigentlich machen werde. Wie so oft passiert alles auf den letzten Drücker.

Und trainiert, ja trainiert habe ich in meinem Winterquartier natürlich auch wieder nicht. Aber wann auch!?

BERTOLT BRECHT

Sorgfältig prüf ich

Sorgfältig prüf ich
Meinen Plan; er ist
Groß genug; er ist
Unverwirklichbar.

Land unter oder: Hallig Hooge im Winter

Trotz aller Zeitnot möchte ich mir einen Traum erfüllen: Ich will auf eine Hallig. Für mich sind die kleinen Marschinseln im Wattenmeer der Inbegriff des Nordens, und gerade im Winter erlebe ich vielleicht etwas vom »wahren« Halligleben. Die Halligen sind außerdem wunderschön, kleine Flecken Land, umgeben von endlos weitem Himmel, der das satte Grün der Wiesen in ein unvergleichliches Farbenspiel taucht. Auf der zweitgrößten Hallig (man darf niemals »Insel« sagen) Hooge im Wattenmeer verteilen sich 134 Menschen auf 52 Haushalte. Ein überschaubarer Raum, auf dem sich soziale Prozesse vielleicht deutlicher zeigen als auf meiner Deichstraße oder in Hamburg. Aber menschenleer ist es hier trotzdem nicht: insgesamt 90 000 Tagesgäste bringen die Fähren in den Sommermonaten vorbei, die meisten davon fahren mit der Kutsche zum Museum und besuchen das Sturmflutkino, dann beißen sie in ein Fischbrötchen oder in die köstliche Friesenschnitte und sind wieder weg. Übrig bleiben Urlauber, die Ruhe suchen, keine Ablenkung wollen und die 5,78 Quadratkilometer der Hallig mit ruhigen Schritten vermessen. Lärm machen auf Hooge eigentlich nur die Vögel, die in Scharen hier Rast machen, oder die vielen Schulklassen, die wattwandern gehen.

Ich bin zu Gast bei Katja Just. Im Blog hatte ich veröffentlicht, dass ich gerne eine Hallig besuchen möchte, und schließlich schreibt mir eine Leserin, dass sie auf Hooge im Restaurant »Zum Seehund« einmal von Katja Just bedient wurde, einer ausgewanderten Münchnerin, die sicher für so etwas wie mein Wandermärchen zu haben sei. Ich google den Namen und finde sie sofort. Katjas Geschichte ist in allen Medien vertreten. Die blonde Münchnerin ist inzwischen fast so etwas wie ein Aushängeschild der Hallig. Mit Mitte zwanzig ist sie allein nach Hooge gezogen und hat das Haus ihrer Eltern übernommen – ihr damaliger Freund sprang kurz vor dem Umzug ab. Seitdem lebt sie mit ihrem Hund auf der Hallig und betreibt das »Haus am Landsende«. Eine beeindruckende Geschichte, weil Katja einen Traum lebt, den sicherlich viele teilen: Mitten in der wunderschönen Natur sein eigener Herr sein. Es ist sicher auch deshalb eine medial so erfolgreiche Geschichte, weil Katja schön ist. Die zierliche blonde Frau kann man sich viel besser in einer Münchner Designerküche vorstellen als inmitten einer Herde Schafe im nordfriesischen Wattenmeer. Jetzt will ich Katja erst recht kennenlernen. Ich ahne, dass so ein großes Medieninteresse an einer einzelnen Person das Leben auf einer Hallig nicht unbedingt leichter macht.

Ich rufe Katja an.

Als ich von der Fähre steige, ist es dunkel. Nicht stadtdunkel, sondern richtig dunkel. Es gibt keine Straßenbeleuchtung auf Hooge, ich ertaste mit dem Rad den schmalen gepflasterten Weg. Die Ockenswarft liegt am anderen Ende vom Anleger. Katja ist mit dem Auto und meinem mitgebrachten Essensvorrat vorgefahren, ich habe natürlich viel zu viel eingepackt. Hier gibt es nur den Halligkaufmann, und wer weiß, was der im Sortiment führt. Ich bleibe etwas länger als bei meinen sonstigen Gastgebern bei Katja Just, ich möchte ein paar Tage

Urlaub machen, dann wird der NDR anreisen und ich werde in der Halligkirche auftreten. Bis dahin habe ich Zeit, dass Leben hier zu erforschen. Soweit der Plan.

Nach drei Tagen Umherstreifen nimmt der Wind zu und es gibt große Neuigkeiten: Eine Sturmflut kündigt sich an. Ein Ereignis, dass unangefochtener Höhepunkt für die hartgesottenen Touristen ist, die auch im Winter nach Hooge reisen – viele kommen seit Jahren, ohne je eine Sturmflut erlebt zu haben. Bei »Land unter« drückt der Sturm das Meer auf die Hallig und das Wasser überflutet das ganze Land. Nur die »Warften«, wie die kleinen Häuseransammlungen hinter dem niedrigen Sommerdeich genannt werden, ragen dann noch aus der endlosen Nordsee heraus. Auf der Ockenswarft wäre ich dann so lange eingeschlossen, bis der Wind nachlässt und das Wasser sich wieder zurückzieht.

Der Begriff »Sturmflut« ist auch für mich elektrisierend. Ich möchte die Hallig keinesfalls mit der letzten Fähre morgen verlassen, ich möchte hierbleiben! Katja und ich telefonieren mit Nico vom NDR, sein Team kann unter diesen Umständen nicht nach Hooge kommen. Wer weiß, wie lange sie hier festsitzen würden; wenn der Sturm so lange bläst wie angekündigt, dann sind es ganze fünf Tage, bis die nächste Fähre zum Festland geht. Danach ruft Katja ihre nächsten Gäste an, ob die schon morgen anreisen können. Sie würden gerne, können aber beruflich nicht. »Also, wenn du willst, kannst du bleiben, die Wohnung ist sowieso frei«, sagt Katja. Ich jubiliere.

Als Nächstes gehe ich zum Halligkaufmann und decke mich ein. Die Frau an der Kasse kann sich ein Lachen nicht verkneifen, als sie meinen bis zum Rand gefüllten Einkaufswagen sieht. »Für fünf Tage?«, fragt sie. »Ich kann nicht anders, ich bin so aufgeregt«, gebe ich zu. Da bin ich wohl die Einzige.

Die Hallig liegt ruhig da, eigentlich noch stiller als sonst im Winter. Im Laufe der Stunden wird mir klar, dass es eine sehr geschäftige Stille ist. Alle bereiten sich auf das steigende Wasser vor, holen Gartenmöbel und Tiere hinter den Wall, befestigen alles, was weggeschwemmt werden könnte. »Für dich ist das doch ein alter Hut, oder?«, frage ich Katja, die mit ernster Miene vor dem Rechner sitzt und Wetterdaten checkt. Sie schüttelt den Kopf. Sturmflut ist für keinen hier nur ein Spaß. Solange die Flut steigt und der Wind zunimmt, werden die Hooger in den nächsten Tagen rund um die Uhr Wache halten. Ich hingegen lege mich spät abends schlafen, der Wind heult um die Häuser und ich bin müde vom Gegenanstemmen.

Am nächsten Morgen ist es still, und ich bin fast enttäuscht, dass das Wasser anscheinend noch nicht viel näher gekommen ist. Ich laufe runter zum Deich, um zu sehen, ob es da nicht langsam spannend wird. Und tatsächlich, die Wellen schlagen unablässig über die Deichkante; fasziniert beobachte ich, wie das Wasser Welle um Welle vom Land Besitz ergreift. Als ich mich umdrehe, schlägt mir der Wind mit Wucht entgegen, und ich muss mich regelrecht zur Ockenswarft vorkämpfen. Auf dem Wall steht Katja mit gerunzelter Stirn: »Ich habe dich schon gerufen, das kann jetzt sehr schnell gehen, du solltest nicht mehr an die Wasserkante gehen.«

In dem Sturm bekomme ich sowieso keine Luft mehr, also springe in rauf in die Wohnung und rücke mir den Sessel vor das Fenster. Und wirklich, jetzt geht es rasend schnell – eben noch war das Wasser hinten am Deich, nun kann ich zusehen, wie der Wind es Meter für Meter auf die Hallig drückt – was gerade noch wie eine Pfütze auf der Wiese aussah, ist innerhalb einer halben Stunde zu einem Teil des Meeres geworden. Ich laufe wieder raus, um mir das Schauspiel aus der Nähe anzuschauen: Bald steht das Wasser vor der Warft, kurz darauf liegt es um die ganze Warft herum, der Weg zur Hanswarft und zum Halligkaufmann ist jetzt schon vollkommen überflutet. Ich mache unablässig Fotos und Videos von dem Geschehen, renne zwischen den Häusern hindurch und auf dem ganzen Ringwall um die Warft herum. Außer mir ist kein Mensch zu sehen, ich habe das Gefühl, als wären die anderen acht Häuser hinter der kleinen Schutzmauer verlassen – oder gibt es hier einen geheimen Treffpunkt, von dem ich nichts weiß? Was verpasse ich gerade, auch auf den anderen Warften? Was verpasse ich jetzt auf dem Festland?

Nur allmählich beruhige ich mich und kann das Geschehen auf mich wirken lassen. Es ist eigentlich ein friedlicher Anblick, wie das Wasser langsam, aber unbeirrbar seinen Weg einschlägt, als würde es ein geheimes Ziel verfolgen. Wie klein der Mensch angesichts dieser Entschiedenheit ist, mit der das Meer seinen Platz einnimmt.

Langsam verstehe ich, dass das hier kein Spiel ist. Die größte Sorge der Hooger ist, dass das Wasser die Warften überspült. Dann werden mit Sicherheit die unteren Etagen der Häuser überflutet. Alles schon mal vorgekommen, zum Beispiel bei den großen Sturmfluten 1962 und 1976. Auch im letzten Jahr bei »Xaver« waren es nur Zentimeter, die zum großen Unglück gefehlt haben. Katja wird in solchen Nächten ununterbrochen angerufen, Freunde und besorgte Gäste wollen wissen, wie es ihr geht auf Hooge. »Das ist nett gemeint, hält mich allerdings eher auf«, sagt sie diplomatisch. Sie können ja doch nichts tun, da auf dem Festland. Die Hooger hingegen sind in solchen Nächten hellwach, man sieht sie ab und zu mit ihren Taschenlampen nach dem Wasserstand schauen. Sie hören die regelmäßige Durchsage der Pegelstände im Radio, checken die

Wetterprognosen im Internet und telefonieren mit den anderen Warften. Nach Mitternacht geht auch Katja schlafen, der Wind hat sich gelegt.

Am nächsten Morgen ist das Wasser noch da und kein Wind geht. Eine feierliche Sonntagsstille liegt über der ganzen Hallig. Langsam lasse ich es zu, dass diese Stille auch mich ergreift, ich nehme sie in mich auf und trage sie in mir, sie verlangsamt meine Bewegungen, sie breitet sich so lange in mir aus, bis ich gar nicht mehr aus dem Fenster schauen muss – ich fühle das Wasser um mich herum. Ich will plötzlich keinen Kontakt mehr zum Festland, keine Facebookposts, keine Nachrichten, keine Anrufe, ich will diese Stille in mir. Sie ist selten, friedlich und wunderschön.

Mein Programm in der Kirchwarft kann nicht stattfinden, also trete ich in der guten Stube bei Katja auf. Die grinst, als ich frage: »Kommt denn überhaupt jemand? Irgendwie wirkt hier alles so ausgestorben!« Aber es sind dann zwölf Leute, die sich zusammenfinden. »Wo wart ihr denn alle die letzten Tage, ich habe keinen von euch je gesehen!«

»Wir dich aber!«, schallt es von allen Seiten zurück. Ich denke verlegen an meine hysterische Fotosafari, die Dutzenden Selfies und Videos, die ich vor ihren Fenstern aufgenommen habe. Wohl doch nicht ganz unbemerkt, wie ich jetzt feststellen muss.

Nach dem Kofferprogramm sitzen wir am urgemütlichen Küchentisch zusammen, und ich frage eine junge Frau, was sie davon hat, dass sie hier geboren ist. »So dicke Wurzeln«, kommt es wie aus der Pistole geschossen zurück, und sie hält ihre Arme, als würde sie einen Baum umfassen. Das stimmt, denke ich erstaunt. Man kann diese Wurzeln sehen. An der Art, wie sie unbeeindruckt der Diskussion um die Frage »Was ist Heimat?« folgt. Das tangiert sie überhaupt nicht, diese Frage hat sie sich niemals stellen müssen. Ich bin überrascht, wie individuell die Charaktere sind, die sich um den schweren Holztisch versammelt haben. Als würde die Hallig die Eigenheiten der Bewohner nicht unterdrücken, sondern eher verstärken. Ist es das Leben mit der Natur, das den Charakter eines Menschen stärker ausprägt, als es das Leben in der Stadt vermag? Auch wenn Sylt und Hallig Hooge zwei Welten sind, die unterschiedlicher nicht sein könnten, so gleichen sich die Einwohner doch im charismatischen Auftreten und im lebhaften Austausch miteinander. Oder etwas salopper ausgedrückt: Hier sitzen viele »schräge Typen« um den Tisch vereint, und jeder kennt die Besonderheiten des anderen, keiner muss sich verstecken. Katja wirkt in der charismatischen Versammlung an ihrem Tisch eher zurückhaltend. Sie ist eine perfekte Gastgeberin, und als solche behält sie alle am Tisch im Auge, schenkt Getränke nach, vermittelt in der Diskussion zwischen den Positionen, bewahrt Haltung. »Ihr geht es wie mir«, denke ich irgendwann. Ihr Privatleben und der Beruf vermischen sich unablässig, sie ist in jeder Hinsicht Gastgeberin. Da haben wir uns also gefunden, auf einem kleinen Fleckchen Land mitten im Wattenmeer: die absolute Gastgeberin und der absolute Gast!

Am nächsten Morgen setze ich mich zu Katja in die wunderschöne friesische Küche. Beziehungsweise Katja setzt sich zu mir. Denn anders als ihre Gäste, die auf Hooge wunderbar zur Ruhe kommen können, ist sie unablässig in Bewegung. Selbst im Winter, in der absoluten Nebensaison ist Katja immer schon lange wach, wenn ich mich zum Morgensprint einmal in den Wind stelle. Sie bessert etwas an dem alten Fachwerkhaus aus, telefoniert, sitzt am Computer oder ist bei einer Gemeindebesprechung.

»Wann hast du Feierabend, Wochenende, Urlaub?«, will ich wissen. »Feierabend je nachdem, Wochenende ist Bettenwechsel, da ist immer viel zu tun, und Urlaub – wie soll das gehen?« Schritt für Schritt versuche ich Katjas Welt hier auf Hallig Hooge zu begreifen: Obwohl ihre beiden stilvoll renovierten Ferienwohnungen nahezu das ganze Jahr lückenlos ausgebucht sind, ist das Geld oft knapp, und sie kann sich keine langen Pausen leisten. Katja berichtet auch offen von den zwischenmenschlichen Schwierigkeiten, die sie auf der Hallig anfangs hatte und teilweise heute noch hat: Da ist das Gerede, das eine junge Frau allein auf einer Hallig wohl zwangsweise hervorruft. Auch das Medieninteresse macht die Sache nicht einfacher: »Manche Menschen verstehen nicht, dass die Hallig allein vom Tourismus lebt. Und dass man etwas dafür tun muss.«

Katja ist sehr umtriebig, hat immer wieder neue Ideen. Viele davon werden in der Gemeinde abgeblockt. »Da gibt es einige, die sich die alten Zeiten zurückwünschen. Die Hooge gerne wieder ganz für sich hätten, ohne den täglichen Besucherstrom. Am Ende der Sommersaison sind wir alle hier vollkommen ausgelaugt.« Ich kann die Hooger verstehen, die sich ihre Hallig zurückwünschen. Es ist ja auch absurd: Da verkaufen sie nach außen Ruhe und Ursprünglichkeit, haben selbst aber keine freie Minute mehr. »Meine Gäste sind toll, wirklich«, sagt Katja, und sie meint es ernst. Wer nach Hooge kommt, will dem Trubel entfliehen und Zeit in der Natur verbringen, dementsprechend sind auch die Besucher. Aber das alles täuscht nicht darüber hinweg, dass es ein Haufen Arbeit ist, Komfort und Ursprünglichkeit gleichzeitig zu bieten.

Hooge ist in allen Bereichen des Lebens auf Unterstützung vom Festland angewiesen – jeder Backstein, jedes Möbelstück, jeder Handwerker kommt mit der Fähre. Sogar das Trinkwasser wird durch eine Pipeline auf die Hallig geleitet. Schon der Alltag ist also nicht so einfach zu organisieren; wenn dann noch die Vermischung von Beruf und Privatleben dazukommt, gibt es viel zu tun. Ich erlebe Ähnliches gerade am eigenen Leib. Was für mein Publikum wie die große Freiheit wirkt, bedeutet für mich an manchen Tagen Disziplin und Durchhaltevermögen.

»Hast du noch Träume für die Zukunft?«, frage ich Katja. Sie zögert, dann rückt sie damit heraus. »Neuseeland«, sagt sie, und ihr ganzes Gesicht beginnt zu leuchten. »Ein Guesthouse in Neuseeland. Wenn das Leben will, vielleicht zusammen mit einem netten Mann, aber auf jeden Fall mit vielen Hunden.« Ich habe es gewusst! Zurück in die Stadt geht nicht mehr, dieser verflixte Norden! Wer ihm verfallen ist, will immer noch mehr Natur, noch mehr Weite.

»Warum probierst du es nicht?«, frage ich. »Lass eine Freundin dein Haus ein Jahr hüten, oder lass mich das machen, und dann fliegst du einfach rüber!«

»Das kann ich meiner Mutter auf dem Festland nicht antun«, sagt Katja zweifelnd. »Und überhaupt, ausprobieren ist nicht: hopp oder top!«

In diesem Moment sehe ich die ganze Stärke der zierlichen blonden Frau. Und ahne, was es bedeutet, sich auf Hooge niederzulassen, hier als Vogel sein Nest zu bauen über Jahrzehnte, zwischen Menschen, die baumstammgroße Wurzeln haben – von Geburt an. Katja macht keine halben Sachen, deshalb ist sie auch noch hier. Und die Hallig hat sie stark gemacht. Stark genug für einen festen Platz in der Gemeinde und vielleicht auch eines Tages stark genug für Neuseeland …

»Spielst du eigentlich manchmal Häuser besetzen?«, frage

ich sie vorsichtig. Ich spiele das seit meinem ersten Tag auf der Hallig: In welchem Haus würde ich leben, wer sollte mit mir auf meine Warft ziehen, wen würde ich am anderen Ende der Hallig einquartieren und wen aufs Festland verdammen? Katja lacht laut auf. »Das ist mein Lieblingsspiel«, sagt sie. Integration ist wirklich kein Kinderspiel, denke ich, als ich vor das Haus gehe und mich auf den Wall setze. Viele der Alteingesessenen wollen erhalten, manche von den Zugezogenen wollen verbessern, und jeder möchte mit Menschen zusammenleben, die ihm ähnlich sind, aber wenn wir das wirklich tun, vergeben wir die Chance, aneinander zu wachsen.

Inzwischen ist der Mond aufgegangen über dem Wasser, er spiegelt sich in der glatten Fläche, die zu meinen Füßen glitzert. Es ist still. Ich möchte meine Gedanken beruhigen, eintauchen in diese Stille, die so ungewohnt ist für mein Ohr.

»Also, ich würde auf jeden Fall Katjas Haus nehmen, in die Häuser auf der Ockenswarft käme meine Familie; Moment, die ganze geliebte Familie lieber mit etwas Abstand auf die Hanswarft, meine Freunde kommen in die Häuser hier neben mir, Domo braucht auf jeden Fall den Leuchtturm, der steht zwar auf Pellworm, aber das ist für Domo genau richtig ...«

»Pssst«, sage ich beschwichtigend zu meinen Gedanken, »einmal Stille bitte. So eine Stille gibt es nämlich nur noch sehr selten in der Welt. Und heute gibt es sie hier, auf diesem kleinen Fleckchen Erde, das aus dem unendlichen Meer herausragt und lauscht.« Und endlich wird es um mich herum und in mir – vollkommen still.

Hedwig Lachmann

Am Abend

Weißt du denn – wenn auf Baum und Strauch
Das Astwerk zittert und sich sträubt,
Und wenn der leicht gewellte Rauch
An einer Wetterwand zerstäubt –

Ein scheuer Vogel ohne Laut
An dir vorbei die Flügel schlägt,
Und Wolke sich an Wolke baut –
Wohin dein wilder Wunsch dich trägt?

Weißt du denn, wenn nun alle Welt
Sich eng an Hof und Heimstatt schmiegt,
Und deine Sehnsucht dich befällt, –
Wo deine eigne Heimat liegt?

Die zweite Abreise oder: Rauf auf die Bühne

Hamburg – Soltau – Hannover – Barsinghausen – Minden

Die zweite Abreise am 13. Mai 2015 verläuft unspektakulär. Ich fahre einfach morgens los Richtung Soltau. Die Premiere des Bühnenprogramms »Bin ich Deutschland?« im Hamburger Literaturhaus war aufregend genug – erst sah es wochenlang so aus, als käme gar kein Publikum, und am Abend war es dann doch noch ausverkauft. Das neue Fahrrad wurde mir am Abend der Premiere überreicht, als Sondermodell gefertigt und gerade noch rechtzeitig geliefert. Genauso wie mein nagelneuer Bühnendress, ein Bike-Tweed-Outfit vom Berliner Designer Oliver Sinz, der eine leichte Reisevariante für mich entworfen hat, die auch in den Koffer passt. Ich war also komplett ausgestattet, als ich die Bühne betrat, und habe mit Fotos, Gedichten und Gedanken vom ersten Teil der Reise berichtet.

Der Schritt ins Rampenlicht fiel mir nicht leicht, aber er hat sich gelohnt: Im prachtvollen Saal an der Alster saßen dicht an dicht Blogleser, Gastgeber und Reisegefährten der ersten Stunde, enge Freunde und Familienmitglieder, die alle spürten, was mir dieser Abend bedeutet. Ich war wahnsinnig aufgeregt, vor allem, da ich nicht nur leichte Themen anschneiden würde: den übersteigerten Perfektionismus auf allen Seiten, die verlorene

Identifikation mit unserer Kultur – und den Tod meiner Mutter. Und ich hatte keine Ahnung, wie meine Familie darauf reagieren würde. Als ich endlich auf der Bühne stand, sah ich in die erwartungsvollen Gesichter, und mir fiel ein Stein vom Herzen: nur Freunde. An diesem Abend waren nur Freunde da und alle meinten es gut mit mir. Also begann ich zu erzählen …

Zwei Tage später sitze ich jetzt im Sattel und bin heilfroh, wieder unterwegs zu sein. In Soltau übernachte ich in einem Seniorenheim. Obwohl ich es zeitlich nicht schaffe, am Ankunftstag aufzutreten, hat man mir ein Bett angeboten. Ich frage die Heimleitung, ob ich nicht doch morgens noch etwas darbieten soll, zum Beispiel nach dem Frühstück. Ich habe sonst das Gefühl, als anonymer Bettnutzer so gar keine Gegenleistung erbracht zu haben, und möchte mich irgendwie bedanken.

Am nächsten Morgen verfluche ich mich für meine Unfähigkeit, einfach mal diese Großzügigkeit anzunehmen: Ich stehe in der Mitte des Frühstücksraums und rezitiere »Ich wollt', ich wär des Sturmes Weib« von Anna Ritter aus voller Kehle, aber es nutzt überhaupt nichts. Mein Publikum plaudert munter weiter, überall klappert Geschirr, die Pflegerin gibt die Medikamente aus, manch ein irritierter Blick aus kleinen Augen trifft mich, ruht kurz auf mir und wandert dann weiter. Ich will das nicht wahrhaben und denke, dann probiere ich es mal mit einem Gedicht, das die Damen und Herren älteren Semesters vielleicht noch kennen, also zum Beispiel Heinrich Heine. Und gebe alles mit einem Auszug aus »Deutschland. Ein Wintermärchen«. Theatralisch deklamiere ich: »Im traurigen Monat November war's«, reiße die Arme nach oben, versuche, den ganzen großen Frühstücksraum zu erreichen, notfalls eben mit jeder Menge Pathos – und siehe da, es klappt, ich bekomme etwas mehr Aufmerksamkeit. Nur anders als erhofft: Kleine

Pfeile treffen mich aus ärgerlich zusammengekniffenen Augen, die Stimmen werden lauter, alle versuchen, mich zu übertönen – unmissverständlich wird mir klargemacht, dass meine Darbietung stört und meine Zeit hier wohl um ist. Als ich aus dem Raum fliehe, klatscht eine weißhaarige Dame leise in die Hände und lächelt mir verträumt zu. Dann schließen sich die automatischen Türen hinter mir, ich stehe auf der Straße und schnappe nach Luft. »Das war der Tiefpunkt, schlimmer kann es nicht kommen«, denke ich. Aber natürlich sollte ich damit nicht recht behalten.

Drei Tage später stehe ich geschminkt, im Kostüm und mit meinem gelben Koffer zwischen zwei Türen. Eine ist soeben hinter mir ins Schloss gefallen, die vor mir ist ebenfalls nicht zu öffnen. Es ist kurz nach acht, vor fünf Minuten hätte ich die Bühne des kleinen »Theaters am Weingarten« in Minden betreten sollen. Es ist die erste Aufführung meines Bühnenprogramms nach der Premiere im Literaturhaus, und den ganzen Tag über war schon jede Menge schiefgegangen: Der Beamer machte Zicken, die Musik ließ sich nicht abspielen.

Meine Gastgeberin Jaqueline hatte daraufhin ihr Baby bei der Oma geparkt, die heimische Anlage aus dem Regal gerissen und war damit ins Theater gerast, aber das richtige Kabel fehlte, und um kurz vor acht stand fest: Wir können die Musik nur vom Laptop abspielen, sie wird also kaum zu hören sein. Trotzdem nahm meine tapfere Gastgeberin den Laptop auf den Schoß und die dazugehörigen Stichwörter in die Hand und machte provisorisch »die Technik«. Ich holte tief Luft und dachte: »Jetzt musst du das Chaos vergessen und alles geben.« Und ging fest entschlossen von der Garderobe den langen verwinkelten Gang Richtung Bühne. Dachte ich zumindest. Aber dann gehe ich durch eine Tür, die hinter mir zufällt. Und die vor mir ist abgeschlossen. Ich drehe mich um, will zurück: Fehlanzeige. Das ist wohl so eine Feuertür, die nur in eine Richtung aufgeht. Ich taste nach dem Handy: Das liegt in der Garderobe, was soll ich damit auch auf der Bühne. Also bin ich tatsächlich gefangen zwischen zwei geschlossenen Türen irgendwo im Labyrinth dieses kleinen Theaters – ich sollte längst auf der Bühne sein, aber ich habe keine Ahnung, wann man mich hier finden wird. Ich lache. Das ist ja wie in einer schlechten Komödie. Dann verzweifle ich. Dann suche ich einen Ausgang. Und tatsächlich: Eine kleine Tür geht nach links ab, der »Notausgang«. Ich renne eine Art Feuertreppe hinunter und komme auf der Straße an, allerdings auf einer Straße, die ich vorher noch nie gesehen habe.

Wo ist das Theater? Panisch beginne ich zu rennen, um eine Ecke, um die zweite Ecke, kein Theater weit und breit. Eine Kellnerin steht rauchend vor dem Italiener. »Wo ist das Theater?«, rufe ich ihr im Vorbeilaufen zu. Sie schaut irritiert auf mein Tweed-Kostüm, meinen gelben Koffer. »Das Theater, bitte, wo ist es, schnell!«

»Links und wieder links« – und tatsächlich, da ist der Haupteingang, endlich! Ich stürze die Treppe hoch.

Am Einlass stehen die Veranstalterin und meine Gastgeberin mit besorgten Gesichtern. »Da bist du ja«, rufen sie erleichtert.

»Ja, da bin ich!«, schnaufe ich und kann es selbst kaum glauben. Und atme dreimal tief durch, bevor ich die Bühne betrete. Diesmal aber wirklich.

Dass dieses Erlebnis nur der Auftakt einer Reihe von kleinen und großen Katastrophen ist, das wird mir nach ein paar Wochen klar. Auftreten ist eigentlich nichts anderes als Katastrophenmanagement. Nicht die zwei Stunden auf der Bühne sind die eigentliche Leistung, die wahren Dramen spielen sich im Vorfeld ab.

Vielleicht ist es anders, wenn man die großen Bühnen bespielt, aber in der halb-professionellen Kleinkunst- und Theaterszene kann einfach alles vorkommen: keine Bühne, keine Verdunklung, kein Beamer, kein Licht, keine Technik, erst recht kein Techniker, der das alles bedienen kann. Obwohl ich Flyer, Plakate, Verträge und Technikanforderungen vorher rausschicke, zusätzlich zur Presseerklärung und Programmbeschreibung, heißt das nicht unbedingt, dass das auch irgendjemand liest. Ich gebe zu, die Schwierigkeiten hängen sicher auch mit der Komplexität meines Bühnenprogramms zusammen – da werden Hunderte von Fotos gezeigt, da wird Musik eingespielt, da muss Licht und Ton gefahren werden, obwohl eigentlich keiner genau weiß, was ich auf der Bühne machen werde. Kein Wunder, dass dort häufig nur ein Lesesessel steht oder ein Rednerpult und ein Glas Wasser. Um das zu verhindern, habe ich als Untertitel »literarisches Kabarett« gewählt, was den Veranstaltern und Zuschauern immerhin irgendeine Vorstellung gibt und auch etwas die Angst nimmt – denn die Begriffe »Rezitation« oder »Gedichte« verbreiten meist eher Furcht als Vorfreude. Das führt dann aber leider wieder dazu, dass manchmal jemand im Publikum enttäuscht ist, weil er sich unter Kabarett etwas anderes vorgestellt hat. Es ist also auf jeder Ebene kompliziert.

Trotzdem kommen immer genug Zuschauer, sodass keine Veranstaltung ausfallen muss. Wobei »genug« natürlich ein dehnbarer Begriff ist. Einmal waren es tatsächlich nur sieben Menschen in einem Saal für hundert Leute, das ist eigentlich in keiner Hinsicht genug. Aber es waren Freunde von mir dabei, die sich sehr darauf gefreut hatten – also habe ich das große Programm durchgezogen. Der Veranstalter, ein Theatermensch durch und durch, sagte hinterher zu mir: »Was du da machst, ist ungewöhnlich, aber wirklich gut. Es ist wie beim Radfahren, du musst einfach immer weitermachen.« Daran klammere ich mich von nun an, wann immer jemand in meine Garderobe kommt und sagt: »Na ja, voll wird es nicht, heute ist aber auch Kirmes (wahlweise Feuerwehrfest, Fußball oder über 26 Grad Außentemperatur).«

Es gibt aber auch die anderen Tage, an denen alles mitspielt: Der Vorverkauf ist vielversprechend, das Wetter eher nicht, und so höre ich bis in meine Garderobe vorfreudiges Stimmengewirr und Gläserklirren. Und wenn dann noch ein aufgeregter Veranstalter umherläuft und zusätzliche Stühle aufstellt, dann weiß ich: Heute wird gerockt! Und alle Katastrophen sind vergessen …

Dass ich das große Bühnenprogramm nun zusätzlich auf dieser Reise dabeihabe, ist ein Gewinn in vielerlei Hinsicht: Ich habe dafür die Reiseerlebnisse der ersten Monate analysiert, bin in die schwer greifbaren Themen »Heimat« und »Identität« eingetaucht und habe meinen ganz persönlichen Zugang dazu gefunden. Und ich verdiene Geld – wenn auch immer noch nicht genug, um die Ausgaben zu decken.

Aber das öffentliche Auftreten ist auch eine zusätzliche Belastung, die ebenfalls bewältigt werden will – schließlich fahre ich immer noch hauptsächlich Rad, bin immer noch bei Gastgebern untergebracht und trete in Wohnzimmern auf, schreibe nebenher Blog und organisiere die Route. Die öffentlichen Auftritte nehmen viel zusätzlichen Raum ein. Das verändert den Charakter der Reise, denn für einen großen Auftritt am Abend muss ich drei Tage einplanen: Anreise, am nächsten Tag Bühnenaufbau und Durchlauf, am Abend Auftritt und am nächsten Tag irgendwo unterkommen, denn danach kann ich nicht mehr. Nicht mehr reden und erst recht nicht mehr Rad fahren. Meine Stimme und meine Beine versagen mir den Dienst. Wortwörtlich – manchmal bin ich so heiser, dass ich kein Wort herausbekomme, manchmal setze ich mich auf das Rad und komme keinen Meter vom Fleck.

Viel zu spät begreife ich, dass ich das alles nicht leisten kann ohne Pausen, und baue die Route komplett um – mal wieder. Von nun an bleibe ich nach einem großen Auftritt einen Tag länger oder checke in der nächstgelegenen Jugendherberge ein, um mich wieder so weit zu erholen, dass ich die anschließende Etappe bewältigen kann.

Aber es gibt etwas, wofür sich der ganze Umstand lohnt, etwas, womit ich nicht gerechnet habe. Es passiert das erste Mal in Minden und danach immer wieder, sobald ich auf eine Bühne klettere: Ich sehe die schwarzen Vorhänge, die hundert rot gepolsterten Sitzplätze davor, den Strahler, der die freie Fläche beleuchtet. Ich spüre eine zwingende Anziehung, und schon stehe ich oben. Es fühlt sich ganz selbstverständlich an, ganz natürlich. So viele Jahre trete ich nun schon in unterschiedlichen Situationen auf, als Kellnerin, die am Tisch Theater macht, als trauernde Witwe im Hafen, als Seemannsgarn spinnende Matrosin auf Segelschiffen – ich hatte viel Spaß dabei, aber so angefühlt wie hier hat es sich noch nie. Der Gedanke trifft mich wie ein Windstoß: zu Hause. Hier auf dieser kleinen Bühne, wo die Diele knarrt, der Stuhl wackelt und der Vorhang atmet – hier bin ich zu Hause.

Annette von Droste-Hülshoff

Poesie

Frägst du mich im Räthselspiele,
Wer die zarte lichte Fey,
Die sich drei Kleinoden gleiche
Und ein Stral doch selber sey?
Ob ichs rathe? ob ich fehle?
Liebchen, pfiffig war ich nie,
Doch in meiner tiefsten Seele
Hallt es: das ist Poesie!

Jener Stral der, Licht und Flamme,
Keiner Farbe zugethan,
Und doch, über Alles gleitend
Tausend Farben zündet an,
Jedes Recht und Keines Eigen. –
Die Kleinode nenn' ich dir:
Den Türkis, den Amethisten,
Und der Perle edle Zier.

Und du lächelst meiner Lösung,
Flüsterst wie ein Widerhall:
Poesie gleicht dem Pokale
Aus venedischem Kristall!
Gift hinein – und schwirrend singt er
Schwanenliedes Melodie,
Dann in tausend Trümmer klirrend,
Und hin ist die Poesie!

(gekürzt)

Herford oder: Ein Hilferuf

Ich bin in Herford. Ein Unterstützer frühester Stunde ist hier zu Hause, bei der Crowdfunding-Kampagne im Vorfeld des Projektes hat er ein »Liebesgedicht an der Haustür« erworben; nun fragt er an, ob ich stattdessen auch einen Auftritt machen würde. Na klar, geht alles. Während ich eine große Schleife fahre, um Herford in der Route unterzubringen, freue ich mich richtig auf meinen nächsten Gastgeber. Das könnte lustig werden. Er ist nämlich Clown. Er heißt Andreas Bentrup und betreibt das »Augenblick Theater«.

Ich sehe mich auf einer kleinen Bühne mit schweren roten Samtvorhängen, die Zuschauerreihen sind voll von bunt gekleideten, gut gelaunten Menschen, die alle gerne und viel lachen. Nach dem Auftritt tauschen wir uns über Pleiten, Pech und Pannen auf der Bühne aus, trinken unvernünftig viel Wein und diskutieren über die Zukunft unseres Landes. Kurz: Ich bin froh, mal wieder einen Abend mit Gleichaltrigen zu verbringen, mit Menschen, die in einer ähnlichen Lebensphase stehen und damit vor ähnlichen Herausforderungen wie ich. Denn gerade ihre Meinung interessiert mich brennend, sind wir es doch, die das ganze Ding namens Zukunft gemeinsam schaukeln müssen.

Gut gelaunt halte ich in Herford Einzug und treffe meinen Gastgeber Andreas. Ich bin nicht bei ihm untergebracht, seine

Wohnung ist zu klein, und daher habe ich mir ein nettes Appartement etwas außerhalb gemietet, und Andreas übernimmt die Hälfte der Kosten. Für mich ist das vollkommen in Ordnung, so habe ich ein bisschen Zeit für mich und plane einen Saunatag ein. Nur dass wir jetzt weniger Zeit haben werden, miteinander zu reden und uns kennenzulernen, finde ich etwas bedauerlich. Aber es gibt ja noch den Auftritt. Als Allererstes will ich die Bühne sehen, und wir fahren mit dem Rad zusammen hin.

Am Eingang steht »Seniorenheim«. »Hier ist die Bühne?«, frage ich verwundert. »Na ja, es ist eher ein Gemeinschaftsraum, den wir regelmäßig für Proben und Aufführungen nutzen.« Das sehe ich und schlucke. Keine roten Samtvorhänge, natürlich nicht. Aber was habe ich mir auch gedacht? Schließlich arbeiten die Clowns auch mit Senioren zusammen, für sie ist das ein ideales Arbeitsumfeld. Für meinen Auftritt ist ja allein das Publikum entscheidend.

»Wer kommt denn so?«, frage ich optimistisch.

»Mal sehen, wer aus dem Haus Lust dazu hat, wir laden einfach alle nach dem Abendessen ein, ein paar kommen sicher.«

Ich starre meinen Gastgeber an: »Aus dem Haus? Hier, aus dem Seniorenheim?«, krächze ich.

»Klar, warum denn nicht?«, antwortet Andreas. »Einige leiden zwar an Demenz, aber auch die haben sicher Freude an Gedichten.«

Ich ringe um Fassung. Keine roten Samtvorhänge, okay. Keine Party hinterher, auch okay. Aber keine Menschen in meinem Alter? Keine Freunde, Kollegen, Clowns? Ich merke, dass ich mich zusammenreißen muss, um nicht in wütendes Geheul auszubrechen und mit Füßen und Fäusten den grünen Linoleumboden zu traktieren. Andreas schaut mich besorgt an: » Was ist denn los? Vor älteren Menschen aufzutreten kann sehr schön sein und auch berührend. Gib ihnen eine Chance!« Er meint es gut, versteht aber nicht ansatzweise meine Not. Er kann nicht wissen, dass es mir nicht um die älteren Menschen geht. Denen habe ich längst massenweise Chancen gegeben und – ja, viele haben sie genutzt, andere nicht. Mir geht es um die, denen ich bald keine Chance mehr geben will. Meinen Weggefährten, Leidensgenossen, Mitstreitern. Meiner Generation!

Ich bin fünfunddreißig und jetzt erwachsen. Ich stehe voll im Leben (na ja, wenn man mal davon absieht, dass ich kein geregeltes Einkommen habe, im Moment eher gar kein Einkommen und auch nicht wirklich ein Auskommen), ich bin selbstständig und arbeite selbst und ständig (ab 11.30 Uhr), ich bin Chefin (aber eher eine von der Sorte »Hey, wenn das gut für dich ist, so wenig zu arbeiten und so viel zu verdienen, dann machen wir das natürlich so«), ich schaue ständig auf mein Smartphone und hasse mich dafür (außer, ich habe gerade mein zwölftes Paar Hammer-Stiefel ersteigert, ein unglaubliches Schnäppchen plus Versand), ich habe einen Plan für die Zukunft (zumindest wenn ich gerade vom Coaching komme), ich achte auf meine Gesundheit (auf zwei Wochen Low-Carb folgen vier Wochen Berge von Käsebroten und Weingummis) und ich weiß, wo ich hinwill (sofern ich nicht mal wieder links und rechts verwechsle). Also, ich habe alles im Griff.

Darüber würde ich gerne mal reden. Mit Menschen in meinem Alter. In lockerer Atmosphäre.

Zeit zu reden habe ich selbst in meinem normalen Hamburger Alltag eher wenig. Auf Partys gehe ich auch nicht mehr, zum einen weil ich nicht mehr oft dazu eingeladen werde (mein Freundeskreis ist mit der zunehmenden Berufstätigkeit ganz schön geschrumpft), zum anderen, weil auch nicht oft Partys stattfinden. Kaum einer hat mehr Lust auf eine versiffte Wohnung, und wer feiern will, geht eben in einen Club. Als diese ganze Reise noch eine reine Vorstellung in meinem Kopf war, da malte ich mir aus, dass ich oft am Wasser sitzen würde, ein Bier in der Hand, mit Altersgenossen über Sinn und Unsinn dieses Hamsterrades »Alltag« diskutierend. Weit gefehlt. Das ist in dieser ganzen Zeit kein einziges Mal vorgekommen.

Denn dafür müssten mich meine Altersgenossen einladen. Das tun sie auch, allerdings eher selten. Wenn ich ein paar Wochen vorher mit einem konkreten Datum anfrage, dann haben sie vielleicht gerade an dem Wochenende keine Zeit. Und falls sie Zeit haben, höre ich durchaus nicht selten: »Du kannst gerne hier pennen, aber einen Auftritt, hey, das schaff ich im Moment einfach nicht.« Oder: »Ich fände es einfach toll, wenn du den Kindern was zum Einschlafen vorliest, da können die ja noch richtig was lernen.« Oder: »Das passt großartig, meine Oma feiert an dem Wochenende achtzigsten Geburtstag, dann packen wir dich einfach ins Auto und du trittst da auf.« Oder: »Ich hab dich schon mal bei dem Kindergarten/ Kindergeburtstag angemeldet, dann haben alle Kinder was davon, wenn du die Gedichte in der Gruppe vorliest.« Oder: »Zugegeben, wir wollten sowieso eine Hauseinweihung machen und das passte einfach ganz gut. Deshalb wollte sich jetzt keiner unterhalten, die waren alle gespannt auf die Baufortschritte hier.« Oder: »Komm doch am 22. Juli nach Pellworm, da heiraten Freunde von uns und wir schenken denen dann ein paar Liebesgedichte von dir. Kost und Logis ist natürlich drin.«

Meine Generation hat offenbar keine Zeit mehr, die Internetseite so weit zu lesen, dass sie wissen, was ich da mit Rad und Koffer mache oder warum. Dass ich ein Thema habe, Fragen, die ich im Gepäck mit mir herumtrage. Und dass ich sehr gerne auftrete, aber nicht im Kindergarten oder bei Omas Geburtstag. Weil es darum einfach nicht geht.

Ich bin ratlos. Warum verstehen sie mich nicht, gerade diejenigen, die mich doch am allerbesten verstehen sollten? Schließlich sind wir in derselben Zeit aufgewachsen, haben zur selben Musik verlegen zu tanzen versucht, erinnern uns noch ungläubig an die Zeit ohne Internet. Wir lachen über die gleichen Witze und haben ähnliche Probleme. Eines davon ist eindeutig zu wenig Zeit. Wer keine Kinder hat, verausgabt sich im Beruf, wer eine eigene Familie hat, ist sowieso in seinem privaten Kosmos, je jünger die Kinder, umso weiter entfernt der Kosmos. Dazu kommen Freunde, die restliche Familie, Hobbys, Selbstverwirklichung und Sport. Wir wollen erfolgreich sein, authentisch, kreativ, fit, witzig, locker, professionell, gesund, sozial eingebunden, selbstständig, hip, jung, selbstbewusst, gute Eltern, gute Angestellte, gute Chefs. Und dann noch glücklich dabei. Ich kenne keinen, dem das dauerhaft gelingt. Aber wir versuchen es weiter mit den bekannten Methoden, da uns keine Alternativen einfallen. Und gehen zum Yoga, um einmal Ruhe zu haben vor den dauernden Gedanken und Handlungsaufforderungen. Und den unerfüllbaren Ansprüchen an uns selbst.

Bei mir führt diese permanente Überlastung zu einem geradezu krankhaften Reflex: Wenn mir alles zu viel wird (und in unruhigen Zeiten kann das mehrmals am Tag passieren), gehe ich ins Bad, setze mich auf den geschlossenen Toilettendeckel und begutachte Schuhe auf Ebay. Oder Mäntel. Stundenlang scrolle ich mit dem Daumen alte ausgeleierte Klamotten entlang, setze hin und wieder etwas auf meine Beobachtungsliste und schaue es nie wieder an. Es ist ein Tick, wie in seine Haare beißen, um die Welt nicht mit Schimpfworten zu bedecken. Nicht, dass ich das schon mal gemacht hätte – in meine Haare beißen. Statt apathisch auf das Handy zu starren, müsste ich nur für einen Moment die Augen schließen und meinen Kiefer entspannen, um es kurz still werden zu lassen in meinem Kopf. Aber das kann ich nicht – ich fürchte, dass ich dann nie mehr runterkomme vom Klo. Nie wieder. Das sinnentleerte Scrollen soll mich im Arbeitsmodus halten, Stand-by sozusagen, damit ich nicht komplett runterfahre. Denn dann könnte mir mein Betriebssystem einfach den Dienst versagen. Das tut es auch regelmäßig, auf seine Art: Ich habe »Rücken«. Und neuerdings bekomme ich manchmal »Stimme«, dann versagt mein sonst so unerschütterliches Organ mir plötzlich den Dienst. Oder »Ohr«, dann piept in meinem Ohr ein minutenlanger Warnton. Das Betriebssystem hat so seine Möglichkeiten.

Das alles liegt an mir und auch wieder nicht. Ich mute mir zu viel zu. Aber das ist so weit normal. Die Zeitung *Die Welt* hat gleich die ganze Generation der heute Dreißig- bis Fünfzigjährigen als »Generation Zuviel« beschrieben. Laut einer Studie fühlen sich 65 Prozent der Eltern überlastet – ich möchte wetten, dass es bei den Kinderlosen auch nicht viel besser aussieht. Der »Alltag«, eigentlich ein Wort, das Monotonie, Regelmäßigkeit und sogar Langeweile suggeriert – schließlich möchte keiner »alltäglich« sein –, fühlt sich für mich auch ohne deutschlandweite Radreise wie ein Überlebensparcours an.

Ich weiß nie, was morgen passiert. Ich muss ständig Entscheidungen treffen, ohne zu wissen, was diese für Konsequenzen mit sich bringen. Nichts ist mehr berechenbar, weder im Privaten (Hält meine Beziehung? Bekommt mein Kind, was es braucht? Sind meine Eltern gesund?), noch im Beruflichen

(Wird mein Vertrag verlängert? Hat meine Branche eine Zukunft? Werde ich in eine andere Stadt versetzt?). Wir müssen uns ständig an neue Gegebenheiten anpassen, uns weiterentwickeln, mitziehen. Wir brauchen Hilfestellungen, um uns zu entspannen, abzuschalten, uns zu spüren. Dafür machen wir Sport, Wellness, Yoga, Meditation, Heilfasten, veranstalten Sauftouren oder nächtelange Serienmarathons, was immer uns hilft.

Als ob das noch nicht genug Herausforderungen wären, bietet die äußere Welt keine Sicherheiten mehr, im Gegenteil, wir können zusehen, wie die Sicherheiten täglich dahinschmelzen: Staatliche Rente haben wir innerlich schon abgeschrieben, die Schulden der Banken klaglos auf unsere Schultern genommen. Weltweite politische Unruhen bringen Europa ins Wanken, Deutschland verändert sich mit jedem Tag, die Flüchtlingsströme reißen nicht ab, Rechtstendenzen nehmen in der ganzen Welt zu.

Darüber hinaus gibt es immer wieder Nachrichten, die ich am liebsten sofort verdrängen würde, wegwischen, weiterscrollen, nicht sehen, lesen, darüber nachdenken: Die Ressourcen werden knapper, auch so elementare wie Wasser und Boden. Dafür nehmen Erdbeben, Stürme, Überschwemmungen und Sonneneruptionen zu. Wir wissen nicht, was auf uns zukommt, wir ahnen es aber. Laut einer Gewerkschaftsumfrage denken 85 Prozent der Deutschen, künftigen Generationen werde es schlechter gehen als den heutigen. Dabei wollen wir doch genau wie unsere Eltern, dass es unsere Kinder einmal besser haben. Nur was wir damit genau meinen, sollten wir diskutieren: Heißt »besser« dann nicht vielleicht, dass unsere Kinder weniger Stress und mehr Zeit haben sollten? Auch wenn das bedeutet, dass sie eventuell auf heutigen Komfort und Wohlstand verzichten müssen? Sollten wir die Digitalisierung nicht wieder etwas »zurückbauen«, da sie uns doch offensichtlich mehr Zeit raubt als schenkt? Kann man solch umfassende Entwicklungen überhaupt rückgängig machen? Ich denke, man kann alles. Wir können alles. Aber wir müssen wissen, was wir wollen. Und wenn ich »wir« sage, meine ich in diesem Falle die »Generation Zuviel«. Die Menschen, die eigentlich die Zügel in der Hand haben sollten, die eine Richtung vorgeben, in die unsere Welt sich bewegen sollte. Denn es geht ja um unsere Zukunft und die unserer Kinder; wir müssen entscheiden, wie wir leben wollen.

Darüber will ich reden mit meinen Altersgenossen. Aber sie laden mich nicht ein.

Manchmal kommen sie zu Auftritten, und dann frage ich sie hinterher: »Was meint ihr, warum reden wir nie darüber, was um uns herum passiert? Und wie wir Einfluss nehmen können, was wir überhaupt wollen?«

Es werden gute Gespräche, die daraus entstehen, ich habe den Eindruck, wir sind eigentlich erleichtert, wenn wir unsere Probleme endlich ansprechen können. Weil das immer noch besser ist, als den unmöglichen Versuch zu unternehmen, die Unsicherheiten auszublenden.

Ich bin mir bewusst, dass es nicht nur am Zeitmangel liegt, wenn ich selten von Menschen in der Lebensmitte eingeladen werde. Das Medium »Gedichte« spielt auch eine große Rolle. Meine Altersgenossen fühlen sich davon nicht angesprochen, Gedichte sind anscheinend nicht für sie da, sondern für die Älteren oder die Kinder. Wir trauen Gedichten wenig zu: in erster Linie wohl geringen Unterhaltungswert, aber auch wenig Erkenntnis. Und ich kann es ja nachvollziehen. Im ungünstigsten Fall hatten die meisten das letzte Mal in der Oberstufe Kontakt mit Poesie, bei der unbeliebten und peinlichen Gedichtanalyse, in der das Werk durch die systematische Zerstückelung und vorgeschriebene Deutung nur verlieren kann. Gedichte haben Kraft, aber die erlebt man am ehesten beim Sprechen. Und das wird in uns nicht verankert. Opa kann vielleicht noch »Die Glocke« und die Kinder lernen den »Erlkönig«, aber wir?

Dann noch das Thema »Deutschland«, das ich im Gepäck habe. Mit Deutschland wollen viele von uns nichts zu tun haben. Das hat einen faden Beigeschmack, es klingt nach Heimattümelei, Rückwärtsgewandtheit und Schwarz-Rot-Gold. Zum Fußball mag das ja okay sein, ansonsten lässt man aber lieber die Finger davon. Im Laufe der letzten Monate hat sich durch die zentrale Rolle, die Deutschland als erklärtes Ziel Hunderttausender heimatloser Menschen spielt, etwas gedreht. Vielleicht bringen die Flüchtlinge ja ein Geschenk an uns und unsere Gesellschaft mit: Wir kommen nicht mehr darum herum, miteinander zu reden.

Auf einmal müssen wir uns positionieren, müssen selbst herausfinden, was wir in unserem Land sehen. Plötzlich sind die Feuilletons der Zeitungen voll von Zitaten deutscher »Dichter und Denker«, als wollten wir uns ihrer versichern. Antworten können Goethe und Schiller uns nicht mehr geben. Aber sie können uns daran erinnern, wie groß und grenzenlos die Gedanken waren, die uns den Ruf der Kulturnation eingebracht haben: »Zur Nation euch zu bilden, ihr hofft es, Deutsche, vergebens. Bildet, ihr könnt es, dafür zu freieren Menschen euch aus«, sagte Schiller vor über zweihundert Jahren. Als hätte er damals schon gewusst, dass wir uns auch Jahrhunderte später mit dem Gemeinschaftsgefühl schwertun würden. Und trotzdem ein gemeinsames Ziel brauchen.

Mit jedem Tag, der neue beängstigende Nachrichten durch

unsere piependen Smartphones an den Küchentisch schleust, brauchen wir das dringender: ein gemeinsames Ziel. Diese Bedrohungen von außen, die wir unterbewusst immer bei uns tragen, erschweren es, an ein »Happy End« als Lebensgarantie zu glauben. Und sie schwächen uns in allem, was wir tun. Trotzdem sitzen wir am Steuerrad dieses großen trudelnden Kreuzfahrtschiffes und müssen eine Richtung einschlagen. Ich bin mir sicher, wir können das. Wir können es, weil wir es müssen, wenn wir unseren Kindern nicht ein sinkendes Schiff überlassen wollen. Und ich bin mir sicher, dass wir alles haben, was wir dafür brauchen: Wir sind gut ausgebildet, selbstbewusst, rational, einfühlsam, kreativ, kommunikativ, klug, erfindungsreich, vernetzt, stark und damit seefest. Keiner von uns will sinken, daher haben wir ein gemeinsames Ziel, und es sollte doch möglich sein, uns zumindest uns auf einen Kurs zu einigen.

Arbeitshypothese Nummer sieben: *Wir haben die allerbesten Voraussetzungen, die Welt zu ändern.*

Darüber möchte ich mich also auch mit gleichaltrigen oder jüngeren Menschen austauschen. Ein paar Wochen später in Freiburg sage ich daher einer Studenten-WG zu, bei ihnen in der Küche aufzutreten und im Zimmer eines Zweiundzwanzigjährigen zu übernachten, der dafür zu seiner Freundin zieht. Als ich einen Blick in das Bad werfe, von sechs Studenten genutzt, würde ich am liebsten auf dem Absatz umdrehen. »Aus dem Alter bin ich raus«, denke ich, als ich die kleine WG-Küche betrete.

»Wer kommt denn so?«, frage ich meinen smarten Gastgeber. Er zuckt die Schultern. »Mal sehen, ich habe es auf Facebook gepostet.« Na bravo, denke ich, ich bin gespannt, ob überhaupt jemand auftaucht. Aber ich halte für den Auftritt durch und unterdrücke meinen Fluchtinstinkt mit einem halben Liter Bier, das ich in einem Zug austrinke. Erstaunlicherweise wird die Küche doch noch voll, und nach einer großen Portion Tortellini starte ich mit dem Programm – nur ganz leicht lallend. Auch wenn die Studenten immer mal wieder auf ihre Smartphones linsen, sind sie doch aufmerksame Zuhörer und ernsthaft interessiert an meiner Reise. Und auch sie machen sich Sorgen um den Zustand unserer Welt.

Wir wachsen zusammen im Laufe des Abends, und ich schäme mich etwas, dass ich mich zeitweise in ein gutbürgerliches Gästeloft gesehnt habe. »Trau keinem über 30!«, der Slogan der 68er-Bewegung bringt ganz gut zum Ausdruck, wie viel schwerer es mit den Jahren wird, gewohnten Komfort loszulassen. Die jungen Studenten wirken auf mich reflektiert und verantwortungsvoll, und obwohl sie nicht verdrängen, scheinen sie weniger Angst vor der Zukunft zu haben als ich. Es mag ein Naturgesetz sein, dass große Veränderungen von den Jüngeren eingeleitet werden – sie haben weniger zu verlieren und mehr Vertrauen. Trotzdem erinnere ich mich auch noch gut daran, wie viele Eindrücke mit Anfang zwanzig auf mich einstürmten – und ich glaube, die Lebenserfahrung meiner Generation könnte nützlich sein.

Gegen Mitternacht möchte die Truppe noch um die Häuser ziehen, ob ich nicht mitkommen wolle? Entsetzt lehne ich ab. Als die Tür ins Schloss fällt, bin ich heilfroh, nicht mehr jung sein zu müssen. Ich klappe den Laptop auf und schaue die halbe Nacht amerikanische Arztserien, so lange, bis mir die Augen zufallen und ich die dreckigen Socken in der Ecke nicht mehr sehe.

Ich bin nicht mehr jung und schon gar nicht frei von Ansprüchen. Ich will es schön haben, gemütlich und sicher. Diese

Welt entwickelt sich rasant weiter, die Generation nach mir kommuniziert schon anders als ich. Wenn ich etwas Grundlegendes verändern will in der Welt, dann muss ich mich beeilen. Bevor ich krampfhaft festhalte an einmal Erreichtem. Diese Reise lehrt mich, zu nehmen, was kommt. Aber es fällt mir viel schwerer, als ich gedacht hätte.

Das spüre ich auch, als in Herford die Rollstühle in den Raum geschoben werden. Ich habe mich entschieden, einen Bildervortrag zu halten, und Andreas hat noch zwei Freunde akquiriert, sodass wir nun eine familiäre Atmosphäre haben. Als ich anfange zu erzählen, ist alle Wut vergessen und ich tauche ein in die Gedichte und Bilder. Zwei Menschen fallen die Augen zu, aber es macht mir nichts aus. Eine Freundin meiner Eltern hat sich überraschend noch in den Raum geschlichen, da bin ich schon wieder mit der Welt versöhnt. Auf mein Publikum lasse ich nichts kommen, unabhängig davon, wie betagt es ist. Mein Publikum hört mir zu, und ich bin dankbar für jedes offene Ohr, für jedes Lächeln, das mir auf dieser Reise begegnet!

Trotzdem, liebe Altersgenossen: Wir sollten reden. Wir haben keine Zeit zu verlieren. Je älter wir werden, umso schwerer wird es uns fallen, das Schiff zu übernehmen. Das weiß ich aus eigener Erfahrung. Ich traue mich heute nur noch halb so hoch in den Großmast eines Windjammers wie mit einundzwanzig. Obwohl ich von dort oben eine ganz andere Perspektive habe, viel weiter sehen kann. Viel weiter in die Zukunft …

HENDRIK ROST

Notiz an das Neugeborene

Verzeih, wenn du kommst, wie es
hier aussieht, leblose Information
fliegt überall rum: Klimawandel,

Endlager, Menschenjagden ... Alles
stapelt sich, Massakernachrichten,
Tsunamis brechen durchs Wohnzimmer,

Tumulte in Massen. Wir wissen genau,
was uns einst stürzen lassen wird.
Sei dabei. Es geht vorüber. Verzeih.

Im Westen oder: Überall ist Wunderland

Osnabrück – Münster – Hamminkeln – Xanthen – Duisburg
Essen – Witten – Bottrop – Hagen – Plettenberg –
Wipperfürth – Egen

Ich kenne den Westen wie meine Westentasche – dachte ich,
wenn ich Westen jetzt einmal ganz reduziert als das NRW-Gebiet betrachte. Ich habe im Sauerland und im Ruhrgebiet gelebt, im Rheinland gearbeitet, und in diesem Konzentrat aus
Städten und Gemeinden ist es ja so, dass man nie irgendwo
raus-, sondern immer von einem ins andere fährt. Als Jugendliche in Hagen (Westfalen) zur Schule zu gehen, bedeutet
gleichzeitig, zum Feiern nach Dortmund zu cruisen und zum
Shoppen nach Köln. Es gibt kein Zentrum und auch keinen
Rand, dafür eine Erlebniswelt, die sich an die nächste reiht.
Als bei uns an der Schule das Kiffen populär wurde, sind wir
übers Wochenende nach Holland gefahren, und meine erste
große Liebe kam aus Mönchengladbach. Noch heute habe ich
Freunde in Hagen, Bochum, Dortmund, Essen, Düsseldorf
und Köln. Also dachte ich, das alles ist ein alter Hut für mich.
Aber es ist nicht so.

Als ich mit dem Rad den Rhein entlangfahre und schon von
ferne die riesigen rauchenden Schlote Duisburgs sehe, als ich
kurz darauf in Marxloh im Vorbeigehen zu einer türkischen

Hochzeit eingeladen werde, als ich neben der Ruhr durch grüne Wiesen radle, da sehe ich ein anderes Gesicht meiner altbekannten Westentasche. »Überall ist Wunderland. Überall ist Leben.« Diese zwei Zeilen von Joachim Ringelnatz kommen mir unweigerlich in den Sinn. Es ist viel los hier, auf den Radwegen bin ich selbst im strömenden Regen nie allein, immer ist da irgendwo ein Angler, ein Jogger, eine ganze Horde Kanuten. Wenn ich sonst auf Familienbesuch im Ruhrgebiet bin, dann stört mich diese Fülle an Menschen, es ist mir immer etwas zu viel. Kein weiter Himmel wie an meinem Deich, und nie ist man mal eine Minute für sich. Aber jetzt muss ich erstaunt feststellen, dass es mir eigentlich gar nicht schadet, im Gegenteil, es gefällt mir sogar. Weite, Einsamkeit, Stille – vielleicht denke ich immer nur, dass ich das brauche, aber tut es mir wirklich gut?

Ich fühle mich überraschenderweise geborgen in dem Gewimmel, es macht alles und mich selbst leicht und fröhlich. Hier bin ich nicht einsam, physisch nicht und ansonsten sowieso nicht. Auch bei meinen Auftritten erlebe ich eine Überraschung: Es wird herzlich gelacht, kräftig applaudiert, rege diskutiert und der Hut großzügig bedacht – und das ausgerechnet im nicht gerade reichen Ruhrgebiet. Entweder das Publikum sieht mich noch als ein Teil von »ihnen« an, da ich fast meine ganze Kindheit und Jugend hier verbracht habe, oder die Menschen sind dort einfach so. Letzteres ist für mich wahrscheinlicher, es passt nicht zum Ruhrgebiet, ausgrenzend zu sein (und jemanden, der nicht aus dem Pott kommt, weniger herzlich zu empfangen). Ich glaube, die Menschen hier lachen einfach viel, lassen sich gerne mitreißen und sind realistisch genug, um zu wissen, dass ich finanzielle Unterstützung gebrauchen kann.

Realismus war hier im Pott schon immer an der Tagesordnung, gepaart mit echter Industrieromantik: Die harte Arbeit in den Zechen hat die Menschen im wahrsten Sinne des Wortes zusammengeschweißt, und noch heute weiß man, auf wen man sich immer verlassen kann: den guten Kumpel.

Heute spricht man von einem Identitätswandel des Ruhrgebietes, die Zechen sind stillgelegt und wurden in vielseitige Erlebniswelten umfunktioniert: als Museen, Naturparks oder Kulturstätten. Und die Menschen? Auch wenn die Kohleindustrie größtenteils ein Relikt aus vergangenen Zeiten ist, so sind die Ruhrpottler nicht stehengeblieben in der Vergangenheit. Sie wirken bodenständig und direkt und bauen ihren »Pott« Stück für Stück in einen lebendigen Dienstleistungssektor um. Aber der Arbeiterkampf, für den sie in den 1980er-Jahren alles gegeben haben, ist auch heute noch ein großes Stück ihrer Identität.

Und die Leute im »Pott« haben gerne Spaß – auch mit mir. Nach einem schönen Auftritt in Witten radle ich spätabends beschwingt an einem Kiosk vorbei und bekomme Lust auf eine selbst zusammengestellte Mischung Weingummi. Eine Clique Anfang Zwanzigjähriger steht rauchend vor dem Kiosk, in der Hand Bierdosen. Ich zögere, mein Rad umständlich abzuschließen, und werfe ihnen einen abschätzenden Blick zu: Sie sehen brav aus. Also schließe ich nicht ab und hechte in den Kiosk. Eine Minute später springe ich wieder raus, mein Rad steht unbehelligt da, zum Glück. Gerade will ich mich auf den Sattel schwingen, da fragt mich ein Lockenkopf: »Sag mal, kenne ich dich nicht irgendwoher?« – »Glaube ich nicht.« – »Doch, bist du nicht die Diplom-Gedichte-Sprecherin?« Ich kann es nicht fassen: »Ja!«, rufe ich erstaunt aus. »Das gibt es doch nicht, hast du mich in der Talkshow gesehen?« Jetzt beginnt der junge Mann zu kichern.»Klar«, sagt er und grinst frech.»Oder ich hab einfach gegoogelt, was da auf deinem Fahrrad steht.« Ich werde knallrot. Jetzt lachen alle, auch der Kioskbesitzer kommt auf die Straße und freut sich. Erwischt. Das kann so ein Auftritt also mit einem machen. Völlige Selbstüberschätzung aufgrund von Adrenalin. Aber mein Kioskpublikum ist gnädig und will jetzt doch noch ernsthaft wissen, was ich denn mache. Kleinlaut erzähle ich es, und sie geben sich ansatzweise beeindruckt.»Brave Kinder, die haben Mitleid und wollen mich aufbauen«, denke ich und sehe zu, dass ich die Biege mache. Die ganze Gruppe winkt mir fröhlich nach und kann sich ein breites Grinsen dabei nicht verkneifen …

Es tut mir gut, mal den Kopf zurechtgerückt zu bekommen. Der unkomplizierte Umgang der Menschen hier miteinander hat eine Leichtigkeit, die mich durch die Tage trägt. Und ich stelle fest, dass ich hier das erste Mal in meinem Leben keine Angst habe, etwas zu verpassen. Das ist eine alte Urangst von mir. Als Jugendliche bin ich einmal am gleichen Abend auf zwei angesagte Partys eingeladen worden, und das machte mich regelrecht hysterisch. Ich hatte solche Angst, mich falsch zu entscheiden und die Party des Jahres zu verpassen, dass ich am Ende völlig erschöpft zu Hause blieb. Jahrelang gab ich mir daraufhin unsagbare Mühe, jede Party durch gnadenlosen Einsatz aller meiner Kräfte in einen unvergesslichen Abend zu verwandeln. Unvergesslich für mich – aber am besten auch für alle anderen. Und manchmal ist es mir gelungen, wenn auch ganz bestimmt nicht zum Wohle aller.

Das wurde irgendwann so anstrengend für mich, dass mir nur der Rückzug blieb, an den Deich. Hier kam ich zur Ruhe, und seitdem habe ich immer angenommen, dass ich eine menschenleere Umgebung brauche, um mich nicht zu verlieren. Und nun das: »Überall ist Leben«, und es gefällt mir. Ich stecke mittendrin. So sehr, dass ich garantiert nichts verpassen werde. Und ich empfinde es auf einmal nicht mehr als »Enge«. Wie viel Platz braucht der Mensch überhaupt? Gerade im Norden verspürte ich diese starke Sehnsucht nach immer mehr Weite und immer weniger Leben um mich herum. Wird das Bedürfnis nach Weite immer größer, je mehr man davon erlebt?

Es gibt Länder, da leben die Menschen weitaus beengter als wir in Deutschland. Das Wiesbadener Westend ist der am dichtesten besiedelte Stadtteil in der Bundesrepublik. »Quirlig« und »rege« nennt die eigene Homepage das Westend, das aus schmucken Altbauwohnungen besteht und nicht aus riesigen Bettenburgen. Wir haben also viel Platz, vielleicht mehr, als uns guttut. Wer weiß denn, für wie viele Menschen unser Land, unser Planet gemacht ist? Vielleicht wären wir »Jammer-Deutschen« ja zufriedener, wenn wir näher miteinander leben würden, vielleicht wären wir geselliger, entspannter, humorvoller?

Das geht mir so durch den Kopf, während ich im Zickzack durch das Ruhrgebiet fahre. Mein nächstes Ziel ist Essen: Familienbesuch bei meiner heißgeliebten Schwester. Sie hat drei entzückende, charakterstarke und mitteilungsfreudige Kinder. Mal sehen, wie lange ich meine These »Zusammenrücken macht glücklich« aufrecht erhalten kann …

Doch, es kann glücklich machen. Aber nach ein paar Tagen muss ich trotzdem weiter. Meine nächste Station heißt Plettenberg und liegt im Sauerland. »Warum tust du dir das an?«, fragt mich meine Schwester, bevor sie mir mit den drei Kindern unterm Arm hinterherwinkt. Ja, warum tue ich mir das an?

Im Sauerland hat meine Familie fünf Jahre verbracht, ich nenne diese Zeit im Stillen »die dunklen Jahre«. Alles dort erschien mir dunkel: schmale Täler, schwarze Tannenwaldberge, klobige Industrie. Ich fahre das enge Lennetal entlang und muss feststellen, dass es sogar noch schlimmer ist als in meiner Erinnerung. Verfallene Häuser und alte Fabrikgebäude, auf einer vielbefahrenen Straße donnern ununterbrochen LKW an mir vorbei, links und rechts des Flusses liegen leere Dörfer, keine Radwege weit und breit.

Als ich dann nach Plettenberg komme, meinem damaligen Wohnort, öffnet sich das Tal endlich. Ich hole Luft und fahre in unsere ehemalige Straße, stehe vor unserem alten Haus. Mein Herz klopft. Seit zwanzig Jahren war ich nicht mehr hier. Wie klein diese Straße ist, das Haus, der Garten. Wie normal und friedlich alles aussieht. Auf dieser Straße habe ich jahrelang um Aufmerksamkeit und Zugehörigkeit gerungen. Wir waren die Außenseiter. Zugezogene, mit vier Kindern. Und zwei davon fuhren jeden Tag in die Waldorfschule nach Hagen, über 50 Kilometer mit dem Zug! Ich hatte keine Chance. Wir waren so anders als die anderen, aßen Rote-Bete-Pizza, trugen Wollunterwäsche, hatten keinen Fernseher; alles, was heute in den hippen Stadtteilen von Hamburg und Berlin längst Standard ist, kennzeichnete uns 1988 noch als Außerirdische. Jeder in unserer Familie ist damit anders umgegangen: Mein Vater wurde immer strenger, meine Mutter immer stiller, meine Schwester suchte sich gut integrierte Ersatzfamilien und ich streifte einsam durch den Wald und futterte Schokolade. Nur meine Brüder waren noch so klein, dass sie wenig mitbekamen, weil sie sowieso die meiste Zeit in selbst gebauten Holzfahrzeugen die Straße rauf- und runterfuhren. Diese Zeit hat uns als Familie fast zerrissen. Für mich wurde es erst fünf Jahre später besser, als wir näher an meine Schule zogen, in der ich mir inzwischen einen treuen Freundeskreis aufgebaut hatte.

Wie gelingt Integration? Gibt es den richtigen Platz für einen Menschen, oder kann jeder überall leben, wenn er sich nur genug bemüht?

Dieser Frage begegne ich auf meiner Reise unablässig, da ich überwiegend von Zugezogenen eingeladen werde. Ich denke an Susanne, Wiederkehrerin aus Lübeck, aus Spanien nach Deutschland zurückgekommen. Da war das gut situierte Ehepaar mit adligem Stammbaum; der Mann kam als Vertriebener und lebt seit Kindertagen auf dem Gut in Schleswig-Holstein – und trotzdem werden sie bis heute als »die Flüchtlinge« bezeichnet. Da waren die »Wessis« in Greifswald, die den ganzen Abend darüber redeten, wie sehr sie im Abseits stehen. Geschichten von schwer zugänglichen Gemeinden begegnen mir in der Pfalz, in Ostfriesland, in Bayern, auf Hallig Hooge. Zu meinen Auftritten kommen zwar auch viele Alteingesessene, Gebürtige, aber eingeladen werde ich häufiger von Menschen, die nicht in dem Ort geboren sind, an dem ich sie besuche. Und nahezu alle erzählen, dass es schwer sei, wirklich anzukommen.

Auch wir konnten als Familie in dieser kleinen Stadt im Sauerland nicht Fuß fassen, obwohl die Voraussetzungen eigentlich gut waren: Meine Mutter ist hier geboren, ihre Mutter und ihr Bruder mit seiner Familie lebten hier. Mein Vater wurde leitender Angestellter in der großen Firma direkt gegenüber von unserem Haus. Wir Kinder waren alle so jung, dass wir uns eigentlich schnell eingewöhnen konnten in unsere neue Umgebung.

Ich stehe vor unserem damaligen Haus aus beigefarbenem Klinker und versuche meine Gefühle zu sortieren. Unbehagen mischt sich mit Aufregung und Wut. Ich linse in den Garten, er ist vollgestellt mit lauter Zeugs, auch das ärgert mich. Da links hatte ich meinen Kaninchenstall mit »Hoppel« und Tiffi«, die Namen stehen auf einmal vor mir in die Luft geschrieben. Und in der rechten Ecke stand der Kompost. Meine Mutter raunte mir einmal zu, dass hinter dem Kompost die Elfen leben. Ich habe ihnen am Abend Edelsteine dorthin gelegt und am nächsten Morgen waren sie weg. Ich bin mir sicher, die Elfen mögen die überdimensionierten Blumentöpfe und Plastikgartenmöbel nicht, die jetzt auf dem Rasen stehen, sie haben sich sicher längst verzogen. Dann fasse ich mir ein Herz, gehe durch die altbekannte Einfahrt zum Haus und klingle.

Die Frau öffnet die große Tür nur einen Spaltbreit, trotzdem steigt mir intensiver Geruch nach Blumenkohl in die Nase. Es ist 17.30 Uhr, Abendessenszeit. »Ich bin Magdalena Bössen, ich habe mal in diesem Haus gewohnt, darf ich ein Foto vom Garten machen?«

Sie zögert. »Die Mieter vor uns waren Sie aber nich, ne?«

»Ich weiß nicht, wir sind 94 ausgezogen.«

»Ach, die mit den vier Kindern?«

»Ja, genau die«, presse ich zwischen meinen Zähnen hervor. Wir waren wohl die Kelly-Family unserer Straße, sodass unser Ruf noch bis heute anhält. Ich schieße ein paar Fotos vom Garten und mache, dass ich wegkomme.

Einmal noch die Straße rauf und runter, zehn Häuser, die damals meine ganze Welt bedeuteten. Den Nachbarssohn erkenne ich erst auf den zweiten Blick, er wohnt heute noch in dem Haus, in dem es immer Pommes zum Abendessen gab – für uns vier Ökokinder eine köstliche Seltenheit. Er will nicht wirklich wissen, warum ich auf einmal mit Rad und gelbem Koffer in der Straße stehe, es ist schließlich Essenszeit. Ich weiß, dass meine Tante und mein Onkel auch schon auf mich warten, und trete in die Pedale.

Wie kann das sein, dass wir in einem so kleinen Land leben, uns eigentlich so ähnlich sind und uns trotzdem so schwer damit tun, miteinander zu leben? Und das gerade in Zeiten, in denen von uns Flexibilität erwartet wird, in denen die wenigsten ihr Leben an nur einem Ort verbringen. Wir sollen ständig bereit sein, alles hinter uns zu lassen und an einem neuen Ort von vorne anzufangen. Für eine neue Liebe, für den Beruf, aufgrund äußerer Umstände. Als wäre es ein Leichtes, seine Gewohnheiten, Freunde, bekannte Gesichter hinter sich zu lassen. Als könnten wir die Vergangenheit abstreifen wie eine alte Haut und jung und frisch in die Zukunft schreiten. Die Realität zeigt, dass uns das nur selten gelingt: Die haltbarsten Freundschaften sind die, welche wir in Kindertagen oder in der Schulzeit geschlossen haben.

Viele Menschen ziehen zurück an den Ort ihrer Kindheit, wenn sie genug von der Welt gesehen haben. Aus unterschiedlichsten Gründen – weil Oma und Opa ihnen mit den Kindern helfen, weil sie ein Haus erben, das Geschäft übernehmen. Oder einfach, weil sie dort etwas bekommen, was sie nirgendwo anders auf der Welt finden können: geschenkte Zugehörigkeit. Ich erinnere mich, dass ich Freunde, die ihre ganze Kindheit und Jugend an einem Ort verbracht haben, immer genau darum beneidet habe. Um diese Zugehörigkeit, die ihnen durch ihre Geburt geschenkt wurde, die ihnen niemals jemand streitig machen kann. Sie haben einen Ort, an dem niemand sie fragt, warum sie ausgerechnet hier leben. Sie haben ein Recht darauf. Sie sind hier geboren und aufgewachsen!

Überall sonst in der Welt müssen wir uns unseren Platz erobern. Das kann sehr leicht und schnell gehen oder ein lebenslanger Weg sein. Es hängt von so vielen Faktoren ab, ob wir eine Heimat finden. Überhaupt, »Heimat«, dieses Wort, das neuerdings durch die Feuilletons geistert, Heimat wird auf einmal überall gesucht, besungen, besprochen, analysiert und vermisst. Keiner weiß, was es eigentlich bedeuten soll, aber alle sind der Meinung, dass man es zum Überleben braucht. Ich auch.

Plettenberg war das für mich nie, eine Heimat. Aber war es die meiner Mutter? Sie ist hier geboren und aufgewachsen, alle dort kennen ihren Familiennamen, ihr Vater hatte eine Zimmerei und ihr Bruder hat sie übernommen. Aber meine Mutter hatte sich entfernt in den Jahren, die sie außerhalb der sauerländischen Kleinstadt verbracht hatte, es muss ihr wie ein Rückschritt vorgekommen sein. Zurückkommen ist nicht leicht, gerade unfreiwillig nicht. Das berichten Menschen, die voller Hoffnung ausgewandert sind und eines Tages mit geplatzten Träumen wieder in ihr Heimatland zurückkehren. Alles hat sich verändert, seit sie weggegangen sind, sie selbst haben sich verändert. Auch meine Eltern waren nicht unbedingt freiwillig hier, sie hatten einen Bioladen in Wiesbaden geführt und mussten diesen schließen. Sie brauchten eine neue Existenzgrundlage und Sicherheit.

In den Tagen, die ich in Plettenberg verbringe, wird mir eines klar: Es ist keine dunkle Stadt. Man kann hier ein schönes Leben führen. Aber ich konnte hier als Kind keine Wurzeln schlagen, da meine Familie das gar nicht wollte. Ich werde auch am Deich in Hamburg nicht ankommen, solange ich die Vierlande als eine Zwischenstation meines Lebens betrachte. »Kennen is was andres!«, diese Zurückweisung hat mich schockiert, aber sie hat mir auch die Augen geöffnet. Es gibt ihn nicht, diesen Ort, an den ich gehöre, von Geburt an, und in den ich mich zurückfallen lassen könnte wie in ein warmes Nest. Ich muss ihn finden.

Ich weiß aber jetzt, dass es auf dieser Welt für mich richtige und falsche Plätze gibt, um dort Wurzeln zu schlagen. An manchen Orten kann ich bestimmt nicht glücklich werden: wenn ich den Wind nicht spüren, mein Auge nicht in die Weite streifen lassen kann. Wenn es keinen Menschen in meinem Umfeld gibt, der mir ein unwillkürliches Lächeln entlockt, wenn keiner über meine Witze lacht. Wie ich den richtigen Platz finden kann? Wahrscheinlich ist das wie bei der Suche nach einem Partner: Vertrauen und Liebe werden es schon richten, zusammen mit innerer Bereitschaft und etwas Glück. Oder anders gesagt – woher soll ich das denn wissen?

Als ich Plettenberg den Rücken kehre, fahre ich über das Ebbe-Gebirge. Nach stundenlangem Auf und Ab erreiche ich einen Höhenweg, kilometerweite Aussicht auf grüne Hügel und gelbe Felder. Und auf einmal kann ich sie sehen, die Schönheit des Sauerlandes, von der ich andere schon reden hörte, denen ich aber nie Glauben schenken konnte. Es kommt mir vor, als hätte ich leichteres Gepäck. Am Anfang dieser Reise habe ich mir vorgenommen, jede Erfahrung als eine Bereicherung zu sehen, jedem Gastgeber wie einer Schatztruhe zu begegnen, da alles, was ich erleben würde, mir etwas mitgeben könnte für meinen weiteren Weg. Genauso kann ich doch mein Leben als eine Reise betrachten und jede Station als eine Lehrstelle.

»Die dunklen Jahre« haben mich gelehrt, wie es sich anfühlt, ein Fremdkörper zu sein. Sie haben meinen Blick geschärft für soziales Miteinander, auf der Straße, im Reitverein, beim Tischtennisclub. Ich habe erlebt, dass Eltern auch nur Menschen sind, die gefangen sein können in einer Lebenssituation. Diese Jahre haben meine Sehnsucht nach Zugehörigkeit verstärkt, mich aber auch selbstbewusst werden lassen, weil ich seitdem weiß, dass ich auch nur auf mich gestellt bestehen kann. Alles Erfahrungen, ohne die ich diese Reise durch mein Land vielleicht nie gewagt hätte. Ohne die mein ganzes Leben heute sicher anders aussähe. Ist die Zeit im Sauerland also Unglück, Zufall, Glück oder sogar Schicksal gewesen? Wie auch immer, auf jeden Fall waren es keine dunklen Jahre. Plettenberg war und ist ein Teil von mir, und ich entscheide, was ich daraus mache. Nur darauf kommt es an.

»Ob ich ihn finde, den richtigen Ort für mich auf der Welt?«, frage ich mich, während ich auf und ab zu dem kleinen Ort Egen im bergischen Land strample. Ob Egen einen Garten Eden für mich bereithält? Zumindest ahne ich, dass dieser sich jetzt leichter finden wird. So ohne dunkle Jahre im Gepäck ...

RINGELNATZ

Überall

Überall ist Wunderland.
Überall ist Leben.
Bei meiner Tante im Strumpfenband
Wie irgendwo daneben.

Überall ist Dunkelheit.
Kinder werden Väter.
Fünf Minuten später
Stirbt sich was für einige Zeit.
Überall ist Ewigkeit.

Wenn du einen Schneck behauchst,
Schrumpft er ins Gehäuse.
Wenn du ihn in Kognak tauchst,
Sieht er weiße Mäuse.

Am Rhein oder: Brüderlein, komm fahr mit mir

Solingen – Düsseldorf – Köln – Bonn – Rheinbrohl – Boppard-
Oppenhausen – Kastellaun – Bingen – Mainz

Beide Hände reich ich dir – na ja, ganz so heimelig läuft es
nicht ab, als mein Bruder etwas verloren mit dem Rad am Kölner Hauptbahnhof steht. Er schaut mich mit großen Augen an,
anscheinend selbst überrascht, dass er tatsächlich hier ist. Ich
mustere meinen kleinen Bruder Martin, siebenundzwanzig,
sieben Jahre jünger als ich, Rettungsassistent im Urlaub, an
seiner Seite das Trekkingrad unseres Vaters, blitzblanke Satteltaschen, nagelneue Regenausrüstung. Das ist auch gut so,
denn Regen soll es massig geben in den nächsten Tagen.

»Wo ist denn die Kapuze von deiner Jacke?«, frage ich, ganz
die besorgte große Schwester. »Hat keine«, sagt er knapp, und
damit scheint das Thema für ihn erledigt. »Au weia«, denke
ich, sage aber nichts, denn schließlich möchte ich nicht, dass
mein Bruder gleich wieder umdreht und in den nächsten Zug
nach Dortmund steigt.

Martin möchte mich eine Woche begleiten, am Rhein entlang. Das hat er schon vor einer Weile angekündigt, ich glaube
aber erst jetzt, dass er es auch wirklich tut. Ich freue mich unglaublich, als Bruder ist er mir sehr nahe, aber wir verbringen
selten Zeit miteinander. Und nun liegt eine ganze Woche vor

uns, mit fünf Stationen und Auftritten. Das ist selbst für mich viel Programm, und ich mache mir ein bisschen Sorgen, dass ich ihn damit überfordere. »Ich hätte nicht gedacht, dass du wirklich mitfährst«, sage ich, während wir unsere schwer bepackten Räder durch das Gewusel am Hauptbahnhof schieben. »Ich auch nicht«, gibt Martin ehrlich zurück.

»Weißt du was? Ich glaube, Mama freut sich jetzt«, lächle ich. »Das habe ich auch gerade gedacht!«, ruft Martin. Mit diesem Satz ist sie da, unsere Verbindung. Es wirkt nicht mehr so verrückt, was wir beide jetzt vorhaben. Schließlich sind wir uns so ähnlich, dass wir es selten zwei Stunden in einem Raum aushalten, ohne uns urplötzlich in den Haaren zu liegen. Wir können die Mitmenschen um uns herum glänzend unterhalten, aber auch unser Umfeld mit unablässigem Gequassel in den Wahnsinn treiben.

Als wir jünger waren, lief zwischen Martin und mir ein Wettstreit: Wer schafft es, Mama zuerst zum Lachen zu bringen? Unsere Mutter lachte laut und herzlich über jede Art von Albernheit, manchmal, bis ihr die Tränen kamen. Wenn sie also über einen meiner platten Wortwitze kicherte, dann war Martin sofort zur Stelle: »Mama, lach nicht über ihre billigen Scherze. Sonst hört sie doch nie damit auf!« Und ich triumphierte. Umgekehrt grollte ich, wenn Martin seine »Ich-bin-der-Jüngste-Karte« zog. Dann säuselte er wie ein Kleinkind, um die Aufmerksamkeit unserer Mutter auf sich zu ziehen. Wenn wir drei anderen dann über ihn lästerten, sagte meine Mutter nur mit liebevollem Blick auf den 1,90 Meter großen Kerl mit der tiefen Bassstimme: »Lasst ihn doch, er ist doch mein Kleiner.« Und Martin grinste uns frech ins Gesicht.

Trotz aller Rivalität zwischen Nummer zwei (mir) und Nummer vier (ihm) war eines immer klar: Wir beide sehen die Welt aus einer ähnlichen Perspektive, kämpfen mit den gleichen Waffen, mal mit uns selbst, mal mit der ganzen Welt. Aber wenn wir lieben, dann bedingungslos mit unserem ganzen Wesen. Wir leben jetzt seit vielen Jahren in verschiedenen Städten und bekommen nur wenig vom Alltag des anderen mit, aber etwas verbindet uns ohne Worte. Wir wissen immer intuitiv, wie es dem anderen in bestimmten Lebenssituationen ergeht.

Und so stehen wir also zusammen am Kölner Hauptbahnhof, neun schwere Monate ohne unsere heiß geliebte Mutter hinter uns und sieben gemeinsame Tage vor uns, und auf einmal wirkt es wie die Erfüllung eines größeren Plans: Wir gehen einen Teil unseres Weges gemeinsam. So wie wir als Geschwister in unserer Kindheit große und kleine Schritte gemeinsam gegangen sind, machen wir uns an diesem Punkt unseres Lebens noch einmal zusammen auf den Weg: ganz konkret, am Rhein entlang zwischen Köln und Mainz.

Aber es scheint, als wollte der Himmel uns diesen Weg nicht allzu leicht machen. Erst tröpfelt es, dann strömt und prasselt es auf uns herab, während wir Köln hinter uns lassen und Richtung Bonn fahren. Martin tut so, als würde es ihm nichts ausmachen, aber ich sehe deutlich, wie ihm der Regen von seinem Helm stetig in den Kragen tropft und seine gute Laune merklich sinkt. Schließlich nimmt er endlich meinen Ratschlag an und zieht die Thermowäsche drunter. Das gemeinsame Radfahren klappt erstaunlich gut, wir müssen uns nicht erst an den Fahrstil des anderen anpassen, es läuft wie geschmiert und fühlt sich so an, als würden wir zwei das schon ewig machen (na ja, außer wenn ich vor ihm fahre und plötzlich anhalte, dann höre ich quietschende Bremsen und lautes Fluchen, aber auch das kommt mir irgendwie bekannt vor). Martin hat einen ähnlichen Fahrstil wie ich, der nach der einfachen

Formel funktioniert: gute Laune = fit, schnell, unermüdlich; schlechte Laune = kriechen, schleichen, quälen.

Als ich unsere Gastgeber in Bonn anrufe und die magischen Worte höre:»Die Sauna ist schon heiß«, da lege ich 5 km/h Durchschnittsgeschwindigkeit zu und lasse mich nur ungern für Martins Raucherpausen stoppen. Aber mein Bruder geht nicht gern in die Sauna, und so schleppe ich ihn hinter mir her, bis wir endlich vollkommen durchnässt an der Haustür klingeln.

Die erste gemeinsame Station hat es gleich in sich: ein privater Gastgeber mit viel Publikum, es gibt Wein und Häppchen vom Catering-Service, mein Auftritt ist ein richtiggehendes Event. Ich nehme die Waschküche in Beschlag, in der es zum Glück einen Trockner gibt, denn morgen soll es wieder regnen und wir möchten wenigstens trocken starten. Danach wärme ich mich in der Sauna so lange auf, bis ich mich den kommenden Herausforderungen gewachsen fühle: Kostüm bügeln, schminken, auftreten, mit den Gästen sprechen, Fotos zeigen.

Mein Bruder packt an, wo es geht, baut den Beamer auf und hält sich sonst eher im Hintergrund; große und exklusive Gesellschaften sind nicht so sein Ding. Im Laufe des Abends fällt mein Blick immer wieder auf ihn, und jedes Mal hüpft mein Herz vor Freude und Stolz, dass er hier bei mir ist. Als der Trubel vorbei ist, sitzen wir zusammen in meinem Bett und lassen den Tag auf dem Rad und den Auftritt am Abend Revue passieren, lachend über das, was wir geschafft haben, und halb weinend, wenn wir an morgen denken. Nur 50 Kilometer, dafür ist Dauerregen angekündigt, und abends steht wieder ein Auftritt an.

Am nächsten Morgen können wir unser Glück kaum fassen: Überall regnet es, aber nicht über unseren Köpfen! Ein Sonnenfenster begleitet uns nahezu die ganze Strecke. Vor uns und hinter uns türmen sich dicke Wolkenberge am Himmel, wir sehen den Regen in grauen Schleiern herunterprasseln, aber immer einen Kilometer von uns entfernt. »Wir müssen das Tempo so anpassen, dass wir immer in diesem Fenster fahren«, sagt Martin eifrig und achtet ab jetzt ganz genau darauf, dass wir nicht zu schnell werden. Und so können wir heute die Strecke genießen, links und rechts vom Rhein die Dörfer und Burgen bewundern. Allmählich tauchen auch Weinberge auf, die Landschaft verändert sich. Abends checken wir in einem Hotel ein, in dem unsere Gastgeberin uns untergebracht hat. Und sie hat tatsächlich zwei Zimmer gebucht, wir sind beide erleichtert. Auch wenn wir im Vorhinein gesagt haben, es würde uns nichts ausmachen, in einem Zimmer zu übernachten, sind wir heilfroh, dass es dann doch nicht dazu kommt. Einmal durchatmen, telefonieren, für uns sein, das braucht jeder von uns.

Zum Abendessen werden wir abgeholt und kommen in eine warme Wohnung mit viel hellem Holz. Wir fühlen uns beide sofort wohl, was sicher auch daran liegt, dass der Einrichtungsstil uns an unsere Kindheit erinnert, an unser Elternhaus. Erstaunlich, was für eine Wirkung das heute noch auf uns hat, obwohl wir beide uns seit dem Auszug ganz anders eingerichtet haben. Nach dem Kofferprogramm im Wohnzimmer vor einem überraschten Freundeskreis erfahren wir eine Menge über die Besonderheiten des Lebens am hiesigen Rheinufer: Zwischen unserem Dorf und dem nächsten Ort 6 Kilometer weiter herrscht eine jahrhundertealte Fehde, deren Nachwehen bis heute spürbar sind. Und die Städtchen auf der anderen Rheinseite kommen erst gar nicht vor, wenn es um die lokale Identität geht. Obwohl der berühmte Flusslauf im Mittelrheintal von Touristen geradezu überschwemmt wird, scheint die hier lebende Bevölkerung vom Rest der Welt irgendwie abgeschnitten zu sein. Gerade bei Regenwetter wird einem die Enge des Tals bewusst, an beiden Ufern donnern Autos und Züge entlang und daneben erheben sich die Berge und verdunkeln die kleinen, etwas abgeblätterten Ortschaften.

Am nächsten Morgen scheint die Sonne und wir sehen die andere Seite der Medaille: eine Märchenlandschaft aus Burgen und Schlössern, die auf beiden Rheinseiten in malerische Weinberge gebettet sind. Kanuten und Surfer auf dem Wasser, überall Menschen in den Biergärten. Jetzt füllt sich auch der Radwanderweg, und wir beschließen nach ein paar Stunden, nur noch diejenigen Radler zu grüßen, welche mindestens zwei Packtaschen dabeihaben. Irgendwo muss man Grenzen ziehen, wenn man noch Zeit haben möchte, die Landschaft zu genießen.

Es wird richtig heiß. Wir freuen uns darauf, in der Abendsonne am Wasser zu sitzen und uns abzukühlen. Die nächste Station ist Boppard, ein kleines Städtchen direkt am Rhein. Dachten wir. Unsere Gastgeber leben aber in Boppard-Oppenhausen, das ist 12 Kilometer vom Rhein entfernt. Und leider erkenne ich erst jetzt, dass diese Kilometer es in sich haben. Boppard-Oppenhausen liegt im Hunsrück. Ich versuche, meinem Bruder schonend beizubringen, dass wir wohl doch etwas bergauf müssen. Nach 60 Kilometern biegen wir also auf eine Landstraße, die sich in langen Serpentinen steil nach oben windet. Ich schalte gerade in den kleinsten Gang und versuche, meine Kräfte einzuteilen, da fahren wir an einer offenen Garage vorbei, in der ein junger Familienvater an seinem Rad bastelt. Er sieht uns kämpfen und ruft: »Nur noch acht Kilometer.« Martin wird bleich, und ich überlege kurz, ob ich ein Zeichen setzen soll, zum Beispiel absteigen und das Garagentor von außen zuschließen. Aber ich lache lieber leicht hysterisch und raune meinem keuchenden Bruder zu:»Niemals. Das war ein Scherz.« War es nicht. Immer, wenn wir denken, jetzt sind wir oben, jetzt haben wir es geschafft, windet sich die Straße zu neuen Höhen. Mein Bruder ist überall rot vor Anstrengung oder Wut oder beidem, und nach zwei Versuchen meinerseits, ihm das ganze Unterfangen als einen Riesenspaß zu verkaufen, gebe ich auf und befolge seinen Rat:»Halt einfach nur die Klappe!«

Zwischendurch setzt er sich immer wieder mal an den Straßenrand und schaut grimmig. Einmal holt er sein Handy raus und beginnt darauf herumzutippen. Ich wundere mich etwas, dass er dazu gerade in diesem Moment Lust hat, irgendwo auf dem Asphaltboden in einer Kurve bei 30 Grad im Schatten und noch 4 Kilometern Höllenserpentinen vor uns. Später lese ich, dass Martin in meinen Wandermärchen-Chat gepostet hat, in dem ich meinen engen Freunden von der Reise berichte: »Berge sind Arschlöcher!«

Wir kommen oben an, aber danach ist nichts mehr wie zuvor. Ich sehe es in Martins Augen: Mein Bruder hat jetzt ein kleines Trauma. Mein Trauma. Da ist die Angst vor dem nie endenden Weg, mit der auch ich schon eine Weile lebe. Gerade wenn du denkst, du bist am Ziel, musst du feststellen, dass dieses Ziel nur eine Aussicht gibt auf die weitere Wegstrecke. Und du kannst keine Pause machen, du musst notgedrungen weiter und immer weiter, endlos und wie in einem Albtraum – der dir zu real erscheint, als dass du je daraus erwachen könntest. Das ist nichts, woran man sich gewöhnen könnte. Auch mich hat diese Angst fest im Griff, noch Monate nach der Reise, als ich längst wieder weiß, wo mein nächstes Ziel sein wird und was mich da erwartet.

»Dieser Typ in der Garage ist schuld!«, behauptet Martin später. »Er hat mich dermaßen demotiviert, dass ich nur an die acht Kilometer denken konnte.« Auch das kenne ich: Der Kopf will nicht mehr, und dann gibt der Körper erst recht auf. Wir zwei Stimmungskanonen haben uns verausgabt und trauen uns nun selbst nicht mehr, über den Weg. Bei mir hat es schon vorher angefangen: an Tagen nach dem Bühnenprogramm, wenn ich all meine Kräfte mobilisiert habe, um mein Publikum zwei Stunden in meinen Bann zu ziehen. Allein auf der Bühne ist das Hochleistungssport. Manchmal bin ich am nächsten Tag so erschöpft, dass ich nicht mal mehr meinen Namen sagen kann, geschweige denn Pedale treten. Und an anderen Tagen bin ich regelrecht beflügelt. Diese Unsicherheit begleitet mich bis zum Ende der Reise: Ich weiß, wozu mein Körper in der Lage ist, und es ist weit mehr, als ich ihm zugetraut hätte. Aber er hat mir auch genauso oft meine Grenzen gezeigt, und ich ahne am Morgen leider nie, was heute für ein Tag sein wird: ein Tag, an dem die Welt an mir vorbeifliegt, an dem ich nicht weiß, wohin mit meiner überschüssigen Energie, oder einer, an dem der kleinste Hügel sich zu einem unüberbrückbaren Gebirge auswächst?

Etwas dazwischen gibt es selten, dazu bin ich zu untrainiert, zu unorganisiert. Stetiges Tempo fahren, niedrige Gänge, regelmäßige kleine Mahlzeiten, immer eine Banane zur Hand haben, das sind Dinge, die ich erst nach Monaten draufhabe. Aber es gibt dazu stets auch Parameter, die ich nicht beeinflussen kann: Wie anstrengend oder erfolgreich verlief der gestrige Auftritt, wie erholsam war mein Schlaf in der fremden Umgebung, was habe ich erlebt, das mich nun auf meinem weiteren Weg begleitet? Alles das hat Einfluss auf meinen Zustand, und wenn ich viel zu verarbeiten habe, werden selbst kleine Buckel zu Alpen.

Als ich jetzt auf meinen Bruder schaue, der wortlos neben mir herfährt, die letzten geraden Kilometer nach Oppenhausen, da sehe ich es in seinem Gesicht. Die Erfahrung, dass der eigene Körper einem ganz überraschend den Dienst versagen kann. Die wird er nicht vergessen. Und ich frage mich, was ich ihm hier antue. Martin fragt sich etwas Ähnliches. Abends, bevor wir ins Bett gehen, sagt er nachdenklich: »Was du hier tust, ist Masochismus.«

Zwei Tage später bin ich bereit, ihm in dieser Hinsicht recht zu geben. Hinter uns liegen ein privater und ein öffentlicher Auftritt, und beim großen Bühnenprogramm versagte die Technik. Purer Stress. Wir sind wieder am Rhein, das Wetter ist immer noch gut, es könnte alles so schön sein. Aber ich bin so erschöpft, dass ich beinahe vom Sattel falle. Eine Stunde später stehen mein Bruder und ich auf dem Radweg und schreien uns an. Er fährt weg, ich setze mich auf die Ufermauer und heule. Ich fasse es nicht. Ich bin vierunddreißig und heule allen Ernstes am Rheinufer, weil mein kleiner Bruder gemein zu mir war?

Es ist wohl mehr als das: Ich heule, weil ich abgekämpft bin. Weil wir immer noch keine Unterkunft für den Abend haben. Weil ich nicht irgendeine Unterkunft will, sondern die schönste. Und die billigste. Weil ich meinem Bruder das Beste bieten und gleichzeitig sein Portemonnaie schonen will. Weil ich ihn beschützen, mich um ihn kümmern will und das nicht kann. Weil ich mich heute noch nicht mal um mich selbst kümmern kann. Weil das doch der schönste Teil unserer Reise werden sollte, die »Freizeit«. Und weil ich mich gerade so gar nicht freizeitlich fühle. Außerdem ist mein Bruder jetzt abgehauen, mit dem gelben Koffer!

Nach über einer Stunde schaffe ich es wieder auf den Sattel, und im nächsten Ort wartet er dann auf mich. Am Ende nehmen wir aus purer Erschöpfung ein teures und hässliches Touristen-Hotel ohne WLAN, wirklich das komplette Gegenteil von dem, was wir gesucht haben. Das Essen ist fettig, wir schlafen schlecht und reden beim Frühstück nur drei Worte miteinander. Aber wir sind Stimmungskanonen, und das geht zum Glück in beide Richtungen – unsere Stimmung kann rasend schnell sinken, aber auch genauso schnell wieder steigen. Und so versöhnen uns Zeit und Natur: Die Berge rücken zur Seite, der Horizont wird weit, und wir genießen die Sonne, den leichten Wind und die grünen Auen.

Den Rummel haben wir hinter uns gelassen, und ich sehe meinen Bruder als roten Punkt kilometerweit vor mir herfahren. Wir brauchen jetzt beide etwas Raum für uns, das weiß ich. Irgendwann hole ich ihn ein und wir machen zusammen Pause. Ich habe Kirschen gekauft, und einer von uns fängt an, die Kerne nach dem andern zu spucken. In seliger Eintracht stehen wir auf dem Deich, bespucken uns mit Kirschkernen und beschimpfen uns grinsend.

Da weiß ich, dass alles wieder gut wird.

Es ist unser letzter gemeinsamer Tag, wir nähern uns Mainz. Hier wird Martin am Nachmittag in den Zug steigen und ich werde am Abend auftreten. In der Stadt angekommen, sitzen wir bei einem Bier zusammen und beseitigen das letzte innere Grummeln: »Ich habe das gesagt … warum hast du das gesagt … ich meinte ja nur …« Dann werden wir wehmütig. Martin sagt, diese eine Woche war eine bedeutende Reise, und mir kommt es genauso vor. Ich weiß jetzt, dass mein Bruder ebenso trauert wie ich. Er ist in seinen Grundfesten erschüttert, wie vielleicht nur der Tod uns erschüttern kann. Wir haben darüber geredet, abends nach dem Bühnenprogramm.

»Ich habe mein Vertrauen in die Zukunft verloren«, sagt mein Bruder. »Ich weiß nicht mehr, welche Richtung ich einschlagen soll. Alles kann schiefgehen, deshalb bewege ich mich gar nicht mehr.« Ich verstehe ihn so gut, dass es wehtut. Auch ich habe einen Teil meines Vertrauens verloren, die Sicherheit, dass alles gut enden wird. Wir haben erlebt, dass es auch mal nicht gut ausgeht, zumindest nicht für uns in den Momenten voller Trauer, die uns immer noch plötzlich und unvermutet den Boden unter den Füßen wegziehen können. Aber wir wissen beide auch, dass wir unsere Mutter nicht so schmerzhaft vermissen würden, wenn sie uns nicht in unnachahmlicher Weise durch unser Leben begleitet hätte. Ihr Kind zu sein war ein Geschenk, das ist uns in all der Unfassbarkeit der Ereignisse bewusst.

In einträchtigem Schweigen radeln wir zum Bahnhof. Wir sind einander nahe wie schon lange nicht mehr. Als der Zug mit meinem Bruder aus dem Bahnhof fährt, bin ich traurig und erleichtert. Traurig, weil mein lustiger, singender, alberner, schlauer, charmanter, starker Reisegefährte weg ist. Erleichtert, weil diese gemeinsame Woche eine Bereicherung für uns beide war, uns aber auch viel Kraft gekostet hat. Martin hat seine ganze Energie in mein Projekt gesteckt, er macht einfach keine halben Sachen. Er hat sich um unsere Gastgeber bemüht, sie zum Lachen gebracht, bis in die Nacht mit ihnen geredet. Er wollte sie wirklich kennenlernen. Und er wollte mich vor allem Unbill beschützen, genauso wie ich ihn. Er ist schließlich mein kleiner Bruder, auf den muss ich aufpassen, nichts und niemand darf ihm etwas anhaben, da geht die Natur einfach mit mir durch.

Aber mein Bruder ist erwachsen. Er trägt auch im Beruf viel Verantwortung, leitet ganze Einsätze, rettet Menschen. Am Ende dieser Woche habe ich erkannt, dass Martin groß ist und stark und seinen Weg gehen wird. Und wenn ich darf, dann werde ich ihn dabei begleiten. Vielleicht wie dieses Sonnenfenster in den Regenwolken, das den ganzen Tag über unseren Köpfen mit uns wanderte.

»Das war doch sicher Mamas Werk, oder?«, sagt mein kleiner großer Bruder mit einem schiefen Lächeln, als wir am letzten Tag die gemeinsame Reise Revue passieren lassen. Ich lächle zurück, schlucke und kann nichts erwidern. Ich weiß nicht, ob ich ihn je so sehr geliebt habe wie in diesem Augenblick.

JOSEPH VON EICHENDORFF

Frische Fahrt

Laue Luft kommt blau geflossen,
Frühling, Frühling soll es sein!
Waldwärts Hörnerklang geschossen,
Mutger Augen lichter Schein;
Und das Wirren bunt und bunter
Wird ein magisch wilder Fluß,
In die schöne Welt hinunter
Lockt dich dieses Stromes Gruß.

Und ich mag mich nicht bewahren!
Weit von euch treibt mich der Wind,
Auf dem Strome will ich fahren,
Von dem Glanze selig blind!

Tausend Stimmen lockend schlagen,
Hoch Aurora flammend weht,
Fahre zu! Ich mag nicht fragen,
Wo die Fahrt zu Ende geht.

Hessen oder: Heiß, heiß, heiß!

Frankfurt – Offenburg – Dahn – Neustadt an der Weinstraße –
Zweibrücken – Birkweiler – Saarbrücken

In Frankfurt denke ich es das erste Mal: So geht es nicht weiter. Draußen sind es über 40 Grad im Schatten, ich sitze im Haus und bewege mich nicht mehr. Die heißesten Tage seit Beginn der Wetteraufzeichnungen! Ich habe allen potenziellen Gastgebern in Frankfurt abgesagt und im Haus meiner Patentante Zuflucht gesucht; sie und ihr Mann sind verreist. Vier volle Tage kann ich hier schlafen, ausruhen und Pläne schmieden: Wie schaffe ich es, diese Reise durchzuhalten?

Die 40 Kilometer von Mainz nach Frankfurt den Main entlang wären ein Kinderspiel gewesen, wenn diese Hitze mir nicht alle Flüssigkeit aus dem Körper gesogen hätte. So viel konnte ich gar nicht trinken, dass ich es nicht in Sekundenschnelle wieder ausschwitzte. Mal davon abgesehen, dass ich das Gefühl hatte, als würde fortwährend eine tonnenschwere Decke auf mir lasten, unter der ich kaum Luft bekam, und jeder zurückgelegte Kilometer war ein Ergebnis gnadenloser Selbstkasteiung.

In Frankfurt habe ich das ganze Haus für mich, dusche mehrmals am Tag kalt und versuche mich ansonsten nicht zu bewegen. Am dritten Tag verlasse ich dann meine Oase, ich halte einen Reisevortrag. Wieder über 40 Grad, es kommen nur ein Dutzend Zuhörer. Zwar ist der Store angenehm klimatisiert, aber selbst am frühen Abend steht die heiße Luft in den Straßen. Jeder Schritt ist ein Schritt zu viel.

Es ist Anfang Juli, ich habe erst knapp zwei Monate der Reise hinter mich gebracht und noch fast vier Monate vor mir. Und ich weiß nicht, wie ich das schaffen soll. Verzweifelt starre ich auf den Kalender und die geplante Route. Es ist zu viel, das sehe ich deutlich. Zu viele Stationen, zu lange Strecken, zu viele Auftritte – meine Kraft ist jetzt schon dahin, mir ist völlig schleierhaft, wie ich dieses Pensum noch monatelang durchhalten soll. Paradoxerweise gibt es auch noch jede Menge Lücken im Kalender, es ist Urlaubszeit und viele meiner Gastgeber haben sich zwar irgendwann einmal in die Karte eingetragen, antworten aber jetzt nicht auf meine konkreten Anfragen mit Datumsvorschlägen. Ich weiß also im Saarland noch nicht, wo ich unterkommen kann, oder in Heidelberg, Tübingen und Freiburg. Trotzdem gibt es öffentliche Auftritte, die bereits feststehen, ich bin also an die geplante Route gebunden.

Ich beschließe, bei Freunden unterzuschlüpfen und mir in manchen Städten ein Apartment zu mieten. So schlage ich zwei Fliegen mit einer Klappe: Die Lücken im Kalender werden gestopft und ich bekomme etwas Zeit und Raum für mich.»So kann ich es schaffen, so halte ich vielleicht durch«, denke ich, während ich die Wolkenkratzer von Frankfurt hinter mir lasse. Im Zug. Vor mir liegen drei öffentliche Auftritte an unterschiedlichsten Orten, die sich zeitlich nicht anders legen ließen. Offenburg, Dahn, Neustadt an der Weinstraße. Ich muss also den Zug nehmen. Und ich ärgere mich sehr darüber, trotz der Hitze. Denn natürlich fällt mein IC aus und ich muss mich mit Sack und Pack in überfüllte, stickige Regionalzüge quetschen.

Als ich völlig fertig vom Radschleppen in Offenburg aus dem Zug steige, vermisse ich die Magie, die das Erreichen eines Zieles sonst auf mich ausübt. Es ist, als hätte ich mich selbst um meinen Lohn betrogen. Offenburg habe ich nicht erobert, ich habe kein Recht auf die gemütliche Stadt am Rhein. Andererseits bin ich so vernünftig, mir bewusst zu machen, dass es meine Performance auf der Bühne ist, die für das Publikum vor Ort zählt. Dafür muss ich immer genug Kraft haben, Hitze hin oder her.

Am nächsten Abend nach dem Auftritt sitze ich mit meiner Gastgeberin auf einer Decke am See, wir leeren eine Flasche Wein und genießen den leichten Wind, der uns für ein paar Stunden von der drückenden Schwüle befreit. Zwei Frauen, die sich nicht kennen, die sich ohne diese Reise nie begegnet wären, beginnen, miteinander zu reden, und hören nicht mehr auf. Es ist ein Gespräch, bei dem beide Seiten keine Zeit vergeuden mit Höflichkeiten, mit Smalltalk oder Beschönigungen, in dem beide instinktiv beschließen, einander zu vertrauen und sofort zum Wesentlichen vordringen. Es ist einer dieser Abende, für die sich diese ganze Reise lohnt. Auf einmal hat alles wieder Sinn. Wie ich hierhergekommen bin, ist doch eigentlich egal, denke ich, als ich mit meiner Gastgeberin ein paar Schwimmzüge durch das handwarme Wasser mache. Fahrrad, Zug oder Heißluftballon – Hauptsache, ich bin heute hier!

Es bleibt heiß. Wahrscheinlich denken die meisten Menschen bei »Rheinland-Pfalz« an Zwiebelkuchen mit Federweißer oder einen schönen Riesling zum Pfälzer Saumagen. Ich denke daran, wie wenig Schatten Weinreben bieten.

Auch wenn Rheinland-Pfalz sehr viel mehr umfasst als Weinberge, tragen diese doch einen großen Teil zu seiner Identität bei. Also besuche ich die Deutsche Weinstraße, eine 85 Kilometer lange Strecke, die sich durch etliche Weinbaugebiete schlängelt. Die Idee zu dem Konzept »Deutsche Weinstraße« hatten 1935 die nationalsozialistischen Machthaber und retteten die Weinbauern damit aus einer schweren wirtschaftlichen Krise. Mit wenig Aufwand war eine Ferienregion geschaffen worden, die sich bis heute großer Touristenströme erfreut.

Während ich durch kleine schmucke Dörfer fahre, werde ich das Gefühl nicht los, eine Kulisse aus behaglicher Idylle und Gemütlichkeit zu durchstreifen. Urlaubsfeeling überkommt mich, und es rührt vielleicht auch daher, dass ich das Gefühl habe, im Ausland zu sein. In Süd-Frankreich vielleicht. Und tatsächlich verläuft die deutsch-französische Grenze ja nicht allzu weit von hier. Trotzdem, in Offenburg war ich viel näher dran, ich hätte einen Tagesausflug nach Straßburg machen können. Im Dahner Felsenland erging es mir ähnlich, als ich in den Ausläufern der Vogesen aufgetreten bin. »Das hier fühlt sich überhaupt nicht an wie Deutschland«, dachte ich, als ich die riesigen märchenhaften Steinformationen betrachtete und im Woog badete. So nennt sich das stehende Gewässer mitten im Wald, das so herrlich kalt sein soll, dass ich dafür 7 Kilometer durch die Hitze radelte, um dann vor einem Wespenschwarm fliehend in das moorig-schlammige Wasser zu hechten. Als ich rausstieg, war ich zwar etwas abgekühlt, aber überall mit einer braunen Schicht bedeckt. Das also ist ein Woog.

Und hier an der Weinstraße begegnet es mir wieder, das Gefühl, ein unbekanntes Land zu erkunden.

Im Gespräch mit meinen Gastgebern versuche ich dem auf die Spur zu kommen. Untergebracht bin ich auf einem traditionsreichen Weingut in Birkweiler in einem modernen Gästeapartment – selbstverständlich mit einer Flasche Riesling auf dem Tisch. Auf meiner Reise trinke ich nur wenig Alkohol, auch wenn nach den Auftritten eigentlich immer ein paar Flaschen guter Wein entkorkt werden. Aber seit ich so oft auf dem Rad sitze, wirkt der Alkohol sehr viel stärker, und schon nach einem Glas bin ich oft nicht mehr in der Lage, mich mit den Gästen zu unterhalten. Also lasse ich meistens die Finger davon.

Heute Abend warten auf mich aber nur noch die kalte Dusche, das große Bett und das Fernsehprogramm – das ist, wie plötzlich Geburtstag haben. Während ich mich wie immer lautstark über die einfallslosen Geschichten und klischeehaften Dialoge des deutschen Fernsehprogrammes aufrege, trinke ich die ganze köstliche Flasche aus. Mir ist in solchen Momenten durchaus bewusst, dass ich durch diese Reise privilegiert bin. Meine Gastgeber haben sich so über meine Anfrage gefreut, dass sie mich auf dem Weingut untergebracht haben, weil sie in ihrem Haus gerade keinen Platz haben.

Immer wieder komme ich kostenlos in luxuriösen oder originellen Herbergen unter. Ich genieße diese Auszeiten nach den Strapazen der Reise sehr und muss mich manchmal regelrecht zwingen, meine Unterkunft zu verlassen, um die Gegend zu erkunden. Draußen sein kann ich ja immer, den ganzen Morgen im Bett liegen dagegen sehr selten.

Was aber noch stärker wiegt als das Apartment ist die Nähe zu den Menschen, die ich in so kurzer Zeit herstellen kann. Nach meinem Auftritt im südländisch aussehenden Hof meiner Gastgeber will ich wissen, wie es ist, das Winzerleben. »Arbeit«, ist die eindeutige Antwort. Hinter der romantischen Kulisse eines Weingutes verbirgt sich harte körperliche Arbeit, rund um die Uhr, das ganze Jahr. Dazu kommt die Vermarktung der Weine, welche für den Verkauf unerlässlich ist. Der Winzer im Publikum kommt mit dem Traktor zum Auftritt, und noch während des Programms fallen ihm immer wieder die Augen zu. Um halb zehn sagen die Winzer das erste Mal, sie müssten nun wirklich ins Bett gehen. Um elf Uhr trinken sie ihr Bier aus, den Wein haben sie den ganzen Abend nicht angerührt.

Ich versuche, den Pfälzern auf die Spur zu kommen. Sie scheinen einen eigentümlichen Humor zu haben, bezeichnen sich selbst als »schnell müd und schnell beleidigt«. Sie preisen den Zusammenhalt untereinander, den herzlichen Umgang miteinander. Fröhlich schlemmt und trinkt die kleine Gruppe in der lauen Sommernacht, sie lachen viel, und ich denke, dass ich wieder einmal nicht genug Zeit habe, um die Menschen kennenzulernen.

Als ich am nächsten Tag aufbreche, fallen mir wiederholt die Kruzifixe auf, die überall zwischen den Weinreben stehen. »Sonntags joggen geht hier gar nicht«, hatte meine Gastgeberin gesagt, als ich sie darauf ansprach, wie katholisch diese Gegend ist. »Auch Wäsche waschen nicht. Hier bekommt jeder alles mit.«

»Wohl doch Deutschland«, denke ich und: »Ich werde wiederkommen.«

Je länger ich unterwegs bin, desto sensibler sind meine Antennen eingestellt. Irgendwann bekomme ich das Gefühl, ich könnte in die Zukunft sehen: Manchmal ist schon der Weg zu einem Gastgeber bestimmt von dem, was mich erwartet. Mal trete ich leicht und vergnügt in die Pedale, dann wieder wird jeder Meter erkämpft, mal wappne ich mich regelrecht innerlich gegen das, was kommen wird. So zum Beispiel auch auf dem Weg in eine rheinland-pfälzische Kleinstadt. Eingeladen hat mich ein Syrer, der in einer malerischen Talsenke ein Gestüt betreibt. Mir ist unbehaglich zumute, ich weiß aber nicht, woran das liegt – vielleicht, weil die Kommunikation im Vorfeld etwas schwierig war, ich habe nie mit ihm selbst am Telefon gesprochen, sondern mit seiner Frau. Und irgendwie bekomme ich keinen Eindruck davon, warum ich hierher eingeladen wurde.

Als ich schließlich auf den Hof fahre, überkommt mich ein Gefühl der Beklemmung, das mich in den kommenden Tagen nicht mehr verlassen wird. Es liegt sicher daran, dass die Inhaber des Gestüts sich sehr zerstritten haben, den Hof aber noch gemeinsam bewohnen. Auch mein Gastgeber trägt zu dieser Beklemmung bei. Ein schöner Mann mit langen schwarzen Locken, der seinen Hof unablässig im Auge behält. Er strahlt eine starke Präsenz aus, wirkt gleichzeitig hellwach und sehr ruhig. Als er sich mir vorstellt, verstehe ich auf einmal, warum er den Telefonhörer immer weitergereicht hat. Er stottert stark. Das passt überhaupt nicht zu seiner entschlossenen Ausstrahlung und verwirrt mich. Als er seine Sprechstörung von selbst anspricht, frage ich geradeheraus, ob er es schon einmal mit Logopädie versucht hätte. Er verneint und erzählt langsam, dass er stottere, weil er jahrelang gefoltert wurde. Das Stottern gehöre nun zu ihm, sei ein Ausdruck seines Inneren. Die Welt solle sehen, dass er Schaden genommen habe. All das erfahre ich in den ersten Minuten unseres Kennenlernens.

In den nächsten Tagen unterhalte ich mich viel mit seiner Frau, einer feinfühligen Schweizerin mit drei bezaubernden Kindern. Aber die Aussage meines Gastgebers liegt wie ein Schatten über den Tagen, und am letzten Abend, als alle anderen schon zu Bett gegangen sind, nehme ich mir ein Herz und frage ihn nach seiner Geschichte. Was der Syrer mir dann erzählt, in stockenden Sätzen und mit wachsamen Augen, raubt mir nicht nur in dieser Nacht den Schlaf. »Sie haben mich nicht gebrochen«, sagt er abschließend, während ich mit dem Entsetzen kämpfe. »Ich habe nie irgendjemanden verraten.« Ich glaube ihm. Er wirkt so eisern entschlossen, noch heute, in diesem friedlichen Tal im Grünen. »Jetzt kann mich keiner mehr verletzen, das hat mich stark gemacht, unbesiegbar«, stottert er.

Ich gehe auf mein Zimmer, und Tränen der Fassungslosigkeit und Wut brechen sich Bahn. Warum mutet mir jemand so etwas zu? Ich schelte mich gleichzeitig, dass ich nachgefragt habe. Ich wollte ja unbedingt wissen, was »jahrelang gefoltert« eigentlich heißt. Jetzt weiß ich es, zumindest einen Bruchteil davon. Wozu Menschen fähig sind. Sie können unsägliches Leid zufügen und unsägliches Leid überleben. Sie können sich nach so traumatischen Erfahrungen noch verlieben, heiraten und gesunde Kinder bekommen. Aber ruhig schlafen, das können sie nie wieder.

»Wie hast du dich davon erholt?«, frage ich meinen Gastgeber, bevor ich in mein Zimmer fliehe. »Davon erholt man sich nicht«, sagt er einfach und starrt reglos in die Nacht hinaus.

Er wird wachen über uns, mich, seine Familie, die Tiere, den Hof, das Tal und die Schatten – in dieser wie in jeder kommenden Nacht.

KLABUND

Wenn ich Nächten wandre

Wenn ich in Nächten wandre
Ein Stern wie viele andre,
So folgen meiner Reise
Die goldnen Brüder leise.

Der erste sagts dem zweiten,
Mich zärtlich zu geleiten,
Der zweite sagts den vielen,
Mich strahlend zu umspielen.

So schreit ich im Gewimmel
Der Sterne durch den Himmel.
Ich lächle, leuchte, wandre
Ein Stern wie viele andre.

Am Neckar oder: Ein Narrensprung ins Ländle

Heddesheim – Heidelberg – Ellhofen – Backnang – Ludwigsburg – Stuttgart – Tübingen – Rothenburg am Neckar – Rottweil

Ich fahre nach Heidelberg. Doch noch. Es sah lange so aus, als würde das nicht klappen, ich konnte einfach keine Unterkunft finden, selbst die Jugendherberge war voll. Bis Claudia Jäger mich bei meinem Auftritt in Heddesheim kennenlernt und kurzerhand für die nächsten Tage einlädt. Sie ist Hautärztin, beziehungsweise Fachärztin für Dermatologie und Venerologie, Allergologie, Phlebologie und Proktologie. Und sie hat ein Gästeapartment oben im Haus, falls die Kinder mal zu Besuch kommen wollen.

Ich kann mein Glück kaum fassen – das großzügige Loft hat ein eigenes Bad, eine eigene Terrasse, und mit meinem Rad muss ich nur zehn Minuten über den Neckar radeln, dann bin ich mitten in der trubeligen Altstadt. Als Allererstes steige ich ungeduldig den steilen Hang zum Philosophenweg hoch, der einen großartigen Blick über Fluss, Altstadt, Schloss und Königsstuhl bietet. Danach lasse ich mich durch die kleinen, vollen Gassen treiben. Ich verstehe, warum Heidelberg von Touristen aus aller Welt besichtigt wird. Die Altstadt ist urgemütlich, der Neckar malerisch, das Schloss imposant und der Königsstuhl sehr weit oben. Das alles macht mächtig Eindruck und mich ein bisschen neidisch: Weshalb konnte ich nicht hier geboren werden, aufwachsen oder studieren? Ich stelle mir Pubertieren auf einer Brücke mit so einem Panorama im Hintergrund nur halb so unerträglich vor wie in Hagen (Westfalen) unter der Autobahnbrücke. »Wer einmal in Hagen war, dem gefällt's überall«, sagt der Volksmund, und ich muss ihm recht geben. Am nächsten Morgen suche ich mir zuerst ein Café, »mein« Café. In jeder Stadt, die mir gefällt, versuche ich für die paar Tage, die ich da verbringe, ein Stammcafé zu finden, in dem ich nach Möglichkeit immer dasselbe konsumiere und mich schnell mit dem Inhaber bekannt mache. Damit ich an Tag drei sagen kann: »Dasselbe wie gestern bitte.« Heimat für den einen Moment, in dem ich die magischen Worte höre: »Du trinkst Cappuccino mit Honig, oder?« Man kennt mich hier!

Ich finde eine kleine Kaffeerösterei und setze mich auf einen der großen groben Kaffeesäcke, die vor der Tür zur Dekoration und wohl weniger als Sitzgelegenheit gestapelt sind. Der Inhaber lächelt gutmütig, lässt mich auf meinem kleinen Thron hocken und macht mich damit überglücklich: Ich habe ein Stammcafé und einen Stammplatz – Heidelberg, ich liebe dich! Und als wollte die Stadt meine Euphorie belohnen, strahlt sie mit der Sonne um die Wette.

Am nächsten Morgen habe ich einen Termin in der Praxis meiner Gastgeberin. Ich hüpfe die Treppen des feudalen Altbaus hoch, kann meine Vorfreude kaum unterdrücken: Ich bekomme eine Massage! Ich werde verwöhnt, keine Frage. Zehn Minuten später versuche ich, nicht zu schreien, während die kräftigen Hände einer Physiotherapeutin mich durchkneten. Anscheinend sitze ich schief auf dem Rad, denn meine rechte Schulter schmerzt bei jeder Berührung. Nach der Massage und mit Übungen zum Muskelaufbau in der Tasche, beschließe ich, mich heute gar nicht mehr zu bewegen, und setze mich in die Bergbahn zum Königsstuhl. Heute bin ich Tourist. Oben angekommen, esse ich »schwäbischen Wurstsalat« zum Weißbier und genieße den Ausblick über die Rheinebene bis zu den Bergen des Pfälzer Waldes. Dann mit der Bahn wieder abwärts, Zwischenstation am Schloss.

»Ach, ist das herrlich, Tourist zu sein«, sage ich zu dem mürrischen Verkäufer im Andenkenkiosk, der mir mit misstrauischem Blick ein Eis in die Sonne herausreicht. Ich glaube mir ja selbst nicht ganz, und während ich im Eiltempo durch das Schloss marschiere und mit geheucheltem Interesse Schautafeln lese, sinkt meine Laune merklich. Ich finde es in Wahrheit höllisch anstrengend! Nicht nur, dass überall andere Touristen sind, die auch alles fotografieren, das Abhaken der Sehenswürdigkeiten kommt mir auf einmal so nutzlos vor. Ich fliehe aus dem Trubel in mein Loft und warte, bis meine Gastgeber nach Hause kommen.

Am Abend sitzen wir gemeinsam auf der Terrasse und schauen in den dunkelblauen Himmel, an dem der Mond aufzieht. »Wem gehört Heidelberg?«, frage ich irgendwann. »Den Studenten, den Ärzten oder den Touristen?« Claudia überlegt. »Allen dreien gleichermaßen«, sagt sie dann. Damit ist eigentlich alles über die Stadt gesagt, und wir können uns den wichtigen Dingen zuwenden. »Warum gelingt es uns nicht, die Unendlichkeit zu begreifen?«, sinniere ich, die blassen Sterne betrachtend. Claudia lächelt und schenkt uns Wein nach. »Da war wohl jemand auf dem Philosophenweg spazieren?«

»Jaaa«, sage ich verträumt. »Ich hab mein Herz in Heidelberg verloren …«

Ein paar Tage später laufe ich in Stuttgart ein – hier ist die Hochschule für Musik und darstellende Kunst, der einzige Ort in Deutschland, an dem man Rezitation studieren kann, also quasi mein Stall. Ich fahre mit dem Aufzug ganz hoch auf den Turm, von hier aus hat man einen Rundumblick über die Stadt, und denke an die vielen Tage, die ich in diesem Gebäude und auf diesem Turm verbracht habe. Beim stundenlangen Auswendiglernen bin ich immer im Kreis gelaufen, manchmal sogar gejoggt. Einmal habe ich mir den Schlüssel für einen Übungsraum besorgt, kleine Zellen mit Balkontür, und dort habe ich eine Flasche Sekt getrunken und auf das Klavier eingehämmert. Warum, weiß ich gar nicht mehr genau, ich schätze, es war Liebeskummer.

Wenn ich für ein paar Stunden keinen Unterricht hatte, bin ich zum Hauptbahnhof gegangen und habe dort auf dem Vorplatz Vorübereilende angehalten und sie gelöchert, wie oft sie Joghurt kaufen oder Shampoo. »Baggern« nennt sich dieser Job, wenn man Probanden für Marktforschungsumfragen auf der Straße akquiriert. Ich war ganz gut darin, nur manchmal habe ich die schnellen Übergänge nicht sauber hinbekommen: morgens Atmen, dann Germanistik-Seminar zum Thema Expressionisten, dann eine neue Kaugummisorte und die ewigen Gespräche meiner männlichen Bagger-Kollegen über Brüste, dann Einzelunterricht im Rezitieren von Hölderlin. Und so rezitierte ich auf der Straße und machte Brüste-Witze im Einzelunterricht.

Es waren verschiedene Welten, die da aufeinanderprallten, aber oft genug dachte ich, dass ich die eine Welt nur dank der anderen ausgehalten habe. Hochkultur und Straßenjargon als mein persönliches Yin und Yang.

Als ich Stuttgart nach vier Jahren mit meinem Diplom in der Tasche verließ, da hatte ich ein bisschen gelitten, viel gelacht und jede Menge gelernt. Ich habe länger überlegt, ob ich die Stadt einfach auf meiner Route auslassen soll, weil ich sie ja gut kenne, aber meine dort lebenden Freunde haben protestiert, und so trete ich doch noch auf. Sehr kurzfristig rufe ich im »Forum 3« an, einem Kulturzentrum mit Café, in dem ich abends gekellnert habe und das eine Art Zuhause für mich in Studienzeiten war. Zum Glück haben sie mich dort in guter Erinnerung behalten und funktionieren einen Workshop-Raum als kleine Bühne um, weil dank eines Zeitungsartikels mehr Publikum kommt als gedacht. Trotz der enormen Hitze. Es ist ein besonderes Gefühl, Stationen des eigenen Lebens auf diese Art wieder aufzusuchen. Erst vor wenigen Wochen war ich in Hagen und habe meine Schule besucht, habe bei meiner Lehrerin übernachtet und bin auf der großen Bühne aufgetreten, auf der ich als Jugendliche Theater gespielt habe. Man gleicht ununterbrochen die Gegenwart mit der Erinnerung ab: Wie mickrig diese Treppe zum Schulhof ist und wie riesig sie mir damals erschien. Ach, die Toiletten sind endlich renoviert. Meine Waldorfschule ist heute viel schöner als damals, mehr Gebäude, alles wirkt saniert und frisch.

Die Hochschule sieht eigentlich ganz genau wie damals aus, sogar das Mensaessen scheint gleich geblieben. Ich werde überflutet von Erinnerungen, mit jeder Treppenstufe, in jedem Flur stellen sich Bilder ein. Es ist irgendwie enttäuschend, dass das Leben ohne mich weiterläuft. Dass es jetzt neue Schüler gibt, die beharrlich die Geduldsgrenzen meiner Lehrer austesten. Und es versetzt mir einen Stich, dass meine ehemaligen Deutschlehrer genauso wenig zu meinem Auftritt kommen wie meine Hochschuldozenten. Sie haben anderes zu tun. Ein Teil von mir bleibt immer Schüler, das wird mir spätestens in Stuttgart klar. Ich ringe um die Anerkennung derjenigen, die ich eigentlich längst hinter mir gelassen habe.

Schulzeit und Studienzeit waren so prägend für mich, dass ich es ungern sehe, wie sich dort die Uhr weitergedreht hat. Obwohl ich erwachsen und vernünftig genug bin, um zu wissen, dass das der Lauf der Welt und letztendlich richtig so ist. Lebenslanges Lernen bedeutet wohl auch, dass es immer Menschen gibt, deren Anerkennung man sucht. Egal, wie erwachsen und selbstständig man sich inzwischen wähnt. Stuttgart wird für mich immer ein besonderer Ort sein, auch wenn ich den Talkessel nun gerne hinter mir lasse.

Tübingen habe ich als Studentin viel zu selten besucht, das möchte ich jetzt nachholen und verbringe zwei heiße Tage dort. Eine Stadt, gemütlich wie ein Dorf – mit Stocherkähnen, schlagenden Verbindungen und Hölderlinturm wirkt die kleine Universitätsstadt auf mich etwas aus der Zeit gefallen. Ich tummle mich zwei Tage in den kleinen Gassen, sitze auf der Neckarinsel und warte auf Abkühlung. Die kommt mit der Dunkelheit – ein mächtiges Gewitter geht über der Altstadt nieder, und im Schein der Blitze wirkt die heimelige Kleinstadt auf einmal wie die Kulisse eines historischen Krimis.

Ich ziehe nach dem Regen weiter, das wichtigste Foto im Kasten: »Hier kotzte Goethe«, ein Schild unter einem Fenster in der Altstadt und Zeichen des studentischen Übermuts – über ein Drittel der Einwohner sind Studenten und machen Tübingen zu einer der jüngsten Städte Deutschlands.

Ich fahre den Neckar entlang nach Rottweil. Es ist endlich kälter geworden, es stürmt geradezu, und natürlich weht der Wind direkt von vorne. Als ich die Stadt hinter mir lasse, kommen mir Sturmböen entgegen, ich schaffe es kaum vom Fleck.

Fluchend biege ich auf einen Feldweg ein und muss einem Spaziergänger ausweichen, der mir mit seinem riesigen Hund den Weg versperrt. Irgendetwas an ihm kommt mir bekannt vor, und so mache ich eine Vollbremsung und drehe mich um. Tatsächlich, mein ehemaliger Lehrer für Theaterpädagogik steht vor mir. Es dauert etwas, bis er mich erkennt und versteht, was ich hier mache, mit gelbem Koffer auf einem Feldweg hinter Tübingen. Wir sind beide baff, tauschen Visitenkarten aus und umarmen uns zum Abschied. Ich habe noch eine ordentliche Strecke vor mir, Rottweil liegt hoch und der Wind kommt immer noch von vorne.

In Rothenburg am Neckar springe ich beim Bäcker rein, um mich wärmer anzuziehen, und als ich gerade wieder auf mein Rad steigen möchte, denke ich: »Diesen Gang kennst du doch.« Und tappe meinem ehemaligen Dozenten für Hörspiel hinterher ins Reformhaus. Das gleiche Spiel wie auf dem Feld vor zehn Minuten wiederholt sich. Erklärung, Freude, Visitenkarte, Umarmung. Als ich auf dem Rad sitze, muss ich grinsen, ja, ich empfinde sogar ein wenig Genugtuung. Gutes Konzept: Ich fahre meinen ehemaligen Lehrern einfach über die Füße, dann wollen wir doch mal sehen, ob sie sich noch an mich erinnern!

Rottweil ist die älteste Stadt Baden-Württembergs und für mich eine fantastische Kleinstadt. Meine Mitbewohnerin Friedu hat mich hier in die Geheimnisse der »Rottweiler Fasnet« eingeführt. Mit dem rheinischen Karneval hat das überhaupt nichts zu tun, auch wenn es zur gleichen Zeit stattfindet. In Rottweil erlebt man während der »Fasnet« eine Stadt im Ausnahmezustand. Gut, dasselbe lässt sich über den Kölner Karneval auch sagen, aber hier am Rande der Schwäbischen Alb kann man in eine ganze Welt aus Traditionen und Geheimnissen eintauchen, die ihren Zauber nicht allein aus Kostümen und Alkoholkonsum beziehen. Da ist zum einen die Sprache, der »Narrensprung« beschreibt den riesigen Zug aus Menschen in traditionellen Kostümen, genannt »Kleidle«. Zu den aufwendigen Gewändern gehört die »Larve«, eine handgefertigte Maske. Jedes »Kleidle« symbolisiert einen bestimmten Charakter und eine Funktion; so hat zum Beispiel der »Federahannes« einen Umhang mit Federn, Hauer, eine markante Hakennase und eine Stange, an deren Ende ein parfümierter Kalbsschwanz baumelt. Damit werden die Zuschauer geneckt, aber vor allem die berühmten Sprünge vollführt. Ein »Federahannes« darf auch etwas aufsagen, aber er gibt meist ein provozierendes unnachahmliches Summen von sich, das mal auffordernd, mal zärtlich klingen kann. Ein »Gschell« hat an seinem »Kleidle« Glocken und springt zum »Narrenmarsch« von einem Bein auf das andere und verteilt aus einem Korb Süßigkeiten, die er selbst besorgt hat. Das ist natürlich viel persönlicher als dieser Regen aus Werbegeschenken und Süßkram, der von den riesigen Wagen bei großen Karnevalszügen herabregnet.

Ich war viermal in Rottweil dabei und habe die »Fasnet« nur ansatzweise begriffen, aber es hat in mir eine tiefe Sehnsucht nach Traditionen geweckt. All diese undurchschaubaren Regeln: Die Narren dürfen die Larven nicht vor anderen abnehmen, manche Narren sagen einem etwas auf – das kann von einer Liebeserklärung bis zu einer Standpredigt reichen –, niemals darf man einem Unwissenden verraten, wer unter welcher Larve steckt (und niemals darf der Unwissende danach fragen), singt man ein Lied, bekommt man etwas aus dem Körbchen, wenn das »Rössle« sich losgerissen hat, muss man es mit »Mmmsssassa« zum Treiber jagen – es gibt unendlich viele dieser Regeln, und ich glaube, man muss damit aufgewachsen sein, um sie zu kennen und zu verstehen. Eine strenge Zunft wacht über die Regeln, und so gibt es offizielles Brauchtum und inoffizielle Erweiterungen.

Ich liebte den inoffiziellen Abschluss der Woche: Am Dienstagabend gingen die Feiernden rückwärts durch das schwarze Tor, dazu spielte die Kapelle den »Fasnachtsmarsch« in Moll, und so manchem liefen die Tränen die Wangen herunter, weil das Spektakel jetzt für ein langes Jahr vorbei war. Ich muss zugeben, mir ist das auch passiert. Was natürlich auch mit Katerstimmung und zu wenig Schlaf zu tun haben könnte, aber nicht nur. Diese »Fasnet« in Rottweil schafft mit der Mischung aus jahrhundertealter Tradition, undurchschaubarem Regelwerk und Feststimmung eine Parallelwelt für ein paar verzauberte Tage.

Ich habe noch nie an einem Live-Rollenspiel teilgenommen, aber die Wirkung stelle ich mir ähnlich vor: kollektives Eintauchen in eine Welt, in der es märchenhafte Spielregeln gibt. Man spürt als Gast, dass das alles ein großer Spaß ist und gleichzeitig eine ernste Angelegenheit. Einmal im Jahr werden Plaketten zur offiziellen Teilnahme am Narrensprung verlost, aber nur unter Rottweiler Einwohnern, die flüssig schwäbisch sprechen und ein original »Kleidle« vorweisen können. Ich war also immer am Rand und nie mittendrin, aber das hat mit vollkommen ausgereicht, solange ein »Federahannes« für mich einen Stabhochsprung hinlegte.

Seit meiner ersten »Fasnet« weiß ich, dass Traditionen und Rituale großartig sein können. Mein Alltag hat davon wenig zu bieten, ich gehe nicht in die Kirche, damit fehlt für die großen traditionellen Festtage schon mal die ernsthafte Basis. Von

Ostern bleiben Schokoeier und bestenfalls ein Feuer, Weihnachten ist nur mit viel Glück ein Fest der Liebe, an Pfingsten weiß ich schon gar nicht mehr, warum wir es feiern. Auch nichtreligiöse Festtage wie etwa der 1. Mai haben keine Bedeutung in meinem Leben.

Ich glaube, dass das ein großer Verlust für mich und unsere Gemeinschaft ist – und durch nichts zu ersetzen. Aber ich sehe mich auch nicht mit Blumen im Haar um einen Maibaum tanzen oder dem Schützenverein beitreten. Vielleicht wird es Zeit für neue Traditionen, so sehr das nach einem Widerspruch in sich klingt. Aber wir leben nun mal in einer Zeit voller Widersprüche, das kann ja auch ein Vorteil sein.

Wenn in Rottweil am Rosenmontag in der Frühe die Turmuhr achtmal schlägt und danach die Kapelle den Marsch anstimmt, wenn die ersten Narren ihren Zug durch das schwarze Tor beginnen, dann bekomme ich eine Gänsehaut. Das ist durch nichts zu ersetzen.

Arbeitshypothese Nummer acht: *Wir brauchen gelebte Traditionen.*

FRIEDRICH HÖLDERLIN

Die Heimat

Froh kehrt der Schiffer heim an den stillen Strom
Von fernen Inseln, wo er geerntet hat;
Wohl möchte auch ich zur Heimat wieder;
Aber was hab ich, wie Leid geerntet?

Ihr holden Ufer, die ihr mich auferzogt,
Stillt ihr der Liebe Leiden? ach! gebt ihr mir,
Ihr Wälder meiner Kindheit, wann ich
Komme, die Ruhe noch einmal wieder?

Kulturnation oder: Die Welt ist ein Theater

Ich bin im Ländle auch im »KABIriNETT« aufgetreten, der »Probierbühne auf dem Lande«. Der Schauspieler Thomas Weber hat das kleine Theater vor sechzehn Jahren ins Leben gerufen, es liegt auf dem Großhöchberg. Dieser ist in wunderschöner Naturlandschaft gelegen, man genießt einen grandiosen Ausblick. Den musste ich mir natürlich erkämpfen, 500 steile Höhenmeter. Aber zu den Vorstellungen im »KABIriNETT« nehmen die Menschen generell weite Anreisen in Kauf, sie kommen aus Freiburg, Stuttgart oder Heilbronn.

Nach der Abendvorstellung, einem szenischen Hörspiel auf freiem Feld im Sonnenuntergang, verstehe ich auch, warum: Das »KABIriNETT« ist nicht nur ein Theater, es ist eine Insel. Die Natur spielt in einigen Inszenierungen eine Hauptrolle, sei es beim Freilufthörspiel oder beim legendären »Lümmelpicknick« mit Schwenkgrill und Livemusik unter Obstbäumen. Ein kleiner Biergarten wird eingerahmt von bunten Lampions, Kerzen flackern auf den Tischen, die Schauspieler stoßen nach der Vorstellung mit dem Publikum an – das alles zaubert eine herzliche und familiäre Atmosphäre.

Der Renner des Programms ist ein Stück auf Schwäbisch, in dessen Verlauf Käsespätzle serviert werden. Thomas ist ein Schauspieler, der nicht mehr nur das spielen wollte, was andere ihm sagten, und er hat sich mit dem »KABIriNETT« die

Freiheit geschaffen, sein Programm selbst zu gestalten. Selbst wenn er regelmäßig auf der Bühne steht, weiß ich aus eigener Erfahrung, dass die Organisation hinter den Kulissen wahrscheinlich sehr viel mehr Raum einnimmt.

Auch bei Thomas vermischen sich Privates und Berufliches, das Wohnhaus seiner Familie schließt sich direkt an das Theater an. Das war im »Theater in der Kurve« in Neustadt an der Weinstraße nicht anders. Hedda Brockmeyer, eine Schauspielerin mit wildem Lockenkopf, hat das kleine Theater zu einer Institution für ausgefallene, etwas schräge Stücke gemacht, wie mir ein Zuschauer nach meiner Vorstellung erklärt. Sie wohnt mit ihrem Partner über der Bühne, er macht die Technik. Egal, welche Bühnen ich im Laufe der Reise noch bespiele, das »Badhaus« in Rottweil, die »Kofferfabrik« in Fürth, das »Capitol« in Sulzbach, »Marias Kino« in Bad Endorf, immer stehen hinter den Kulissen Menschen, die ihr Leben dieser einen Sache gewidmet haben: einer Bühne, den Brettern, die in diesem Falle für sie wirklich die Welt bedeuten.

Es wird viel diskutiert über die deutsche Kultur, insbesondere seitdem Hunderttausende Flüchtlinge Schutz in unserem Land suchen. Nur kann man unter dem Begriff »Kultur« unendlich viele Deutungen fassen. Für mich persönlich ist die entscheidende Frage, was uns unsere Kultur wert ist, wie viel Anteil sie an unserem Leben hat. In den kleinen Theatern, in denen ich während der Reise auftrete, meist Bühnen mit fünfzig bis zweihundert Zuschauerplätzen, ist das Engagement Einzelner hoch, und der Verdienst steht wahrscheinlich in keinem Verhältnis zu den Arbeitsstunden. Der Lohn muss also ein anderer sein.

Es gibt darüber hinaus eine Vielzahl ehrenamtlich kulturell

Tätiger. Ich habe viele Veranstaltungen unterschiedlichster Art kennengelernt, und die Veranstalter selbst kann man unter keinem Begriff zusammenfassen. Nahezu jeder Privathaushalt in Deutschland, so kommt es mir vor, mischt in einer kulturellen Vereinstätigkeit, einer Gruppe, einem Kreis mit. Die Organisatoren verdienen meist nichts daran, im Gegenteil, manche Veranstaltungen werden erst durch Zuschüsse möglich. Aber sie haben sichtbar Freude am Umgang mit der Kultur, am Gemeinschaftserlebnis. Die Ausrichtungen sind dabei so vielfältig, wie es die Gruppierungen sind. Mir ist bewusst, dass ich mich hauptsächlich im »Bürgertum« bewege und dass man leichter auf mich aufmerksam wird, wenn sowieso schon kulturelles Interesse vorhanden ist. Aber auch auf der Straße, bei zufälligen Begegnungen treffe ich immer wieder auf Menschen, die sich engagieren: im örtlichen Museum, im Denkmalschutz, im Heimatverein, in der Kirche, im Schützenverein, Sportverein, der Feuerwehr, im Chor, Lesekreis, im Lions- oder Rotary-Club; die Liste ließe sich endlos fortführen.

Wir Deutschen sitzen nicht abends einfach zusammen an einem großen Tisch oder auf der Straße, wie es in südlicheren Ländern üblich ist, wir sind auch in unserem Gemeinschaftsleben stark organisiert und engagiert. Es gehört anscheinend zu unserem Selbstverständnis, vielleicht sogar zu unserer Identität. Kulturelle Veranstaltungen spielen dabei eine große Rolle, das weiß ich nach dieser Reise. Und die eingeladenen Künstler haben augenscheinlich die angenehmste Rolle: Sie müssen keine Plakate kleben, nicht die Presse informieren, Stühle aufstellen und den Wein kühlen. Sie kommen, treten auf, erhalten Applaus und Blumen, trinken ein Glas Wein, fallen ins Hotelbett und ziehen am nächsten Tag unbeschwert weiter. Wohingegen die Veranstalter aufräumen, die Abrechnung machen und schon die Flyer für die nächste Veranstaltung auslegen. Um es mit meinem ehemaligen Professor zu sagen: »Ich übertreibe, um zu veranschaulichen.« Es gibt zahlreiche Momente, in denen es kein Spaß ist, Künstler zu sein, und ich kenne niemanden, der völlig unbeschwert damit lebt. Aber wir können uns auch nicht darüber beklagen, dass unsere Landsleute nicht wertschätzen, was wir tun. Kultur spielt in unserem Leben immer noch eine große Rolle, trotz Digitalisierung und Dauerüberforderung.

Es bleibt ein Wermutstropfen, ein Haken, eine große Frage, die das ganze Bemühen um Kultur in ein anderes Licht stellen kann: Ist sie Teil unseres Lebens?

Oder anders gefragt: Aus welchem Motiv findet diese Vielzahl an kulturellen Veranstaltungen statt, um was und wen geht es dabei? Beeinflusst Kultur unsere Gedanken, unser Handeln, unser Leben?

Wenn ja, macht sie die Welt besser? Konkret, an jedem Tag?

Und wenn nein, was hat sie dann für einen Sinn?

Ich verstehe, warum Zuschauer von überall her ins »KABirNETT« kommen. Dort sehen sie nicht nur Theater, dort finden sie ein kleines Stückchen heile Welt. Danach sehne ich mich, seit ich mich erinnern kann. Nach einem Ort, der unbeschadet ist, an den die Wirren der Welt nicht heranreichen können. Als ich aufgebrochen bin zu dieser Reise, hatte ich ein persönliches Anliegen: diese große Katastrophe, die mein Leben unwiederbringlich verändern würde, nicht einfach so hinzunehmen. Dagegen anzustrampeln, dem Tod in irgendeiner Form einen Sinn abzuringen. Das ist mir nun gelungen, wenn auch nicht ohne Trauer. Trauer findet ihren Weg, sie ist mit mir gereist, sie

wurde meine Begleiterin. Aber im Laufe der Reise verlor sie an
Schärfe, die Verzweiflung wich einem liebevollen Andenken
an den Menschen, der mich in diese Welt gesetzt und vierunddreißig Jahre auf meinen Weg begleitet hat.

Und in meinem Bewusstsein nimmt etwas anderes stärkeren
Raum ein: die Frage nach dem Zustand dieser Welt. Als ich im
Mai 2014 aufgebrochen bin, war »deutsche Identität« noch
kein Thema in den Medien. Das hat sich innerhalb dieser eineinhalb Jahre rasant geändert, die Frage nach dem Wesen der
Heimat wird immer lauter. Es ist, als wollten wir Zuflucht suchen vor dem Chaos und den Unruhen in der ganzen Welt, die
auch unser Land nicht verschonen.

Was kann in solchen Zeiten Aufgabe der Kultur sein?

Ich weiß nicht, ob man der Kultur eine Aufgabe geben kann.
Ich denke, sie muss aus sich heraus kommen, das habe ich am
eigenen Leib erlebt. Niemand hätte mich mit diesem Projekt
beauftragen können, das konnte nur ich selbst. Allein dadurch, dass diese Reise meinem ganz persönlichen Bedürfnis
entsprungen ist, bin ich in der Lage, durchzuhalten. Und ich
denke, nur so kann Kultur etwas bewirken. Sie muss von innen kommen.

Wir benötigen Kultur in dieser Welt, dringend. Sie kann uns
all das geben, was wir in diesen schnellen Zeiten brauchen:
Sinn, Gemeinschaft, Weisheit, Mitgefühl, Humor und Liebe.
Oder anders gesagt: ein Zuhause. Ob in einem Bild, einem
Musikstück, einem Tanz, einem Gedicht – in allem kann ein
Funke Wahrhaftigkeit aufleuchten. In allem kann die ganze
Welt enthalten sein.

Wenn wir uns also darüber Gedanken machen, ob wir heute
noch eine Kulturnation sind, dann geht es für mich um die
Frage, ob wir uns um diesen Funken bemühen. Und sowohl

das Publikum als auch die Künstler müssen diesen Funken erreichen wollen. Nur dann kann er überspringen. Nur dann hat Kultur Sinn.

Auch ich erreiche diesen Funken bei Weitem nicht immer. Als Selbstständige kämpfe ich täglich mit meinem persönlichen und künstlerischen Anspruch und der wirtschaftlichen Realisierbarkeit. Und jetzt auf der Bühne kämpfe ich mit mir selbst. Ich bin nicht selten müde, unkonzentriert und denke vor meinem Auftritt schon an die Erleichterung am Ende, wenn ich das Programm hinter mich gebracht habe. Mir ist bewusst, dass das natürlich auch den Strapazen der Reise geschuldet ist, und trotzdem: Auftreten ist harte Arbeit. Weil im Scheinwerferlicht nichts verborgen bleibt, jede Schwäche sichtbar wird. Und manchmal fühle ich mich dem nicht gewachsen, dann sage ich wie automatisiert auswendig gelernte Texte mit sicheren Pointen auf. Die Gedichte erweisen sich in solchen Momenten als Anker, an ihnen kann ich mich festhalten, in ihnen komme ich zur Ruhe und zu meinem Publikum.

Aber zum Glück habe ich viel häufiger das Gegenteil erlebt: im Wohnzimmer, auf der Bühne, das spielte keine Rolle – ein Funkenflug. In dem Moment lohnt sich Kultur für alle Seiten, jeder geht bereichert nach Hause. Mir ist es egal, ob wir Kulturnation genannt werden oder nicht, wie viele Veranstalter es gibt, wie viele Kulturschaffende. Ob wir genug subventionieren oder Kultur mehr fördern sollten. Für mich ist entscheidend, ob ich genug Lieder und Gedichte kenne, um meinen Kindern damit Wurzeln zu geben. Ob ich auch in Zukunft genug Zeit haben werde, nach dem zu suchen, was ich wirklich sagen will. Und ob ich mutig genug bin, die Funken fliegen zu lassen.

»Ich wusste nicht, was mich erwartet«, sagten viele nach

meinem Programm, »aber das hat mich total überrascht.« Und meinen damit wohl in erster Linie sich selbst, weil sie schlicht nicht wussten und es sich auch nicht vorstellen konnten, Gedichte zu mögen. Viele Menschen schreiben Gedichte oder lesen sie. Das weiß ich, weil sie es mir erzählt haben. Romantik und Poesie leben noch in uns. Sie nehmen vielleicht wenig Raum im Alltag, im Bewusstsein ein, aber so lange ein kleines Wohnzimmer, ein ganzes Theater bei einer Ballade die Luft anhält – so lange gehört dieses Erbe zu uns. Und erweist sich als kostbarer, unersetzbarer Schatz.

Und das bringt mich zur neunten Arbeitshypothese: *Ja, wir sind noch das Land der Dichter und Denker!*

Im idyllischen »KABIriNETT«, im schrägen »Theater in der Kurve« fliegen die Funken. Und das hat maßgeblich mit den Menschen zu tun, die sich mit ihrem Theater selbst einen Auftrag erteilt haben und alles daran setzen, diesen zu erfüllen, Tag für Tag und Nacht für Nacht.

JOHANN WOLFGANG VON GOETHE

Natur und Kunst

Natur und Kunst, sie scheinen sich zu fliehen,
Und haben sich, eh' man es denkt, gefunden;
Der Widerwille ist auch mir verschwunden,
Und beide scheinen gleich mich anzuziehen.

Es gilt wohl nur ein redliches Bemühen!
Und wenn wir erst in abgemeßnen Stunden
Mit Geist und Fleiß uns an die Kunst gebunden,
Mag frei Natur im Herzen wieder glühen.

So ist's mit aller Bildung auch beschaffen:
Vergebens werden ungebundne Geister
Nach der Vollendung reiner Höhe streben.

Wer Großes will, muß sich zusammen raffen;
In der Beschränkung zeigt sich erst der Meister,
Und das Gesetz nur kann uns Freiheit geben.

Der Schwarzwald oder: Es ist Liebe!

Titisee – Freiburg

Nach Heidelberg musste ich eine Entscheidung treffen: Fahre ich zum nächsten Gastgeber in Ellhofen über Land, 73 Kilometer auf und ab, oder den Neckar entlang? Das wären gut 100 Kilometer, aber ohne nerviges Navigieren oder Berge. Ich nehme den Neckarweg und habe den ganzen langen Tag Zeit, das zu bereuen. Es ist heiß. Es sind über 40 Grad und es gibt wenig Schatten. Als ich gegen Mittag ein Freibad sehe, mache ich überhitzt Zwischenstation, obwohl ich noch nicht einmal die Hälfte der Strecke hinter mir habe.

Danach wird alles eine Qual, die Etappe erscheint mir endlos, ich bekomme Kopfschmerzen und kann kaum noch auf dem Rad sitzen vor Erschöpfung. Kein Lufthauch weht, der Gegenwind kommt natürlich nicht, wenn man ihn braucht. Nach einer Ewigkeit laufe ich bei Michael und seiner Tochter Zoé in Ellhofen ein, lasse mich vom Fahrrad fallen und setze mich vor die Haustür. Ich klingle im Sitzen und stehe auch nicht auf, als meine Gastgeber rauskommen. Ich bin pitschnass geschwitzt und puterrot im Gesicht und ausschließlich mit Atmen beschäftigt.

Michael und seine Freundin bringen mir Wasser und tragen meine Taschen rein; ich übernachte in einem Fotostudio im Keller, dem kühlsten Raum im Haus. Nach der kalten Dusche sitze ich am Tisch und zwinge mich zu essen, auch wenn ich kaum etwas herunterbekomme. »Das war grenzwertig«, warne ich mich selber, als ich spätabends mein Gesicht im Spiegel sehe – ich bin immer noch puterrot. Diese Hitze macht für mich alles unberechenbar, vor allem meinen Körper. Ich kenne so ein Wetter nicht, weiß nicht, wie man damit umgeht. Im Nachhinein wird mir klar, dass ich wahrscheinlich besser um 5 Uhr in der Frühe losgefahren wäre, mittags unter einem Baum Siesta gemacht hätte, um dann gegen Abend weiterzufahren.

In den nächsten Tagen und Wochen wird das meine größte Herausforderung werden: lange Hitzeperioden, abgelöst von plötzlichen Wetterumschwüngen. Starke Windböen, blitzartige Regengüsse, alles ist in Sekundenschnelle möglich. An manchen Tagen ziehe ich mich alle 20 Minuten um. Das Wetter ändert sich so schnell, dass ich einzelne Luftschichten erspüren kann. Mal ist die Temperatur an den Beinen eine ganz andere als die um meinen Kopf, manchmal fahre ich durch warme Luftfelder, die sich mit kalten abwechseln. Meine größte Sorge ist, mich zu erkälten. Was soll ich tun, wenn ich krank werde? Mich bei einem Gastgeber einquartieren, die kommenden Auftritte absagen? Ich versuche alles, damit das nicht passiert. Also mache ich nur kurze Pausen, um nicht zu frieren, und springe direkt nach meinem »Hallo, ich bin Anna Magdalena« unter die Dusche. Das klappt halbwegs, mehr als ein Halskratzen habe ich bis Regensburg nicht, da erwischt es mich dann aber. Zum Glück stellt mir meine Gastgeberin ihre Wohnung zur Verfügung, und nach zwei Tagen Bett und Tee geht es wieder.

Was mich an diesen Wetterkapriolen so erschreckt, ist die

Deutlichkeit, mit der sie zukünftige Verhältnisse in Deutschland aufzeigen. »Hitzewellen werden stärker, Unwetter heftiger, Dürren häufiger auftreten, was vermehrt zu Hochwasser und Waldbränden führt«, so lautet in etwa die wissenschaftliche Prognose des DWD (Deutscher Wetterdienst) für unsere klimatische Zukunft. Die Konsequenzen für die Landwirtschaft und die gesamte Flora und Fauna sind nicht absehbar.

Es war im Schwarzwald, an einem heißen Tag Ende Juli, als ich mich verliebte. Nicht flüchtig, sondern endgültig. Begonnen hatte diese Liebe schon am langen Sandstrand von Amrum, vertiefte sich in Angeln, wurde immer stärker am Darß, an der mecklenburgischen Seenplatte, im Elbsandsteingebirge. Die letzten Tage bin ich am Neckar entlanggefahren, zwischen Tübingen und Rottweil wurde es dann richtig idyllisch, das Graugrün des Flusses wich einem dunklen Braun, der Strom wurde immer kleiner und schlängelte sich durch grüne Auen und waldbestandene Berghänge, bis er zu einem Rinnsal schmolz und in einer Mauer verschwand. Es berührte etwas ganz Besonderes in mir, einen Fluss bis zu seiner Quelle zu begleiten. Als würde ich den Lebenslauf eines Wesens bis zu seiner Geburt zurückverfolgen, an den Ursprung seines Daseins. Nach dem Auftritt in Rottweil am Rande der Schwäbischen Alb fahre ich nach Freiburg durch den Schwarzwald. Im Vorhinein habe ich etwas Sorge, ob ich die Strecke schaffe – es sind nur gut 80 Kilometer, aber 800 Höhenmeter.

Ich fahre am ersten Tag bis zum Titisee, übernachte dort in der Jugendherberge und habe dann nur noch 30 Kilometer Abfahrt nach Freiburg vor mir. So weit der Plan. Ich radle eigentlich nicht gern durch den Wald, da bin ich manchmal ganz allein und sehe stundenlang kein Tageslicht, das Navi hat keine Verbindung und ich fühle mich wie die kleine Gretel, die vielleicht nie wieder herausfindet aus dem dunklen Tann.

An diesem Tag im Schwarzwald möchte ich jedoch nirgendwo anders sein in der Welt. Die Bäume bieten genug Schatten, dass ich stetig vorankomme, die Sonne scheint zwischen den dicken Stämmen hindurch, der Boden ist von hellgrünem Moos bedeckt, kleine Bächlein glitzern in der Sonne. Es ist still. Manchmal knackt ein Ast, singt ein Vogel, quakt ein Frosch. Dann ist es wieder still. Mein Handy hat schon lange keinen Empfang mehr, ich fahre einfach bergauf, das kann nicht falsch sein. Und lausche. Und schaue. Und staune. Und bin endgültig verliebt. Ausgerechnet »der deutsche Wald«, seit dem 19. Jahrhundert eine romantische Metapher und Gegenstand zahlreicher Sagen, Märchen, Gedichte, Bilder und nicht weniger als ein Symbol für unsere Kultur, besiegelt diese Liebe.

Während ich stundenlang in andächtigem Schweigen durch den tiefen Wald fahre, lasse ich die letzten Monate Revue passieren. Und mir wird klar, dass ich diese Reise niemals ohne die Hilfe der Natur bewältigt hätte. Die Begegnungen mit meinen Mitmenschen, die Auftritte, die Kämpfe mit mir selbst, all das war spannend, aufregend und kräftezehrend. Und Kraft tanken konnte ich immer in der Natur. Zwei stille Tage auf dem Rad in einsamer Landschaft, und ich war wiederhergestellt. Wieder bereit, beim nächsten Auftritt alles zu geben. Daher war ich immer auf der Suche nach noch mehr Einsamkeit, nach ursprünglicher, unberührter Natur. Und musste feststellen, dass es das nicht mehr gibt. Überall sieht man die Spuren des Menschen, durch Landwirtschaft, Forstwirtschaft, Tourismus.

Ich erinnere mich an einen *Spiegel*-Artikel, den ich unlängst gelesen habe: Darin rufen Wissenschaftler das »Anthropozän« aus, das Zeitalter der Menschen, da der Mensch den Planeten grundlegend verändert habe und es keine »unberührte« Natur mehr gebe. Seitdem sehe ich die Natur mit anderen Augen, sehe den begradigten Fluss und den aufgeforsteten Wald, den Stausee und die Schneise im Berg. Aber das tut meiner Liebe keinen Abbruch, im Gegenteil. Trotz allem ist die Schönheit der Natur durch alle äußeren Einwirkungen sichtbar. Trotz allem verzaubert sie mich und stärkt mich. Während ich mich immer bergauf durch den Schwarzwald kämpfe, weiß ich plötzlich, dass das eines der wertvollsten Geschenke dieser Reise ist: Ich liebe mein Land. Und denke dabei an all die verschiedenen Facetten dieses Landes, die ich in den Monaten der Reise zu sehen bekommen habe. Wie viele Gesichter die Natur hat, wie unendlich sie in ihrer Vielfalt ist. Deutschland ist reich, das wird mir auf einmal bewusst.

Deutschland – vor meiner Reise hat dieses Wort viele Assoziationen hervorgerufen, und wenige waren positiv. Der Staat, die Regierung, die Bürokratie, die Wirtschaft, das alles konnte Deutschland sein, aber mit mir hatte das wenig zu tun. Heute verbinde ich damit zuallererst das Land. Die Landschaft. Und die ist kraftvoll, vielseitig und wunderschön.

Der *Norden* mit seinem weiten Himmel, den rasenden Wolken, dem Spiel aus Licht und Dunkelheit: Wasser und Weite überall, das macht etwas mit mir. Etwas fällt von mir ab, wenn ich in das nördliche Licht schaue, ich fühle mich frisch und ernst, mit einem leichten, aber angenehmen Ziehen im Magen. Ich will dann nichts als geradeaus fahren, immer weiter, immer höher hinauf in den Norden und niemals ankommen. Ich ersehne Einsamkeit und Stille, ich brauche nichts als diesen gewaltigen Himmel über mir, der immer in Bewegung ist. Und die Landschaft, die Unkundige als »platt« bezeichnen – alles fügt sich darein: Der See spiegelt das Licht, das Meer atmet in seinen Rhythmus, die Bäume tanzen ihren Reigen nach dem Spiel von Himmel und Wind. Im Norden ist der Mensch Untertan des Windes, und er ist es gerne.

Dagegen der *Osten:* Die Landschaft ist so vielseitig, wie die Menschen unterschiedlich sind. Mecklenburg und Vorpommern, die Ostsee, Rügen, Usedom, Felder, so weit das Auge reicht, uralte Bäume, aufgereiht in Alleen, wie Wächter stehen sie da, Zeitzeugen einer vergangenen Welt. Paradiesisch glänzt die Seenplatte in der Sonne, tiefe, undurchdringliche Wälder in Brandenburg, die Lausitz mit den bunten Umgebindehäusern, Fenster wie Augen unter großen Wimpern, der Spreewald, urwaldgrün und durchzogen von Wasseradern, Sachsen, sanfte Hügel, die Elbe, das märchenhafte Elbsandsteingebirge, bizarre Bergformationen zeugen von einem längst vergangenen Meer, Thüringen, sanfte Berglandschaften, Schluchten, Flüsse, Weinberge, dichter Wald. Es gibt nicht »den Osten«. Die Landschaft ist ein Wechselspiel an Formen und Farben, sie ist prägend und erhaben und wild und wunderschön. Der Osten weckt meinen Abenteuergeist, hier möchte ich Unbekanntes entdecken, begreifen, erobern.

Dann der *Westen:* Überall ist Wunderland, überall ist Leben – und die Natur ist im Westen, in der Mitte, im Herzen des Landes ebenso voller Leben. Flüsse durchziehen das Wechselspiel aus großen Städten und kleinen Ortschaften, riesige Industrieanlagen münden in grüne Oasen. Parks und Naherholungsgebiete verbinden Urbanität mit Erholung in der Natur. Dichte Wälder und ausgedehnte Landwirtschaft findet sich direkt neben städtischem Leben wieder. Die Mittelgebirge verleihen der Landschaft Vielseitigkeit und Abwechslung, kein Landstrich ist wie der andere. Im Westen fühle ich mich überraschenderweise geborgen, aufgehoben in der Lebendigkeit und Vielseitigkeit der Menschen wie der Natur. Hier muss ich nichts sein, was ich nicht bin, hier bin ich ein Teil vom Ganzen.

Und der *Süden:* so mannigfaltig! Die Nahrung, die Lebensfreude, die Natur, so vieles am Süden ist reichhaltig und prächtig. Idyllische Dörfer, erhabene Schlösser, schmale Gassen durch verwinkelte Altstädtchen, Farbenpracht allenthalben, Sinnlichkeit. Flüsse und Seen durchziehen Bergketten, das Allgäu ist ein Bilderbuch, in dem es am Ende immer gut ausgeht. Die Bergketten der Alpen sind mehr als ein Symbol der Sehnsucht, sie zeugen von der Größe und Allmacht der Natur, sie zeigen die Grenzen des Menschen genauso wie seine Möglichkeiten. Ich trage dieses Land in meinem Herzen. Für mich gibt es »kein schöner Land«.

Und doch glaube ich, mit Ländern ist es wie mit Kindern: Liebt man eines, liebt man alle. Ich liebe dieses Land und somit alle Länder. Die Natur kennt keine Grenzen.

Am Abend erreiche ich den Titisee, einen 20 Meter tiefen und 1,3 Quadratkilometer großen See auf 840 Meter über dem Meeresspiegel. Er liegt eingebettet zwischen dunklen Bergen im Hochschwarzwald. Nach zwei riesigen Tellern voller Spaghetti Bolognese im Trubel der Jugendherberge setze ich mich an den See, in dem sich das Abendlicht spiegelt. Vor knapp tausend Jahren wurde der Titisee das erste Mal in einer Urkunde des Klosters Schaffhausen erwähnt. Wer weiß, was im Zuge des Klimawandels mit diesem Gewässer passiert. Auf einmal fühle ich mich der Natur verbunden. Sie hat mich getragen, und ich denke, ich bin ihr etwas schuldig. Plötzlich betrachte ich mich als mit verantwortlich für das Chaos, in das sie diesen Sommer so ganz offensichtlich gestürzt ist. Sie ist der größte Schatz dieses Landes, sie ist das Land selbst.

Am nächsten Morgen verfahre ich mich im deutschen Wald. Ein engagierter junger Jugendherbergsmitarbeiter rät mir dringend davon ab, die Route durch das Höllental nach Freiburg zu nehmen, eine enge, vielbefahrene Schlucht. Der Mountainbiker verrät mir eine verschlungene Waldstrecke, »und ab dem Hof einfach immer nur noch entweder links oder bergab«. Das musste ja schiefgehen. Irgendwann geht es weder nach links noch bergab. Ich werde nervös, kein befahrbarer Weg mehr zu sehen, keine Menschenseele, kein Handy-Empfang. Ich stolpere mit meinem schwer beladenen Rad über Stock und Stein und fluche dabei. Ja, ich liebe die Natur, aber im Moment könnte sie etwas weniger unberührt sein. Warum habe ich nicht einfach die laute und riskante Bundesstraße genommen? Ursprüngliche Natur kann auch gefährlich sein. Um sechs Uhr halte ich einen Vortrag in Freiburg, spätestens gegen vier muss ich die Stadt erreichen. Es ist schon Mittag und ich habe immer noch keinen blassen Schimmer, wo der Ausgang aus diesem riesigen Wald ist.

Gerade als ich mich wirklich wie Gretel ohne Hans und ohne Brotkrumen fühle, sehe ich einen Mann. Völlig bewegungslos sitzt er an einem Baumstamm. Er hat lange weiße Haare, und auf seinen Knien ruht ein Gewehr. Ich bringe mein schlingerndes Rad vor ihm zum Stehen und platze erleichtert heraus: »Wissen Sie, wie ich hier den Ausgang finde? Ich muss nach Freiburg! Wo ist denn die nächste feste Straße?«

Er sieht mich schicksalsergeben an: »Da runter, immer bergab, dann kommt die Straße.« Sein Kopf deutet auf einen schmalen Pfad. Er sieht traurig aus. »Habe ich Sie gestört?«, frage ich.

»Ich habe heute in der Früh ein Wild gesehen.« Der Weißhaarige spricht langsam mit leiser Stimme und schaut dabei durch mich durch. »Jetzt ist es weg.« Mir wird klar, dass jedes Wild im Umkreis von 5 Kilometern aufgrund meines lautstarken Kampfes durch den Wald Reißaus genommen haben muss. »Tut mir leid«, sage ich, und er schaut noch trauriger. Vorsichtig lenke ich mein Rad auf den kleinen Pfad, und tatsächlich bin ich eine halbe Stunde später auf der Landstraße Richtung Freiburg. Unendlich erleichtert. Dieser traurige Jäger war meine Rettung. Natur ohne den Menschen geht also wohl auch nicht so ganz, zumindest finde ich mich darin nicht zurecht.

Der Schwarzwald weicht einer weiten Ebene, die an einem Fluss entlang nach Freiburg führt. Es ist das erste Mal, dass ich mich richtig freue auf das Stadtleben. Straßen, Geschäfte, Cafés, Menschen – wie beruhigend!

Und trotzdem ist mir eines klar geworden: die Natur braucht mich nicht, ich aber brauche sie mehr als alles andere.

EUGEN ROTH

Ausgleich

So mancher hat sich wohl die Welt
Bedeutend besser vorgestellt –
Getrost! Gewiß hat sich auch oft
Die Welt viel mehr von ihm erhofft!

Basel oder: Schweizer und Deutsche

Basel – Grenzach-Whylen – Singen – Owinger – Gaissau

Am 9. Februar 2014 stimmte die Schweizer Bevölkerung mit knapper Mehrheit für eine Beschränkung des Zuzugs in ihr Land. Für manche Deutsche mag das Ergebnis der Volksabstimmung eine große Überraschung gewesen sein, vielleicht aber nicht für diejenigen, die als Deutsche in der Schweiz leben. Ich will wissen, was da los ist im nachbarschaftlichen Verhältnis, und fahre den Rhein entlang bis Basel. Meine Gastgeberin lebt direkt hinter der Grenze in Deutschland und arbeitet in Basel bei einem großen Pharmakonzern, sie ist also ein sehr typisches Exemplar des Modells, das anscheinend für Spannungen sorgt.

Als ich in der Hitze am Rhein entlangfahre, das Hafengebiet hinter mir lasse und in die Stadt komme, finde ich Basel erstaunlich entspannt – überall sehe ich Menschen in Badekleidung flussaufwärts flanieren, als wären sie am Strand und hätten alle Urlaub. Das ganze Rheinufer ist gesäumt von Menschen, die halbnackt auf Stufen am Wasser sitzen, Eis schlecken und im Takt der Musik mit den Füßen wippen. Ich setze mich dazu und schaue auf das Wasser, in dem viele bunte Punkte schwimmen. Die Punkte kommen näher, sie kommen direkt auf mich zu, und auf einmal erkenne ich, dass es Köpfe sind, die von knallbunten Kopfkissen über Wasser gehalten werden. Einige steuern zielsicher auf die Leiter neben mir zu. Bevor die Strömung sie weiter mitziehen kann, halten sie sich an der Leiter fest und klettern aus dem Wasser. Ein Schwimmer nach dem anderen krabbelt aus dem Rhein heraus, es werden immer mehr. Zielstrebig laufen sie auf eine Dusche zu, die sich wie selbstverständlich in die Uferpromenade einfügt. Sie brausen sich ab, setzen sich auf die Treppen neben mich in die Sonne und kramen aus ihren aufblasbaren Kopfkissen Sandalen, Handy, Autoschlüssel und Portemonnaie oder etwas zum Überziehen. Damit machen sie sich dann auf den Weg zur Bahn oder ihrem Auto, das an der Einstiegsstelle flussaufwärts steht.

Langsam begreife ich: Basel ist ein Schwimmbad! Die Menschen packen ihr Zeugs in dieses Plastikding (»Wickelfisch« heißt es und ist in der ganzen Stadt seit Monaten ausverkauft, wie ich später erfahre), dann werfen sie sich am einen Ende der Stadt in den wunderbar kühlen Fluss und lassen sich zum anderen Ende treiben, wo sie wieder rauskrabbeln und das Ganze wiederholen oder weiter ihrer Wege ziehen. Ich steige probehalber kurz ins Wasser; ich kann nicht glauben, dass man wirklich nur mit dem Strom schwimmen kann. Ich schaffe nicht einen Meter stromaufwärts, mit viel Kraftanstrengung kann ich mich an einer Stelle halten. Wenn ich Abkühlung will, dann geht es wohl nur so, wie die Basler es machen.

Am nächsten Abend trete ich bei meiner Gastgeberin in Grenzach-Whylen auf. Es kommen Deutsche und Schweizer, die Stimmung ist gelöst, es wird viel gelacht. Als ich nach den nachbarschaftlichen Spannungen frage, sind sich alle einig, dass es die wohl gibt, aber nicht unbedingt hier in Basel; als Grenzstadt zu zwei Seiten ist man Einflüsse von außen seit langer Zeit gewöhnt und schätzt sie auch. Und der wirtschaftliche Gewinn funktioniert ja in beide Richtungen: Überall hinter der Grenze schießen auf deutschem Boden Supermärkte und Tankstellen in die Höhe, »da brauchen wir Deutschen überhaupt nicht hinzufahren, da steht man in riesigen Schlangen an jeder Kasse zwischen Schweizern an«. Ich habe gestern zwei Kugeln Eis an der Rheinpromenade gekauft und dafür 6 Euro gezahlt, ich würde es genauso machen. Aber die günstige Einkaufsmöglichkeit sollte ja eher für uns als deutsche Nachbarn sprechen, nicht gegen uns.

Am nächsten Abend halte ich einen Vortrag in einem Basler Atelier mitten in der Stadt, auch hieran schließt sich eine gemütliche und aufschlussreiche Gesprächsrunde, und als ich Basel wieder verlasse, muss ich mein Bild der Schweizer korrigieren. Ja, sie sind mir immer noch überaus sympathisch. Ja, sie leben in einem wunderschönen Land, das enorm viel zu bieten hat. Und nein, sie sind nicht selbstbewusster als wir Deutschen. Ich habe absolut keine Ahnung, warum ich das bisher angenommen habe. Die eigene Währung, die Berge, die Sprache, das höfliche Auftreten, der verschmitzte Humor – wann immer ich Schweizer getroffen habe in meinem Leben, erhielten sie einen Sympathievorschuss bei mir. Daran hat sich auch nichts geändert, im Gegenteil. Nur weiß ich jetzt, dass sie sich uns Deutschen teilweise unterlegen fühlen. Ironisch nennen sie uns »den großen Kanton«, als könnten sie damit die gefühlte Übermacht kleinreden.

Was ich in den wenigen Tagen, die ich in der Schweiz verbringe, herausfinde, ist, dass es anscheinend einen weitverbreiteten Komplex gegenüber unserer Sprache gibt. »Hochdeutsch« können zwar alle Schweizer sprechen und verstehen, aber sie fühlen sich darin längst nicht so zu Hause wie im Schweizerdeutsch. Dass sie inzwischen im beruflichen Kontext oftmals Hochdeutsch sprechen müssen, schreiben sie den vielen deutschen Kollegen zu. In ihren Augen treten diese viel zu selbstbewusst auf, zumal sie sich nicht im eigenen Land befinden.

Eine Architektin sagt: »Die Deutschen in meinem Team kommunizieren ihre Ideen und Vorhaben direkt nach außen und wirken dadurch präsent und produktiv. Wenn ich eine Idee habe, dann probiere ich die Umsetzung erst mal eine Weile aus, und nur wenn ich sehe, dass sie etwas taugt, erzähle ich anderen vielleicht davon.« Oje, ich bin eindeutig deutsch. Wie viele Schweizer ich durch mein lautstarkes Auftreten wohl schon brüskiert habe? Meine deutsche Gastgeberin schmunzelt, als ich sie danach frage: »Na ja, ich denke, das hat weniger mit den Schweizern zu tun als mit dem Landstrich hier. Ist dir aufgefallen, dass du immer die Lauteste bist?« – »Wie, wann, was, wo denn?«, rufe ich. Nicht gerade leise, wie ich feststellen muss.

»Ihr Nordlichter seid eben so, dieses Direkte, da zucken wir hier öfter mal zusammen. Ich sage mir dann immer ganz bewusst, dass es nicht böse gemeint ist von euch, sondern dass ihr einfach so seid.«

Ich senke die Stimme und hauche in meiner sonorsten Resonanzstimme: »Wie sind wir denn?«

»Na ja, laut eben. Und geradeheraus.«

Ich lasse die letzten Tage Revue passieren, tatsächlich sind mir die Menschen zurückhaltend vorgekommen, auch schon in Freiburg. Und ja, auch nach den Auftritten war ich durchaus immer die Lauteste. »Dann seid ihr Süddeutschen an der Grenze den Schweizern ja eigentlich viel näher als uns Norddeutschen?«

»Das glaube ich auch«, sagt meine Gastgeberin und lächelt schelmisch. »Eigentlich haben wir alle einen Komplex euch Schreihälsen von da oben gegenüber, wobei ich manchmal denke, wir könnten uns eine Scheibe von eurem sicheren Auftreten abschneiden.«

Ich frage lieber nicht, was sie mit »da oben« meint. Ich ahne, dass es alles sein kann, was nördlich von Freiburg liegt. Langsam verstehe ich die Komplexität von Identität. Landesgrenzen, Stadtgrenzen, Sprache, Verhaltensweisen – das alles scheint in dem einen Moment eine große Rolle zu spielen und im anderen gar keine. Je nachdem, in welcher Situation und Zusammensetzung man sich gerade befindet.

Als ich mich, den ausgeliehenen »Wickelfisch« unter meinem Kopf, den kühlen Rhein hinuntertreiben lasse und die Skyline von Basel an mir vorüberzieht, fällt mir ein, wie ich unlängst einen befreundeten Schweizer gefragt habe: »Warum seid ihr nicht in der EU?«

»Wir sind zu klein, wir hätten da keine Chance, unsere Interessen durchzusetzen.«

»Aber wir könnten euch brauchen!«

»Das stimmt«, sagte er, »das könntet ihr wirklich.«

Erst machen, dann reden, Gelassenheit, Höflichkeit, Neutralität – wir könnten sie wirklich brauchen, diese souveränen Schweizer.

FRIEDRICH VON SCHILLER

Freiheit liebt das Tier der Wüste

Freiheit liebt das Tier der Wüste,
Frei im Äther herrscht der Gott,
Ihrer Brust gewalt'ge Lüste
Zähmet das Naturgebot.

Doch der Mensch in ihrer Mitte
Soll sich an den Menschen reihn,
Und allein durch seine Sitte
Kann er frei und mächtig sein.

Bayern oder: Man trägt jetzt Fuchs

Alpen – Allgäu

»Der Fuchs ist der neue Hirsch«, sagt Maria. »Der Hirsch hat langsam als Heimatsymbol ausgedient. Es gibt in Bayern fast nichts mehr zu kaufen ohne einen Hirsch. Nun muss was Neues her, also ist der Fuchs der neue Hirsch.« Maria Hafner muss es wissen. Sie erlebt mit ihrer Band »Zwirbeldirn« den bayerischen Heimatboom hautnah. »Zwirbeldirn« macht Volksmusik, die drei Musikerinnen schreiben Lieder selbst oder interpretieren alte Musikstücke neu. »Natürlich profitieren wir mit unserer Musik von dieser Entwicklung«, sagt Maria. »Aber langsam wird mir das etwas unheimlich. Nimm du diesen Hype mal unter die Lupe, ich bin gespannt, was du dazu sagst.«

Da habe ich aber einen Auftrag bekommen von meinem Mariechen! Und ich erinnere mich an einen Abend vor sechs Jahren, als ich mit ihr und einer großen Gruppe Volksmusiker in München um die Häuser zog. Alle hatten sie ein Instrument dabei und stürmten die nächstbeste Kneipe, packten dort die Instrumente aus und fingen an zu spielen. Am Tisch. Dank der Bläser wurden die Gespräche im Raum diskussionslos übertönt, und den Umhersitzenden blieb nichts anderes übrig als zuzuhören. Die meisten taten das anscheinend gerne, sie lächelten wohlwollend und applaudierten, nur zwei Frauen verließen das Lokal. Ungefragt stand urplötzlich ein Tablett mit großen Bieren in der Mitte des Tisches, nach ein paar weiteren improvisierten Musikstücken kam ein riesiger Teller mit Frikadellen dazu. Die Musiker griffen beherzt zu, aßen und tranken, tauschten dann die Instrumente mit ihrem Nebenmann und spielten die nächste Runde.

Als Teller und Gläser leer waren, packten sie alles ein, riefen »Servus« Richtung Wirt und zogen weiter. Selbstverständlich ohne die Zeche zu zahlen. Ich kriegte meinen Mund nicht mehr zu. »Wir spielen, der Wirt versorgt uns«, sagte Maria, während sie die Tür der nächsten Kneipe aufstieß, wo die Musiker mit großem Hallo empfangen wurden. Ich muss wohl nicht dazusagen, dass es eine großartige Nacht wurde, an deren Ausgang ich mich nur noch verschwommen erinnere.

Dieser Abend hat mein Bild von »Volksmusik« komplett verändert. Und von Bayern. Auf einen Schlag wurde mir klar, dass »Volksmusik« etwas ganz anderes ist als Schlager und »Musikantenstadl«. Dass es junge, virtuose Musiker gibt, die aus reiner Freude spielen, bei jeder sich bietenden Gelegenheit. Ab diesem Moment beneidete ich Bayern um diese Lebensfreude und die plötzlich sichtbaren Traditionen, die so gar nicht angestaubt daherkamen.

Inzwischen hat sich dieses Bewusstsein für Traditionen in einen regelrechten Hype verwandelt. Der Heimatkrimi hat ganzjährig Hochsaison, unter »Heimatsound« versammeln sich alle Musikgenres, die sich irgendwie im Freistaat verorten lassen, sogar ein Heimatministerium leistet sich Bayern. Auch die bayerische Tracht erfreut sich deutschlandweit immer größerer Beliebtheit, Kaffeehersteller führen Lederhosen und Dirndl im Sortiment, und Oktoberfeste werden in der ganzen

Republik veranstaltet. Ob die Bayern ihrer Heimat damit näher sind, ob sie weniger Schwierigkeiten mit ihrer Identität haben als die Menschen in den anderen Bundesländern, darauf bin ich tatsächlich gespannt.

Doch schon bevor ich den riesigen Freistaat überhaupt erreiche, werde ich mit der anderen Seite dieser Heimatliebe konfrontiert. Ich versuche Kontakt zum Bayerischen Rundfunk zu bekommen – eigentlich nicht so schwer, über Maria und Bekannte kann ich schließlich zwei Fernsehjournalistinnen und einen Radiomoderator vom Wandermärchen begeistern, sie wollen das Projekt in einer Sendung unterbringen. Das würde mir sehr helfen, denn ich habe nicht allzu viele Gastgebereinträge in Bayern, und diejenigen, die ich anschreibe, melden sich häufig gar nicht zurück. Ich brauche also dringend Berichterstattung in überregionalen Medien, damit potenzielle Gastgeber vor meinem Besuch von mir erfahren und nicht erst, wenn ich wieder weg bin.

Nach ein paar Wochen melden sich die Journalistinnen bei mir: Bei beiden ist der Vorschlag in den Redaktionskonferenzen abgeschmettert worden. »Warum denn?«, frage ich. »Na ja, der O-Ton war, wenn du nicht von hier kommst, dann ist es für uns nicht relevant.«

»Aber es geht doch um ganz Deutschland«, insistiere ich.

»Keine Chance«, kommt es bedauernd zurück.

Beim Radio ergeht es mir nicht besser, obwohl der BR-Moderator das Projekt an alle infrage kommenden Chefredakteure schickt. Es interessiert keinen. Heimatliebe bedeutet in diesem Falle wohl auch, dass alles außerhalb dieser Heimat nicht von Bedeutung ist. Ich verstehe das nicht: Schließlich möchte ich den Süden erforschen, möglichst viel kennenlernen, Menschen interviewen, mich austauschen.

Der Blick von außen war im Rest des Landes immer mit das Interessanteste für mein Publikum: »Wie finden Sie es denn hier?«, hörte ich ununterbrochen. Genauso wie den Wunsch, dass ich auch ja den richtigen Eindruck bekomme: »Was Sie unbedingt noch sehen müssen, bevor Sie weiterfahren ...« In Bayern scheint es da zumindest vonseiten der Medien überhaupt kein Bedürfnis zu geben. Nur, weil ich zufällig in Hamburg wohne? Mir ist bewusst, dass der Lokalbezug für die Presse immer wichtig ist, aber Bayern scheint sich in dieser Hinsicht komplett selbst zu genügen.

Also kommuniziere ich über den Blog und bei jedem Auftritt, dass ich dringend Unterkünfte in Bayern suche, und Schritt für Schritt kann ich die Lücken füllen. Als Erstes möchte ich für drei Wochen in die Berge. Eine freie Hütte in Bayern ist nicht zu finden, über Freunde klappt es dann mit einer charmanten Hütte im Montafon, im österreichischen Vorarlberg. Aufgeregt beziehe ich das zweistöckige Holzhäuschen am Hang und lese die Gebrauchsanleitung für den Alltag: Wasser wird mit Holz erhitzt, ansonsten muss die Gartendusche herhalten, dafür gibt es Strom und eine Sauna – was schon vergleichsweise viel Komfort ist, wie ich im Laufe meiner Hüttenzeit erfahre.

Es ist das erste Mal, dass ich den Sommer in den Bergen erlebe. Ich habe bisher jeden Urlaub am oder auf dem Meer verbracht, war wochenlang auf Großseglern unterwegs. Nun also mein erster Urlaub in den Alpen: traumhafte Aussichten, stille, sternklare Nächte, wandern, bis die Knie schmerzen. Nach zwei Wochen weiß ich, dass ich nichts weiß. Zumindest nichts über Berge. Ich habe Angst vor Kühen, kann meine Kräfte nicht einteilen, renne manchmal unter Adrenalin einen Berg rauf und weiß dann nicht mehr, wie ich runterkommen soll, weil sämtliche Kraftreserven mich urplötzlich verlassen haben. Ich bin ein blutiger Anfänger und mache alle üblichen Fehler, sogar den mit der leeren Wasserflasche. Aber es gibt diese Momente, die mich immer wieder morgens aus dem Bett treiben – wenn ich einen Gipfel endlich erklommen habe, wenn der Pfad sich um eine Kurve windet und auf einmal ein unfassbares Panorama zu meinen Füßen liegt, wenn es still ist, auch in meinem Kopf, und ich beim Laufen nur meinen eigenen Atem höre und nichts mehr will als weitergehen, einen Schritt nach dem anderen, immer weiter. Das sind die Momente, in denen ich verstehe, wieso man sich das freiwillig antut – auf einen Berg steigen.

Was ich dagegen überhaupt nicht verstehen kann, sind die Hüttenpartys – wie kann man in der ergreifenden Stille der Bergwelt einen Schlager auch nur von Weitem ertragen, geschweige denn, sich freiwillig der ganzen Hitliste aussetzen? Das erscheint mir so absolut gegensätzlich zu der Nähe mit der Natur, die man beim Wandern finden kann. Überhaupt ist diese riesige Tourismusmaschinerie, der die Berge im Winter zum Skifahren und im Sommer zum Wandern ausgesetzt sind, verstörend für mich. Auf manchen Strecken läuft man wie in einer Ameisenkolonne hintereinander her und stärkt sich zu Hunderten in einer »Berghütte«, die von allem, was eine Hütte ausmacht, Tausende Quadratmeter entfernt ist. Lifte, die Schlangen von Menschen auf Berggipfel karren, wo sie sich dann in der Natur für ein paar Stunden erholen oder austoben, um sich anschließend wieder ins Tal gondeln zu lassen – es erscheint mir nahezu verrückt, angesichts der Größe und Würde, die diese gigantische Landschaft ausstrahlt und der ich als kleiner Mensch nur voller Achtung gegenübertreten will. Auf mich wirkt so ein Bergmassiv eigentlich nicht einladend, und ich als Mensch komme mir darin herumstolpernd vor wie ein ungebetener Gast, eine Laus, die einen riesigen, uralten und sehr weisen Elefanten beim Denken stört.

Als ich die Hütte nach zwei Wochen wieder verschließe, bin ich verzaubert von der gewaltigen Schönheit der Alpen und desillusioniert vom Umgang mit ihnen. Ob es noch unberührte Ecken gibt?

Ich streife noch etwas durch die bayerische Bergwelt, das Allgäu, das Isarursprungstal, finde aber die Idylle nicht, die ich klischeehaft vor Augen habe. Daher beschließe ich, mir vom höchsten Punkt des Landes einen Überblick zu verschaffen. Ich möchte auf die Zugspitze.

BETTINA VON ARNIM

Auf diesem Hügel überseh ich meine Welt

Auf diesem Hügel überseh ich meine Welt!
Hinab ins Tal, mit Rasen sanft begleitet,
Vom Weg durchzogen, der hinüberleitet,
Das weiße Haus inmitten aufgestellt,
Was ist's, worin sich hier der Sinn gefällt?

Auf diesem Hügel überseh ich meine Welt!
Erstieg ich auch der Länder steilste Höhen,
Von wo ich könnt die Schiffe fahren sehen
Und Städte fern und nah von Bergen stolz umstellt,
Nichts ist's, was mir den Blick gefesselt hält.

Auf diesem Hügel überseh ich meine Welt!
Und könnt ich Paradiese überschauen,
Ich sehnte mich zurück nach jenen Auen,
Wo deines Daches Zinne meinem Blick sich stellt,
Denn der allein umgrenzt meine Welt.

Die Zugspitze oder: Ein kleines Wort mit Folgen

Immer wieder werde ich das gefragt:»Ganz alleine? Wirklich? Sie fahren ganz alleine mit dem Rad und diesem Köfferchen durch die Gegend?« Es scheint, als erwartete jeder mindestens einen Wohnwagen in meinem Schlepptau, in dem ein Versorgerteam untergebracht ist. Irgendwie scheint es unrealistisch zu sein, was ich da mache. Es gibt in den Medien zahlreiche Beispiele von Journalisten, die zu Fuß oder mit dem Rad unterwegs sind, in unterschiedlichster Mission.»Aber die fährt nicht wirklich Rad«, raunt man mir dann hinter vorgehaltener Hand zu.

»Ich aber schon!«

»Ja, aber doch sicher mit einem E-Bike?«

»Nein«, sage ich mit fester Stimme.

Unzählige Male habe ich die Frage nach dem E-Bike schon gehört. Und immer wieder lese ich Befriedigung in den Augen meiner Gesprächspartner, wenn ich das verneine: Gut, sie fährt wohl wirklich Rad und ohne Motor. Sie meint es ernst. Das sind die Momente, in denen ich heilfroh bin, kein E-Bike zu haben. Es gibt natürlich auch andere, zum Beispiel wenn ich auf gerader Strecke einen Rentner überhole und dieser mich dann pfeifend am nächsten Berghang hinter sich lässt. Dann verfluche ich meinen Ehrgeiz, das alles hier ohne Motor hinter mich zu bringen. Aber eigentlich war es gar nicht Ehrgeiz, der mich davon abgehalten hat, das Angebot eines E-Bike-Herstellers auszuschlagen. Ich wusste, mit Motorunterstützung hätte ich nur noch den halben Respekt für diese ganze Reise. Schließlich würde ich mich auch nur noch halb so viel anstrengen. Mit dem E-Bike hätte ich keine Bewunderung für eine Siebzig-Kilometer-Strecke einheimsen können, das wäre schließlich nichts als eine Spazierfahrt.

Also habe ich mich zum Glück gegen Hilfsmotoren und Hilfskonvois entschieden (wobei Letztere mir leider auch nie angeboten wurden) und strample durch die Lande, mal singend und gut gelaunt, doch weitaus öfter am Rande meiner Kräfte. Hin und wieder brauche ich einfach Verstärkung. Und siehe da: ein E-Bike habe ich nicht, dafür ein C-Bike. Mein C-Bike habe ich kurz vor der Reise erstanden, es ist zwar gebraucht, hat aber einen sehr starken Motor und schiebt mich an windigen Tagen den ganzen großen Berg hinauf, ohne einmal das Tempo zu drosseln. Nur leider ist mein C-Bike nicht immer zur Stelle, wenn es bergauf geht. Sehr oft rufe ich laut und verzweifelt in den Wind: »C-Biiike!«, aber nichts passiert. Aber manchmal springt der Motor auch ganz plötzlich an, eigentlich immer dann, wenn ich ihn wirklich dringend brauche. Dann legt sich eine große warme Hand auf meinen Rücken, und ich gleite leicht durch die Landschaft.

Mein Hilfsmotor ist groß und breit, hat doppelt so viele Beinmuskeln wie ich und lacht mich aus, wenn ich auf dem Rad sitze und jammere. Das tue ich nämlich mit Vorliebe, wenn er neben mir herfährt, damit sich diese große warme Hand auch oft genug auf meinen Rücken legt. C steht für Conrad. Ein paar Wochen vor meiner Abreise traf ich ihn zum ersten Mal und wusste sofort Bescheid. Da war er also aufgetaucht, mein Mr. Right. Aber jetzt verlieben, während ich um jedes Kleidungsstück rang, das mit mir die große Reise antreten sollte? Niemals. Schließlich wollte ich unterwegs so wenig Ballast wie möglich mitschleppen, frei sein und ungebunden. Conrad ließ sich davon nicht beirren und rief einfach weiterhin jeden Abend an. Manchmal habe ich das Telefon einfach klingeln lassen, damit er wüsste, dass das so nicht lief, jeden Tag telefonieren. Nach maximal zehn Minuten ganz konzentriertem »An-etwas-anderes-Denken« rief ich ihn dann zurück. Unvermeidlich also, dass ich zum Start der Reise verliebt war. Etwas unwillig zwar, aber unumstößlich und mit ganzem Herzen verliebt.

»Diese Reise und unsere Beziehung, das ist kein Widerspruch, das wird funktionieren«, davon war Conrad felsenfest überzeugt. Und mit den Wochen und Monaten erkannte ich, dass es nicht nur funktionierte. Es funktionierte *nur* so!

Denn was am Anfang wie der »falsche Zeitpunkt« für unser Zusammentreffen aussah, erwies sich mit der Zeit als der bestmögliche Moment. Das scheint wohl öfter so zu sein: Auch wenn man vor einer Reise oder einem Umzug denkt, es sei der falsche Zeitpunkt für eine neue Liebe, dann ist das oft der einzige Augenblick, an dem diese Liebe entstehen kann. Liebe braucht Aufregung. Das wusste schon Ovid, der vor über zweitausend Jahren in einem Liebesratgeber dazu aufrief, gemeinsam einen Gladiatorenkampf anzuschauen, wenn mehr draus werden soll. Und heute haben Forscher seine These bestätigt: Aufregung bringt uns einander näher. Und Aufregung hatte ich in meinem Leben schon vor der Reise jede Menge: Meine unheilbar kranke Mutter, meine verzweifelte Familie, diese Idee zur Reise und alles, was an Spannung damit zusammenhing (Geld sammeln, Medien begeistern, Mitarbeiter finden, Ausrüstung zusammenstellen). Und jetzt noch einen Freund?

Aber er war nun mal da und erwies sich in dieser ganzen Aufregung als ein Fels in der Brandung. Und weil ich keinen »Urlaub« hatte, musste er mich wohl oder übel immer mal wieder begleiten. Als im ersten Sommer mein Geburtstag nahte, fragte ich bei den Gastgebern an, ob ich an diesem Wochenende noch jemanden mitbringen könnte. »Selbstverständlich«, war die Antwort. Und so kam Conrad mit. Er packte sein Rad in das Auto, fuhr durch die halbe Republik zu dem Ort, an dem ich gerade war, stellte den Wagen auf einen Parkplatz, klebte einen *Deutschland. Ein Wandermärchen*-Aufkleber auf seine Satteltaschen und fuhr die ganze Strecke zum nächsten Gastgeber neben mir her. Statt eines E-Bikes hatte ich nun mein »C-Bike«, und bei meinen Gastgebern wurde er herzlich empfangen und einfach mitversorgt. Mit der Zeit entwickelte er sich zum Experten für mein Bühnenprogramm: Conrad verdunkelte Fenster, stellte Stühle, spielte die Musik ab, verteilte Flyer und plauderte mit dem Publikum. Am nächsten Tag schwang er sich wieder auf sein Rad, fuhr zum Auto zurück und begann dann den Rückweg in seinen Arbeitsalltag.

Schon bald kann ich mir diese Reise nicht mehr ohne ihn vorstellen. Nicht nur, weil er mich alle paar Wochen begleitet. Sondern weil es nun jemanden gibt, der immer weiß, wo in diesem großen kleinen Land ich gerade bin. Wie oft schauen wir uns über ein wackeliges Skype-Bild in die Augen und er sagt: »Morgen wird es besser.«

»Woher weißt du das?«

»Weil es am nächsten Tag immer besser wird.«

Dagegen kann ich nichts mehr sagen, es stimmt. Das hatte ich ihm ein paar Wochen nach unserem Kennenlernen selbst beigebracht: »Sei nicht beunruhigt, auch wenn ich mitgenommen bin oder aufgewühlt – am nächsten Tag ist alles wieder gut.« Ich bin schon Zeit meines Lebens ein Mensch mit starken Stimmungsschwankungen, nur dass ich das im entscheidenden Moment, also am Tiefpunkt, immer wieder vergesse. Conrad nicht.

Durch diese Reise lernen wir uns sehr schnell und sehr gut kennen. Es ist die wohl aufregendste und aufreibendste Zeit in meinem Leben: Ich packe meine Sachen. Conrad ist da. Ich fahre los. Conrad ist da. Ich trete auf. Conrad ist da. Meine Mutter stirbt. Conrad ist da. Ich moderiere die Beerdigung. Conrad ist da. Ich fahre weiter. Conrad fährt mit. Ich bin pleite. Conrad springt ein. Ich mache Winterpause. Conrad zieht zu mir. Ich mache meine Premiere. Conrad macht das Licht. Ich fahre wieder los. Conrad winkt. Ich will in die Berge. Conrad findet eine Hütte. Ich will auf die Zugspitze. Conrad kommt mit.

Und so stehen wir beide schließlich auf der Zugspitze. Vom Wandern in den Bergen schmerzen meine Knie, und wir nehmen die Bahn statt dem Sieben-Stunden-Kletterpfad. Als wir oben stehen, bin ich geschockt: Es ist nichts zu sehen, nur Nebel und Schnee. Wir haben über 100 Euro für die Tickets bezahlt und nicht mal gefragt, was da oben für ein Wetter ist. Ich habe meinen gelben Koffer dabei und will Fotos machen, aber dafür muss ich zum Gipfelkreuz. Ein schmaler Pfad führt dahin, völlig vereist, links und rechts daneben geht es in die Tiefe. Ich leihe mir ein Seil von einem Bauarbeiter und binde mir den Koffer auf den Rücken. Dann setze ich meinen ganzen Charme ein, um auch noch seine Handschuhe zu bekommen. Immer noch wenig professionell ausgestattet, ziehe ich mich am Sicherungsseil zum Gipfel. Der Weg ist wirklich leicht und nicht beängstigend – für mich.

Conrad steht auf der Plattform gegenüber und leidet Höllenqualen. Während ich auf etwas Sonne warte, damit wir ein Foto vom gelben Koffer am Gipfelkreuz machen können, überlegt sich mein Freund auf der anderen Seite, wie es wohl wäre, wenn ich jetzt vor seinen Augen in die Tiefe segle. Ich lasse ihm auch wirklich genug Zeit, sich das in aller Ruhe auszumalen, denn schließlich kommt ein Sonnenstrahl und ich turne und pose wie ein Weltmeister auf meinem kleinen Gipfel herum.

Nach 20 Minuten kraxele ich aufgekratzt wieder hinunter und falle Conrad in die Arme. »Und wie sind die Fotos? Zeig mal her!«

Er antwortet mir nicht und lässt mich auch nicht mehr los. »Ich habe mir die ganze Zeit überlegt, wie es wohl wäre, wenn du jetzt abstürzt.«

Ich lache. »Warum das denn?«

Kurze Zeit darauf weiß ich warum. Die Nebelwand hat sich wieder komplett zugezogen, man sieht keinen halben Meter weit. Ich habe aber sowieso nichts anderes im Blick als den Mann, der da vor mir auf dem Boden kniet und mich fragt, ob ich seine Frau werden möchte. »Den Ring trage ich seit drei Wochen bei jeder verdammten Wanderung in der Tasche, aber du warst bisher immer zu beschäftigt.« Ich bin sprachlos.

»Können Sie mal eben ein Foto von uns machen«, ruft ein Mann hinter uns. Wir stellen uns taub. »Hallo Turteltauben, nur mal eben draufdrücken!«

»*Nein!*«, brüllen wir wie aus einem Mund.

Conrad hat mich ein Dutzendmal besucht, ist Hunderte von Kilometern mitgeradelt und hat mein Programm sicher dreißigmal gesehen. Und oft, wenn ich bei einem Gastgeber an der Tür geklingelt habe, sagte dieser: »Hier ist schon Post für Sie«, und drückte mir eine Karte von Conrad in die Hand.

Ich bin überzeugt: Ohne mein Projekt, ohne diese Reise hätte ich diesen Mann vielleicht kennengelernt, vielleicht auch lieben gelernt, aber mich entschieden für ihn, mich verlobt nach so kurzer Zeit? Nein, niemals! Aber durch diese zwei Jahre Wandermärchen ist mir klargeworden: Wer mich monatelang allein bei fremden Menschen übernachten lässt, wer mir Päckchen mit Sommersachen und Schokolade schickt, wer mich mit gelbem Koffer auf einen vereisten Gipfel klettern lässt – bei dem bin ich zu Hause.

Vielleicht ist es folgerichtig so. Weil mein Wunsch nach Aufbruch von Anfang an eigentlich ein Wunsch nach Ankommen war. Ich wollte meinen Platz finden in der Welt. Und ja, ich denke, es ist richtig, was manche meiner Gastgeber gesagt haben: dass man am Ende nur in sich selbst ankommen kann. Trotzdem habe ich viel gelernt über das Ankommen. Wie entscheidend der erste Augenblick ist, wenn sich eine Tür öffnet. Irgendetwas in mir schaltet dann sekundenschnell in einen Modus, den ich nicht beeinflussen kann. Instinktiv bin ich mal zurückhaltend, mal aufgeschlossen, mal stelle ich viele Fragen, sprudele ein Erlebnis nach dem anderen heraus und mal folge ich dem Gastgeber durch seine Gedankenwelt. Manchmal räume ich die Spülmaschine ein oder schnipple den Salat, laufe pfeifend durch das ganze Haus, und manchmal sitze ich unbeweglich auf dem Küchenstuhl und lasse alles um mich herum geschehen.

Auch nach fast hundert Gastgebern weiß ich immer noch nicht, woran das genau liegt. Fühlt man sich in einer Umgebung wohl, die der eigenen Herkunft am ähnlichsten ist? Ich habe drei Geschwister, und zu Hause war es immer laut, vielleicht gliedere ich mich deshalb in Familien mit kleinen oder vielen Kindern sofort ein und versuche, den gewohnten Ablauf so wenig wie möglich durcheinanderzubringen. Oft genieße ich auch die Fürsorge von Eltern, deren Kinder bereits aus dem Haus sind. Da kann es schon mal sein, dass morgens an »meinem« Platz die Stulle und das Trinkpäckchen bereitliegen. Aber am Ende entscheidet wohl die Chemie, die Natur oder was immer es ist, warum ich an dem einen Küchentisch mein Herz ausschütte und an dem anderen verlegen im Kuchen herumstochere. Mitunter gibt es auch Momente großer Zuneigung, die auf einmal einfach da sind, wie zum Beispiel mit diesem schüchternen blonden vierjährigen Mädchen mit den runden Augen und dem Sprachfehler. Ich sehe sie an, sie sieht mich an, und sofort liebe ich dieses kleine Mädchen über die Maßen. Sie legt beiläufig ihre Hand auf mein Bein, ich hebe sie auf meinen Schoß, und wir beide sind glücklich. Ihre Eltern staunen nicht schlecht, denn sonst macht sie so etwas nie. Ich eigentlich auch nicht. Nach dem Essen lese ich ihr auf dem Sofa eine Geschichte vor, während das Publikum sich langsam im Wohnzimmer versammelt. Nur schweren Herzens gebe ich mein Mädchen her, um mit dem Programm zu beginnen. Ich habe mein Publikum für diesen Abend eigentlich schon gefunden …

Oder da ist Magdalena vom Bodensee, elf Jahre alt, heißt wie ich und ist ein bisschen wie ich. Überdreht und laut kommt sie daher, aber mir kann sie nichts vormachen. Dahinter verbirgt sich ein Sensibelchen mit einem verrückten Kopf und einem großen Herzen. Auch Magdalena und ich kletten aneinander, große und kleine Schwester für ein paar geschenkte Tage.

Aber nicht nur Kinder erobern mein Herz: Im Süden, im tiefsten Bayern, da wo ich es am wenigsten erwartet habe, treffe ich auf eine besondere Frau. Die äußeren Umstände sind eigentlich alltäglich, sie ist Mutter und Ehefrau, die Kinder sind bis auf eine Tochter schon aus dem Haus, sie engagiert sich kulturell, alles ist wie bei vielen anderen Gastgebern auch. Aber ich bin anders. Ich sehe sie und vertraue ihr, sofort und bedingungslos. Wir reden immer mal wieder länger miteinander in den drei Tagen, es sind schöne und tiefe Gespräche, aber auch das erlebe ich oft. Doch hier ist meine Zuneigung so groß, dass ich am liebsten gar nicht mehr wieder ausziehen möchte. Die ganze Ausstrahlung dieser Frau, die Art, wie sie mir zuhört, mich ansieht, macht, dass ich mich zu Hause fühle. Ein Zuhause bei fremden Menschen, das gibt es also. Und man kann es auch sofort finden, von einer Sekunde auf die andere.

Das ist es, was diese Reise mich über das Ankommen gelehrt hat: Es gibt Menschen da draußen, die gehören irgendwie zu mir. Aufgrund eines großen geheimnisvollen Zaubers sind sie ein Teil von mir, und wenn ich ihnen begegne, dann werde ich sie erkennen.

Mein C-Bike ist auch so ein Mensch. Und hier, auf Deutschlands höchstem Berg mit null Aussicht sage ich »Ja« zu einem gemeinsamen Leben mit ihm. Aber ich sage auch »Ja« dazu, dass ich andere Menschen brauche. Dass ich ihnen vertrauen kann. Auch wenn ihre Absichten vielleicht nicht immer mit meinen harmonieren, ihre Meinungen meinen entgegenstehen, wir keine gemeinsame Ebene finden. Ich brauche sie dennoch. Sie leben mit mir in diesem Land, auf diesem Planeten, und ich bin mitten unter ihnen. Ich habe mich mit dieser Reise in eine selbstgewählte Abhängigkeit von ihnen begeben, aber eigentlich spiegelt das nur die Realität, in der ich lebe.

Meine Mitmenschen können mich unterstützen oder boykottieren, sie können mich angreifen oder hofieren, mit mir

Geschäfte machen oder mich berauben. Auf der Bühne spüre ich das deutlich: Mein Publikum ist es, das entscheidet, ob es mir zuhört, ob es mir folgt, ob es sich mitreißen lässt. Ob es applaudiert oder böse grummelnd den Raum verlässt (zum Glück sind die faulen Eier aus der Mode gekommen). Merkwürdigerweise fühle ich mich auf der Bühne aber sicherer als am Frühstückstisch bei einem Gastgeber, denn da müssen wir das gemeinsame Thema erst finden. So oder so: Gegenseitige Abhängigkeit ist eigentlich nichts Schlechtes. Es bedeutet ja auch, dass die anderen mich brauchen. Sie laden mich ein, weil ich ihnen etwas geben kann. Sie lassen mich auf die Bühne, weil sie interessiert sind, unterhalten werden wollen. Und ich kann meine Gedanken mit ihnen teilen, meine Poesie, meine Sicht auf die Welt. Und am Ende darüber die Welt verändern. Also ist gegenseitige Abhängigkeit am Ende vielleicht nichts anderes als Handlungsfähigkeit, ja sogar Macht? Macht, die Welt zu verändern?

Das alles möchte ich sagen da oben im Nebel auf der Zugspitze. Es kommt aber nur unverständliches Gestammel dabei heraus. »Ist das ein Ja?«, fragt Conrad verwirrt. »Ja!«, sage ich – und heule Rotz und Wasser.

Ich möchte an dieser Stelle ein Bekenntnis ablegen – ich bin ein bisschen leidenschaftlich und sehr romantisch veranlagt. »Gibt es deutsche Leidenschaft?«, habe ich mein Publikum allerorten gefragt. »Na ja, für Fußball vielleicht«, fasse ich die Antworten mal grob zusammen. Ich habe viele Menschen mit Begeisterung erzählen hören, über Radnaben, Kindererziehung, Musik oder die Jagd. Aber Leidenschaft in der Liebe?

Man kann der Leidenschaft nicht mit Zahlen beikommen, sie hat nichts zu tun mit Häufigkeiten. Und vielleicht sind wir wirklich nicht in dem Sinne leidenschaftlich, dass wir Liebeserklärungen unter Balkonen abgeben. Schließlich kommt Leidenschaft von Leiden und überhaupt: Warum sollte man Herzensangelegenheiten öffentlich thematisieren? Trotzdem glauben zwei Drittel der Deutschen an die Liebe für das ganze Leben, so eine Allensbach-Studie von 2012. Ich glaube an die Romantik der Deutschen. Ich habe keine Studie gemacht, keine Beweise dafür, ich habe das nur so im Gefühl. Ich selbst bin schwer romantisch, und damit meine ich, dass in mir diese romantische Schwere wohnt, eine Suche nach der Poesie des Lebens. Sie umfasst die Liebe und sie umfasst das ganze Dasein, sie gibt allem Tiefe und Schönheit und Sinn.

Romantik ist mehr als Leidenschaft, mehr als Beziehungsleben, mehr als Rosen und Reime. Sie ist eine Sicht auf die Welt, nicht mit einer rosaroten Brille, sondern mit einem Röntgenblick, der den Dingen auf den Grund geht und Schicht um Schicht in die Tiefe vordringt, bis er auf den Kern allen Lebens stößt. Es lebe die deutsche Romantik!

Arbeitshypothese Nummer zehn: *Die deutsche Leidenschaft ist schwer romantisch.*

AXEL MARIA MARQUARDT

Lieb ich Dich?

Lieb ich Dich?
Ich weiß es nicht.
Gestern Abend, um halb acht,
hab ich es mal kurz gedacht.
Aber schon um viertel vor
kams mir unwahrscheinlich vor.
Dann, eine halbe Stunde lang
anhaltender Liebesdrang
der bald der Überzeugung wich
ich lieb dich nicht.
Ach, was weiß ich!

Mia san mia oder: Vom Flüchten und Ankommen

Chiemsee – Feldkirchen – München – Schwabmünchen –
Oberschönenfeld – Augsburg – Regensburg – Riedenburg –
Nürnberg – Sulzbach-Litzendorf – Bamberg – Würzburg

Nach all der intensiven Zweisamkeit wird es Zeit, wieder bei
Gastgebern einzuchecken. Weiter geht's am Chiemsee. Von
hier aus beginnt die Rückreise nach Hamburg, in knapp zwei
Monaten werde ich wieder am Deich sein. In den kommenden
Wochen werde ich viel von Bayerns Schönheit sehen – vom
Chiemsee über München nach Augsburg, Regensburg, Riedenburg, Nürnberg, Bamberg, Würzburg. Historische Alt-
städte in malerischer Natur. Ich bin überwältigt von diesem
Teil Deutschlands, der eine Fülle an ästhetischer Lebensquali-
tät bietet. Liegt darin das Selbstbewusstsein der Bayern, das
mir auch unterwegs begegnet? Zum Beispiel wenn ich auf der
Reise Menschen zufällig treffe und ihnen von meinem Projekt
erzähle – dann wirkt ihr Interesse eher höflich. Als würde
meine Frage nach der gemeinsamen deutschen Identität sie
nichts angehen. Selbst wenn ich die Schönheit der Gegend
lobe, normalerweise ein Eisbrecher jeder Kommunikation,
kann so mancher sein Gähnen nicht verbergen.

Es kommt mir vor, als wüssten die Bayern genau, was sie
haben. Als brauchten nicht unbedingt einen Fischkopp, der

ihnen sagt, wie viel schöner als der Rest des Landes ihr Freistaat ist. Schließlich kommen 25 Millionen Touristen jährlich aus der Republik und von allen Kontinenten der Erde, um die Kostbarkeiten Bayerns zu bewundern. Allem voran den wahrgewordenen Märchentraum von Ludwig II., Schloss Neuschwanstein. Bayern weiß, dass es viel zu bieten hat. Bei meinen Gastgebern und nach den Auftritten versuche ich mehr darüber herauszufinden, mit welchen Augen sie den großen Staat »Deutschland« sehen und was dazu geführt hat, dass »Heimat« in Bayern inzwischen Kult ist. Es wird mir nur ansatzweise gelingen. Aber kurz bevor ich die bayerischen Landesgrenzen verlasse, geschieht noch ein kleines Wunder: Der BR berichtet über mich, wenn auch an ungewöhnlicher Stelle. Aber der Reihe nach ...

Es gibt ja nicht nur einfach Bayern. Es gibt die Oberpfalz, Niederbayern und Oberbayern, Unterfranken, Mittelfranken, Oberfranken und Schwaben. Bis ich das verstanden habe, bin ich fast schon wieder zu Hause. Und auch hier ist es so, dass die Oberbayern sich im Gespräch von den Niederbayern abgrenzen, und überhaupt möchte keiner wie der andere sein, vor allem nicht wie die aus »Minga« (München). »Mia san mia«, das gilt natürlich trotzdem, bezogen auf den ganzen Rest der Republik. Damit funktioniert die Identifikation genau wie in den anderen Teilen Deutschlands – je weiter nach innen man kommt, desto kleiner ist der Umkreis der Zugehörigkeit, und diesen Kern umschließen viele Schichten. Meine Familie, mein Deich (wahlweise meine Straße), mein Viertel, meine Stadt, mein Gebiet (wahlweise mein Verein), mein Land, mein Europa. Und je nachdem, wie weit wir von diesem Kern entfernt sind, bedienen wir uns einer anderen Schicht dieser

Zwiebelidentität: Trifft ein Bayer in Australien einen Friesen, ist es nicht von Bedeutung, ob er nun Oberbayer ist. Trifft er aber in München einen Niederbayern, dann spielt das sehr wohl eine Rolle. Da ich das so überall in Deutschland erlebt habe, schlussfolgere ich, dass wir uns eigentlich viel ähnlicher sind, als wir wahrhaben wollen.

Ich treffe in München mein Mariechen, und sie sagt, dass es sehr wohl große Unterschiede gibt bei den Bayern. Das würde ich bei meinen Auftritten schon noch merken, in Niederbayern zum Beispiel reagiere das Publikum weitaus sparsamer als anderswo. Zwei Wochen später, nach einem kleinen Auftritt in Riedenburg, muss ich ihr Recht geben. Die knappe Stunde des Kofferprogramms kommt mir wie eine Ewigkeit vor, keiner im Publikum reagiert wie gewohnt, lacht oder interagiert. Ich bin mir sicher, sie alle wünschen sich meilenweit weg. Als ich endlich den letzten Satz sage und erleichtert abgehe, brandet Applaus auf, der gar nicht mehr enden will.

Für den Rest des Abends prasseln leidenschaftliche Lobreden auf mich herab. Die Stille während der Darbietung? »Wir haben zugehört, wir wollten ja nicht stören.« Ich habe eine Weile gebraucht, um mich von diesem Auftritt zu erholen, aber jetzt weiß ich ja Bescheid und bin fürs nächste Mal gewappnet. Ich werde wiederkommen, denn ich habe niemals leidenschaftlichere Lobreden gehört als in Niederbayern. Davon kann man nie genug bekommen …

Ich reise in einer brisanten Zeit durch Bayern – die ersten großen Flüchtlingsströme überqueren die deutsche Grenze, im September sind es 135 000 Menschen, die im Freistaat ankommen. Bilder vom Münchner Hauptbahnhof gehen um die Welt. Mir wird klar, dass das eine Kehrtwende bedeuten kann für das Thema »Identität«. Auf einmal ist die Auseinandersetzung damit brandaktuell und kein abstraktes Denkgebäude mehr. Ich überlege, was ich tun soll: an den Bahnhof fahren und applaudieren oder mit anpacken? Etwas hält mich davon ab. Das ist nicht meine Herangehensweise, zumindest nicht im Moment. Ich möchte innehalten, begreifen, was da vor sich geht, was es bedeutet. Das Ganze geht so schnell, dass ich innerlich kaum hinterherkomme, ich habe keine Einschätzung, keinen Standpunkt dazu.

Also entschließe ich mich, ins Kloster zu gehen. In Oberschönenfeld gibt es eine Abtei der Zisterzienserinnen; das schöne Kloster hat einen Gästebereich und nimmt mich für zwei Nächte auf. Schwester Emmanuela kümmert sich um mich und die anderen Gäste: Frauen, ein junges Pärchen und eine Schwester aus einem anderen Orden »auf Urlaub«. Wir bekommen Frühstück, Mittagessen, Kuchen und Abendessen, die Verpflegung lädt zur Völlerei ein, so gut ist das Essen. Während ich den zweiten Teller gefüllter Auberginen leere, unterhalte ich mich mit der Schwester aus dem Allgäu, die ihren Urlaub hier verbringt. Sie ist schon ihr Leben lang im Kloster und kann auch in ihrem Urlaub nicht einfach irgendwohin fahren. »Ich habe ja gar kein eigenes Geld«, sagt sie. Es ist daher üblich, dass Nonnen in den zwei freien Wochen im Jahr in andere Klöster reisen. Ich schlucke. »Sie waren noch nie im Ausland?«

»Nein«, sagt sie.

»Und am Meer?«

»Nein, da gibt es leider keine Klöster.«

Jetzt schaut die Schwester etwas traurig, aber ich muss weiterfragen, ich kann es einfach nicht glauben: »Und können Sie nicht wenigstens einmal segeln gehen? Einmal in ihrem Leben?

Können Sie nicht einfach mal auf ein Schiff steigen, einen großen Viermaster voll mit starken Matrosen?« Bei dem Bild müssen wir beide lachen. Ich sehe, dass es selbst in ihrer Vorstellung absolut unrealistisch ist, und versuche, dieses Lebensmodell zu verdauen.

Mein Zimmer hat hohe Decken und ist gemütlich eingerichtet, das große Fenster geht zum angrenzenden Wald hinaus. Etwas passiert mit mir, während ich die breiten Gänge entlanglaufe, auf meine Schritte lauschend, die von den dicken Wänden widerhallen. Ich werde unsagbar müde. Ich fühle mich erstaunlich wohl hier, geradezu geborgen, und fahre anscheinend mein ganzes System in Windeseile runter. Die Schwestern haben einen Tagesablauf, der auf »Ora et labora« basiert; der Tag beginnt mit der Morgenmeditation um 5 Uhr früh und endet um 20 Uhr mit der Komplet. Dazwischen wechseln sich Beten und Arbeiten in einem jahrhundertealten Rhythmus ab. Mein Vorsatz: Ich stehe mit den Nonnen auf und gehe mit ihnen zu Bett. Damit scheitere ich aber schon am ersten Tag, ich komme morgens nicht aus dem Bett und kann abends nicht einschlafen.

Ich bin nie regelmäßig in die Kirche gegangen, und so überfordern mich die zahllosen Eindrücke: der eigentümliche Gesang, die fremden Texte, dazwischen stehen die Schwestern und Gäste plötzlich auf und setzen sich genauso plötzlich wieder hin, ich weiß gar nicht, worauf ich achten soll. Nach einem anstrengenden Tag, an dem ich immer müder werde und abends trotzdem kein Auge zubekomme, beschließe ich, dass ich nicht von heute auf morgen in das Klosterleben einsteigen kann, und beschränke meinen Kirchgang auf die abendliche Komplet. Davor treffe ich mich mit den Schwestern zum Gespräch, das war mein Wunsch, und Schwester Emmanuela hat ein

Zeitfenster möglich gemacht. Ich rezitiere Gedichte, erzähle kurz von meiner Reise und stelle dann Fragen an die Nonnen: In was für einer Zeit leben wir? Warum entscheiden sich keine jungen Menschen mehr für diesen Weg? Wie kann man vom Kloster aus die Welt beeinflussen? Es ist wirklich erstaunlich: Ich erhalte zwar Antworten von den Schwestern, aber nahezu jede Nachfrage landet am Ende wieder bei mir. Und sammelt sich zu einer einzigen großen Frage:»Was willst du?« Ich gerate ins Stottern, merke, wie ich rot werde und protestiere:»So hatte ich mir das nicht vorgestellt!« Schwester Emmanuela lacht und sagt:»Sie wollten ja reden!«

Das stimmt und sie hat ja recht: Die Nonnen wissen, warum sie im Kloster leben, sie haben ihren Platz auf der Welt gefunden. Ich bin diejenige, die auf der Suche ist.

Trotzdem kann ich nicht glauben, dass das Leben in der Abtei einfach ist: Im Regelfall kein Beruf, kein eigenes Geld, ein streng geregelter Tagesablauf, Teil einer Gemeinschaft bis ans Lebensende, Urlaub nur in anderen Klöstern – da erscheint mir der Verzicht auf Männer noch die geringste Anpassung zu sein. Schwester Emmanuela kann meine Gedanken verstehen – als junge Krankenschwester ist sie in den Orden ein- und ein paar Jahre später wieder ausgetreten. Sie hat sich dann zur Kunsttherapeutin ausbilden lassen und hat alle Facetten des weltlichen Lebens kennengelernt. Aber irgendwann war ihr das irdische Leben zu irdisch, der Alltag zu sinnentleert und sie ist erneut Ordensschwester geworden.

»Das zweite Mal war sehr viel schwieriger«, sagt sie.»Das Kloster ist ein paralleler Raum, der mit der Welt draußen wenig Überschneidungspunkte hat. Ich kannte diese andere Welt jetzt aber. Trotzdem war es richtig so für mich.« Schwester Emmanuela macht in den wenigen freien Stunden Kunst – eine

Ausstellung ihrer Skulpturen nannte sie »Gold und Erde«, die Beschreibung einer Verbindung zwischen dem Göttlichen und dem Irdischen.

»Was willst du?«, haben die Schwestern mich gefragt. Als ich den gelben Koffer wieder auf mein Rad schnalle, weiß ich, dass auch ich mehr Gold in mein Leben lassen möchte. Aber aufs Segeln verzichten? Niemals. Gott ist mit Sicherheit auch in einem rotgoldenen Sonnenuntergang auf dem Atlantik zu finden.

Von den bayerischen Schwaben geht es zu den Franken. Nürnberg, Bamberg, Würzburg – drei Städte und sechs Auftritte. Es ist ein straffes Programm, das da vor mir liegt. Aber die Städte sind so schön, dass sie mich für alle Mühen entschädigen. Regensburg hat mich schon völlig verzaubert, im quirligen Nürnberg mache ich Bekanntschaft mit der regionalen Küche. Ein Freund aus München gab mir einen Rat mit auf dem Weg: »Es gibt nur drei Dinge, die du in Franken tun musst: essen, essen, essen!« Daran erinnere ich mich, als mein erstes Schäufele vor mir steht. Es wird wohl auch mein letztes, das weiß ich nach ein paar Bissen. Aber das kräftige Bier ist köstlich.

»Was liebt ihr denn hier so?«, frage ich meine Kusine Britta, die inzwischen in Nürnberg heimisch geworden ist. »Na ja, es ist gemütlich, die Menschen sind gesellig und man kann hier einfach gut leben.« Es scheint so. Überall Brauereien, Restaurants, Biergärten, urige Stadtviertel und historische Altstädtchen, prächtige Kirchen und Dome – Franken strahlt Lebenslust aus. Bei den Auftritten ist es trotzdem nicht ganz leicht, das Publikum aus der Reserve zu locken, nach der Zugabe sind die Zuschauer dafür umso geselliger – hier bin ich eindeutig nicht mehr überall die Lauteste.

Bamberg wird auch als das »fränkische Rom« bezeichnet, die Inselstadt mit ihren Brücken und Kanälen als »Klein-Venedig«. Ich bin völlig hingerissen von der Altstadt, die 1993 zum Weltkulturerbe erklärt wurde. Dann findet auch noch im schönsten Sonnenschein über die ganze Stadt verteilt ein Trödelmarkt statt – spätestens jetzt möchte ich Bambergerin werden. Schweren Herzens fahre ich weiter, natürlich ohne etwas erstanden zu haben. Meine Satteltaschen sind randvoll, und ich kann unmöglich einen Lampenschirm auf das Rad schnallen. Auch wenn ich zu gerne mal wieder etwas erwerben würde, das keinen sofortigen und praktischen Zweck erfüllt.

Schließlich komme ich nach Würzburg. Die Stadt am Main hat unter anderem eine Residenz, eine Festung, einen Dom, Weinberge, eine imposante Mainbrücke und das Grab von Walther von der Vogelweide zu bieten, berühmter Minnesänger aus dem Mittelalter. Auf seinem Grabstein liegen immer frische Blumen, da der Dichter noch heute Liebeskummer heilen kann, so zumindest die Sage.

Ich trete in Würzburg ausnahmsweise bei zwei Familien auf, die jeweils am entgegengesetzten Ende der Stadt leben. Trotz dicker Wolken am Himmel entscheide ich mich, mit dem Rad zu fahren, und schnalle den Koffer auf den Gepäckträger. Schon zehn Minuten später verfluche ich mich dafür, denn es beginnt wie aus Kübeln zu schütten. Ich fahre nach der Wegstrecke, die Google Maps mir vorschlägt, es sollen nur knapp 50 Minuten Fahrzeit sein. Erst geht es einen kleinen Wiesenpfad steil bergab, dann stehe ich vor einem Tunnel, der unter einer Autobahn durchführt. Der Tunnel existiert nicht mehr, er ist eingerissen, überall um mich herum ist Baustelle. Das ist nicht gut. Muss ich den ganzen Berg im strömenden Regen wieder hinauf? Ich frage einen Mann auf einem Bagger, wie ich denn jetzt hier wieder wegkomme, er deutet nach rechts. »Über die Brücke«, ruft er. Also fahre ich die schlammige Baustellenstraße entlang, mir kommen Laster mit Schutt entgegen. Ich sehe keine Brücke. »Wo kommt denn die Brücke?«, rufe ich dem nächsten zu. Er zeigt geradeaus. Ich fahre weiter. Direkt links von mir verläuft die Autobahn, die Autos fahren alle sehr langsam an der Baustelle vorbei, aber eine Brücke kann ich immer noch nicht erkennen. Den nächsten Lastwagenfahrer halte ich an, er sagt: »Erst über die Brücke und dann die Ausfahrt raus.« Jetzt verstehe ich. Die Autobahnbrücke! Vor mir läuft die Baustellenstraße mit der Autobahn zusammen, beide führen über eine Brücke, dann endet die Baustelle und rechts kommt eine Ausfahrt. Ich soll also über die Autobahn fahren? Gehetzt schaue ich mich um, es ist aber nirgendwo eine andere Straße oder Abzweigung zu sehen. Zurück? Die ganze Strecke bei dem Regen? Ist eigentlich keine Option, dann wird es sogar mit dem Auftritt knapp. Und schließlich haben die Bauarbeiter mich selbst hier entlang gelotst und die Autos fahren höchstens 50 km/h. Schätze ich. Also trete ich in die Pedale, und als die Schlammstraße in die Autobahn übergeht, passiere ich das letzte Baustellenfahrzeug. Der Mann auf der Raupe starrt mich entgeistert an und beginnt zu brüllen: »Das ist eine Autobahn, tickst du noch richtig?« Ich ignoriere ihn, bete zu den Geistern meines gelben Koffers, dass mich kein Streifenwagen anhält, ich bin nämlich noch in der Führerscheinprobezeit und die wurde schon einmal verlängert.

Vor mir liegt die Autobahnbrücke, ich fahre auf dem Standstreifen, bis zur Ausfahrt ist es nicht einmal ein Kilometer. Neben mir ertönt ein Hupkonzert, Fensterscheiben werden runtergelassen, Beschimpfungen prasseln zusätzlich zu den dicken Regentropfen auf mich nieder. Endlich kommt die Ausfahrt, ich fahre begleitet vom Hupkonzert von der Autobahn ab und halte am nächsten sicheren Grünstreifen an. Trotz des Dauerregens bin ich nassgeschwitzt. Ich schätze, dass ich nur zwei Minuten tatsächlich auf der Autobahn war, aber es kam mir wie eine Ewigkeit vor. Warum haben mich alle angeschrien? Glauben die wirklich, ich sei aus Spaß hier gelandet? Als ich eine gute Stunde später bei der Gastgeberin eintreffe, ist es schon fast dunkel. Der Regen hört just in dem Moment auf, als ich an der Tür klingle. Meine Gastgeberin ist ebenso aufgelöst wie ich. Ihre Mutter ist am Nachmittag ins Krankenhaus gekommen, sie saß bis gerade eben bei ihr am Krankenbett, eigentlich ist ihr im Moment überhaupt nicht nach Gästen. Ich biete ihr an, alles abzusagen, ich selbst habe heute genug Abenteuer erlebt. »Aber ich habe mich doch so gefreut«, sagt sie, und so beschließen wir, alles dabei zu belassen. Schon treffen die ersten Gäste ein, und ich erzähle zur Auflockerung von meiner ungewöhnlichen Anreise. Es wird ein intensiver Abend, nach dem Auftritt wird heiß diskutiert. Das erlebe ich jetzt öfter, die Flüchtlingsthematik bewegt die Menschen stark, und manchmal ist die Diskussion schon im Gange, bevor ich die Bühne überhaupt betrete. Auch hier schlagen die Wellen hoch.

Am Ende steht die Frage im Raum, was wir denn tun können. Ich schweige, genau vor dieser Frage habe ich mich seit Wochen zu drücken versucht. Aber jetzt schaut mich die ganze Runde auf einmal erwartungsvoll an. »Wir müssen uns austauschen, miteinander reden. Wir müssen entscheiden, wie wir leben wollen, wie unser Land in Zukunft aussehen soll. Ich kann im Moment kaum noch Nachrichten schauen, aber das ist ja keine Lösung. Und was jeder Einzelne tut, das muss er selbst entscheiden. Ich gehe nicht auf Demos, ich fahre Rad und spreche Gedichte. Ob das am Ende etwas bewirkt, das weiß ich nicht, aber es ist mein Weg, und mir zumindest hilft es.«

Es ist still, dann sagt ein junger Papa: »So haben wir schon lange nicht mehr miteinander gesprochen, insofern hilft es ja schon irgendwie.«

Ich könnte ihm um den Hals fallen. »Ich suche nach Lösungen, wirklich, aber alleine schaffe ich das nicht«, schiebe ich hinterher.

»Musst du ja auch nicht«, sagt ein Mann im schicken Outfit. »Wir sind ja auch noch da.«

Diese Worte nehme ich mit. Nehme sie mit auf meinen Heimweg Richtung Hamburg, der kein leichter werden soll. Und nehme sie mit auf meinen Lebensweg. »Wir sind ja auch noch da«, ist gleichzeitig Rückhalt, Gemeinschaft und Zukunftsversprechen für mich. Ich habe mein »wir« gefunden, ich weiß jetzt, dass es existiert.

Zwei Tage später kämpfe ich mich gerade die Berge der Rhön hoch, da piept mein Handy: eine SMS von meiner Würzburger Gastgeberin: *Meine Kollegin hat übrigens von Dir im Radio gehört. Am Nachmittag vor dem Auftritt kam eine Warnmeldung auf Bayern 1: »Achtung, Radfahrerin auf der A3.« Gute Fahrt!* Ich breche mit dem spärlichen Rest Luft in meiner Lunge in ein Triumphgeheul aus. Der BR hat also doch noch über mich berichtet!

Ein paar Minuten später passiere ich das »Willkommen in Hessen« Schild. Bayern liegt hinter mia.

ROBERT GERNHARDT

Ich leide an Versagensangst

Ich leide an Versagensangst,
besonders, wenn ich dichte.
Die Angst, die machte mir bereits
manch schönen Reim zuschanden.

Harz, Heimreise oder: Es ist mein Leben

Wollbach – Fulda – Rotenburg – Lohfelden – Fuldatal – Göttingen – Goslar – Wernigerode – Wolfsburg – Hitzacker – Hamburg

Für die Rückreise bekomme ich Verstärkung: Jörg, ein langjähriger Freund von mir, begleitet mich ein paar Tage. Inzwischen ist es Herbst geworden und ich bin in den Kasseler Bergen durch den ersten Schnee geradelt. Bis jetzt hatte ich keine böse Erkältung, keinen Platten, keine Panne und das soll auch möglichst so bleiben. Ich will nach Hause. Zwischendurch überlege ich, ob ich abkürze, die letzten Auftritte absage und einfach in ein paar Tagen durchfahre. Dann könnte ich eine gute Woche eher da sein. Bei Conrad, bei meiner Waschmaschine, bei meinem Kleiderschrank und in meinem Bett. Auf den vorletzten Metern verlassen mich die Kräfte. Jörg radelt pfeifend durch den kalten Regen, und ich schleppe mich hinterher.

Nach einem Auftritt in einer Kemenate in Goslar, der geschichtsträchtigen Schieferstadt, die neben dem ältesten deutschen Bergwerk »Rammelsberg« entstanden ist, suchen Jörg und ich uns eine Unterkunft mitten im Harzer Wald. »Was machen wir heute?«, fragt Jörg gut gelaunt. »Ich werde hier nur zwei Dinge tun: schlemmen und schlafen. Was du machen möchtest, weiß ich nicht«, knurre ich und ziehe mir die Decke über den Kopf. Also macht sich Jörg auf den Weg zum Brocken, was an dreihundert Tagen im Jahr ein aussichtsloses Unterfangen ist – im wahren Wortsinn. »Viele Steine, müde Beine, Aussicht keine, Heinrich Heine«, soll der Dichter anno dazumal in das Gipfelbuch geschrieben haben, nur eines der Märchen, die sich um den Hexenberg ranken. Jörg hatte auch kein Glück, der Gipfel lag wie an zweihundertneunundneunzig anderen Tagen in dichtem Nebel. Am nächsten Tag fahren wir nach Wernigerode, einer idyllischen Kleinstadt voll bunter Fachwerkhäuschen. Auch wenn der Harz vor Hamburgs Toren liegt, habe ich ihn vorher nie richtig besucht. Angesichts dieser Sehenswürdigkeiten schäme ich mich fast dafür.

Nach drei Tagen »Schlemmen und Schlafen« habe ich wieder genug Kräfte beisammen, um nach Hause zu rollen. Mein letzter Auftritt ist in Wolfsburg, es ist exakt der hundertste, seit ich im Mai 2014, vor eineinhalb Jahren losgefahren bin. Es wird ein rundum schöner Abschluss und für die letzten Meter habe ich auf einmal wieder Kraft. Die 110 Kilometer von Wolfsburg nach Hitzacker im Wendland lege ich im Sprint zurück, dem Regen schenke ich keine Beachtung.

Am 22. Oktober komme ich gegen 15 Uhr in Hitzacker an. Ich rase durch den kleinen Ort, an meiner Unterkunft vorbei, direkt bis an die Elbe. Da bleibe ich endlich stehen und starre auf das Wasser. Wasser ist mal wieder überall, Tränen der Erschöpfung und Erleichterung brechen sich Bahn. Ich weiß, jetzt habe ich es geschafft, die letzten 100 Kilometer werde ich fliegen. Trotzdem habe ich mir vorgenommen, genau das nicht zu tun, sondern langsam anzukommen, bewusst.

Am nächsten Morgen strahlt die Sonne mit mir um die Wette und ich gleite durch die Elbtalauen. Die weite Landschaft verzaubert mich genauso wie beim ersten Mal, Zugvögel ziehen über den blauen Himmel, der leichte Wind spielt mit den Blättern der Bäume, überall glitzert Wasser in der Sonne. Die Welt erscheint mir voller Wunder, und auf einmal wünsche ich mir, dass diese Reise nie zu Ende geht.

Aber als ich am nächsten Morgen aufwache, brenne ich vor Ungeduld. Ich will jetzt nach Hause! Conrad hat einen Empfang am Deich vorbereitet und gesagt, dass ich keinesfalls vor 16 Uhr aufkreuzen darf. Also trödele ich auf den letzten 50 Kilometern, wo ich kann, halte es aber bald nicht mehr aus. Gegen 15 Uhr passiere ich das Ortsschild »Hamburg«, gegen 15.30 Uhr entdecke ich meinen Vater, meine Tante und meinen Onkel, die sich genau wie ich am Fischbrötchenstand der Fähre für ein kühles Getränk anstellen, 6 Kilometer von zu Hause entfernt. Um 15.40 Uhr scheuche ich sie in ihr Auto, damit sie noch vor mir da sind. Um 16.01 Uhr fahre ich auf die kleine Gruppe am Deich zu, die mir mit Tröten bewaffnet entgegenwinkt. Ich fahre an ihnen vorbei. Dann drehe ich lachend um, wuchte mein Rad auf den Deich und falle ihnen allen um den Hals. Ich bin so aufgeregt, so erleichtert und so glücklich, wieder zu Hause zu sein, dass ich mich lange nicht beruhige.

Es wird Monate dauern, bis mein Körper und mein Kopf verstehen, dass die Zeit der Unsicherheit vorbei ist. Dass ich jetzt morgens schon weiß, wo ich am Abend übernachten werde. Dass ich wieder in einen Rhythmus finde, wieder weiß, wann ich essen und wann ich schlafen möchte. Es wird auch lange dauern, bis ich mich erholt habe, bis ich wieder so weit bei mir selbst bin, dass ich mich auf andere einlassen kann. Bis ich wieder auf die Schilder für Autofahrer achte, nicht nur auf die für die Radfahrer. Bis ich nicht mehr überlege, wie lange ich für diese 45 Kilometer jetzt mit dem Rad gebraucht hätte. Auch daran merke ich, dass diese Reise eine einmalige Sache war. Ein zweites Mal würde ich das nicht durchhalten. Aber sie war auch deswegen einmalig, weil ich keine Sekunde missen möchte. Weil ich mich an jeden Augenblick davon erinnere, weil sie nun zu mir gehört, mit mir verbunden ist, Teil meines Lebens geworden ist. Die Menschen, mit denen ich mich ausgetauscht habe, die ich getroffen habe, sind Teil meines Lebens. Die Wege, die Ortschaften, die Städte sind Teil meines Lebens. Die Bühnen, die Auftritte, die Zuschauer sind Teil meines Lebens.

Alles, was ich erlebt habe, ist ein Geschenk. Und hat damit einen unschätzbaren, unvergänglichen Wert für mich. *Deutschland. Ein Wandermärchen* ist mein Leben.

CHRISTIAN MORGENSTERN

Meinem Koffer

Meinem Koffer
Stämmiger Gesell
Meiner Wanderfahrt,
Dessen rostbraun Fell
All mein Gut bewahrt!

In mein Wappen tu
Ich dein Bild hinein
Und ein Spind wie du
Sei mein letzter Schrein.

In der Ecke dort
Ist dein Aufenthalt,
Nimmer sollst du fort
Auf den Speicher kalt.

Gerne dann und wann
Ruh' ich auf dir aus,
Fühle stark: Wohlan,
Hier bin ich zu Haus.

Bis der Traum mich dir
Enger noch gesellt,
Und dann fliegen wir
Ueber alle Welt.

Brief an meine Landsleute oder: Bin ich Deutschland?

Und immer und immer der Duft
als wäre noch nichts gelebt
noch hier in der Winterluft
wo Herbst den Herbst begräbt

Und immer und immer der Traum
als winkte, von keinem erreicht
ein Ziel an jeglichem Saum
der Welt, und der Weg wär' leicht.

Liebe Landsleute, nein, besser:
Liebe Familie,
    zwei lange Sommer habe ich unser Land bereist, habe mich
mit dem Rad Hügel und Berge raufgequält, bin Strömen und
Flüssen gefolgt, durch Wälder und über Stock und Stein gehol-
pert. Ich habe geflucht, geweint, gejuchzt und überwältigt ge-
schwiegen. Es ist ein schönes Land, das wir da bewohnen, ein
wunderschönes. Die Natur ist abwechslungsreich, reichhaltig
und hat unendlich viele Gesichter. Wenn ich an sie denke, an
die majestätischen Berge, das riesige Meer, Felder, Hügel und
Wälder, dann überkommt mich ein tiefes Gefühl der Bewunderung und der Zärtlichkeit.»Das ist mein Land!« Dass ich

das einmal sagen werde, nein, fühlen werde, das hätte ich nie gedacht.

Das hätte ich nicht gedacht, als ich die Idee zu dieser Reise hatte, vor einer kleinen Ewigkeit am Deich. Auch nicht, als ich meine Grundsatzfrage formuliert habe: »Bin ich Deutschland?« (die mir heute etwas verkopft und unzulänglich vorkommt). Ob mein Land mir gerecht werden kann, da bin ich ja mal gespannt – das war unterschwellig meine Haltung. Nach ein paar Wochen habe ich mich dann gefragt, ob ich meinem Land gerecht werden kann. Wie soll ein einzelner Mensch mithalten mit all dieser Schönheit, Vielseitigkeit, mit der langen und bewegten Geschichte? Irgendwann wurde mir klar, dass es nicht darum geht, mitzuhalten. Es geht darum, mein Land kennenzulernen. Und meine Landsleute. Und mich.

Und ihr habt begeistert reagiert, als ich euch gebeten habe, mir eure Türen zu öffnen. Mich teilhaben zu lassen an eurem Leben, euren Erfahrungen, euren Leidenschaften und Gedanken. Und in diesen zwei Jahren habe ich viele von euch kennenlernen dürfen, als Gastgeber, als Publikum, als Austauschpartner. Natürlich ist das nur ein Bruchteil der ganzen Bevölkerung, und ich denke nicht, dass »kennste einen, kennste alle« in diesem Fall zutrifft. Ich kann nicht sagen, wie alle sind. Auch nicht, wie die sind, die ich kennengelernt habe. Ich kann nur erzählen, wie diese Reise mein Verhältnis zu euch verändert hat. Und mein Verhältnis zu mir. Das ist irgendwie passiert. Ich glaube, es hat sich gegenseitig bedingt. Ist ja auch eigentlich logisch, wenn es stimmt, was Psychologen sagen: dass die Außenwelt ein Spiegel für uns selbst sein kann.

Ich möchte euch danken. Ihr habt mir vertraut, habt mich unterstützt. Habt mir Geld gespendet, mir Mut gemacht, mir geschrieben, mich eingeladen. Habt mir Betten bezogen, Essen gekocht, die Stadt gezeigt, Publikum für mich eingeladen, euren besten Wein geköpft, meine Wäsche gewaschen, Brote geschmiert und mir notfalls sogar Päckchen hinterhergeschickt. Wer würde so etwas tun, außer der eigenen Familie? Oftmals waren meine Gastgeber und ich ganz betrübt, wenn ich weitergefahren bin. Denn wir hatten uns doch gerade erst aneinander gewöhnt, uns manchmal sogar gefunden. Und ich habe dann gesagt:»Ich komme wieder!«, und es ohne Ausnahme so gemeint.

Ich habe meine Familie erweitert, unendlich. Dass ihr mich aufgenommen habt, wirkt wie ein Stein, der ins Wasser plumpst – er zieht endlos viele Kreise. Und ich weiß, dass ich jederzeit wieder an eure Tür klopfen könnte. Oder an andere Türen (denn selbstverständlich machen diese Kreise nicht Halt an den Landesgrenzen, wie rein gar nichts in der Natur Halt an irgendeiner von Menschen gezogenen Grenze macht).

Ich habe erkannt, dass wir uns ähnlich sind. Dass wir zusammengehören, auch wenn wir noch so verschieden ticken. Und wirklich, nie hätte ich gedacht, dass ich bei diesem Gedanken Freude empfinden könnte, unbändige sogar. Wir sind nicht alle gleich, Gott bewahre, aber wir gehören zusammen. Ist das nicht großartig?

Diese Erkenntnis hat viel Zeit gebraucht. Am Anfang habe ich, wie viele andere auch, immer nach den Unterschieden gesucht. Überall ging es um die Differenzen, bei der Frage nach der Identität kam immer zuerst die Abgrenzung: Die Stadt vom Dorf, das Dorf vom Nachbardorf, die Ober- von den Niederbayern und die Badener von den Schwaben. Klar, die da drüben sind wirklich komplett anders, auch wenn nur ein paar Kilometer dazwischen liegen. Unbenommen, dass es starke regionale Unterschiede gibt, aber nach ein paar Tausend Kilometern fiel mir auf, wie sehr wir uns allein in der Betonung dieser Unterschiede ähneln! Anscheinend brauchen wir die Abgrenzung vom Nachbarn, um uns unserer eigenen Identität zu versichern. Zu definieren, wozu wir gehören, fällt uns manchmal schwer, aber wir können ganz sicher sagen, wozu wir nicht gehören. Verrückt, dass wir ausgerechnet daraus Zugehörigkeit entwickeln, die wir, trotz allem, anscheinend dringend brauchen.

Auch ich möchte wohl dazugehören. Hätte ich sonst diese Reise gestemmt? 8160 Kilometer, 92 Gastgeber, 100 Auftritte. Offenbart sich in dieser Kraftanstrengung nicht die Sehnsucht nach einer eindeutigen Zuordnung, nach einem Zuhause im eigenen Land? Und viele von euch konnten meinen Wunsch nachvollziehen, haben ihn unterstützt und geteilt.

Aber warum musste ich dafür erst alle Sicherheiten von mir werfen und eine Reise ins Ungewisse wagen?! Mit Mitte dreißig keine Wohnung mehr zu haben, kein Einkommen, nie zu wissen, was der nächste Tag bringen wird, hat mich auf vielen Ebenen gefordert. Aber dieser Einsatz erscheint mir heute angemessen. Weil sie eben kein leichtes Unterfangen ist, diese Suche nach der deutschen Identität, dem ominösen, nicht greifbaren Wir. Es ist für mich – und an dieser Stelle muss ich zu diesem großen Wir greifen –, es ist für uns spürbar nicht einfach, uns landesweit als Gemeinschaft zu sehen und uns gut dabei zu fühlen. Der Nationalsozialismus ist in unserem Bewusstsein, wann immer es »wir Deutsche« heißt. Wir haben Angst, einen falschen Eindruck zu erwecken, in eine rechte Ecke gesteckt zu werden. Auch ich habe das, sogar in dem Moment, in dem ich diese Zeilen schreibe. Ich rede immerhin von Liebe zu meinem Land, da könnte man ja denken …

Meine Liebe meint nicht Angst vor Veränderung oder Fremdheit, meine Liebe entspringt der Verbundenheit mit der Natur, die mich monatelang verzaubert hat. Sie entspringt der Freude, eine Familie gefunden zu haben.

»Ich bin Europäer«, höre ich auch immer wieder. Das ist sicher zeitgemäß und auch notwendig, so zu denken, aber trotzdem wählen wir nun mal nicht nur als Europäer, und ich glaube, auch wenn es eines Tages so weit sein sollte, werden wir unser Land nicht so schnell aufgeben. Wir hängen nämlich sehr daran. An der Natur, der Demokratie, der Ordnung – genauso wie an unserer Kultur. Übrigens, was soll das sein, »unsere Kultur«:

Dichter und Denker?

Theater, Musik, Literatur?

Bier und Bratwurst?

Angeln und Autos?

Perfektionismus und Pragmatismus?

Letzteres klingt wenig erfrischend, aber es ist mir auf meiner Reise begegnet. Genauso wie Beharrlichkeit, Vorsicht, Rationalität, Verantwortungsbewusstsein, Genauigkeit und Ernsthaftigkeit. Aber auch Reiselust, Forschergeist, Gastfreundschaft, Familiensinn, Aktivität, Kreativität und Humor.

Apropos Humor: »Humor ist das Einzige, was man in Deutschland nicht ernst nimmt«, hat die Schauspielerin Lilli Palmer gesagt. Ich sage es mit Heinrich Heine, Johann Wolfgang von Goethe, Erich Kästner, Robert Gernhardt, Wilhelm Busch, Joachim Ringelnatz, Christian Morgenstern, Mascha Kaléko und zahlreichen anderen: Wir haben Humor! Nicht nur in der Dichtung wimmelt es von witzigen, kreativen, ironischen, schelmischen Werken.

Aber fragen Sie mal beim nächsten Abendessen unter Freunden nach deren Lieblingsgedichten. Da wird keines mit Augenzwinkern dabei sein, fürchte ich. Laut einer Umfrage des WDR in Sachen Lieblingsgedicht, basierend auf dreitausend Einsendungen im Jahr 2000, findet sich auf Platz eins »Stufen« von Hermann Hesse, das Gedicht mit dem höchstmöglichen Anspruch an die Menschheit. Gefolgt von Eichendorff, Rilke, Fontane, Goethe, nahezu alles tiefe und schwermütige Gedichte oder Balladen. Auf Platz 69(!) erscheint das erste Augenzwinkern mit Morgensterns »ästhetischem Wiesel«. Wir gelten nicht als humorvoll, weil wir dieser Eigenschaft anscheinend überhaupt keine Bedeutung beimessen. Das ist jammerschade, denn im Humor findet sich das ideale Gegengewicht zum überhöhten Anspruch, zum Perfektionismus, zum Sicherheitsdenken, zu der totalen Korrektheit, mit der wir uns das Leben unnötig schwer machen können. Humor ist Grenzüberschreitung, die erlaubt ist und auch noch Spaß macht. Humor macht schlau und schön und bringt Lebensfreude. Es gibt nichts, absolut nichts, was gegen Humor spricht. Wir sollten ihn ernster nehmen.

So ernst wie die Liebe zu unserer Sprache. Der gelbe Koffer, den ich durch die Lande getragen habe, enthält Teile eines großen Schatzes. Das habe ich auch erst mit der Zeit erkannt, durch die vielen Auftritte. Unsere Sprache, unsere Gedichte gehören zu uns, sie sind Teil unserer Identität. Sie rühren an etwas, das so tief sitzt, dass ich es nur mit »unsere Wurzel« beschreiben kann. Und diese Wurzel ist auf einmal sehr wichtig geworden, durch den Strom der Menschen, die in unser Land kommen und eine andere Wurzel haben. Oder entwurzelt sind. Erst durch euch habe ich verstanden, welches Glück ich mit meinem Beruf habe. Welcher starke und direkte Zugang zu meiner Wurzel in diesem gelben Koffer steckt. Ich kann in jede Epoche eintauchen, in die Gedanken und Empfindungen unserer Vorfahren. Es sind Bilder, Träume und Erinnerungen unseres Landes, die ich in eure Wohnzimmer bringen durfte, und jeder einzelne Auftritt hat mich mir selbst näher gebracht.

Auf einem Ehrenplatz thront nun mein kleiner gelber Reisebegleiter. Er ist bis oben hin vollgepackt mit Erlebnissen, Bildern und Gedichten. Und ihn nehme ich mit auf die Bühne, um mit euch zu teilen, was dieses Land, was ihr mir geschenkt habt.

Es gibt eine zentrale Figur, bei der ich mich ganz besonders bedanken möchte und um die sich diese ganze Reise gedreht hat: die Mutter. Nicht nur, weil meine Mutter einen großen Anteil daran hatte, dass ich mich überhaupt auf den Weg gemacht habe. Sondern weil ich die Reise ohne Mütter niemals hätte realisieren können. Mütter haben mich nicht nur aufgenommen, verpflegt, mir das Zimmer hergerichtet, das Bett bezogen. Mütter haben auch mit einem Blick gesehen, wie es mir ging, haben die richtigen Sachen gesagt und mir alles mitgegeben, was ich brauchte, damit ich meine Reise fortsetzen konnte. Mütter haben mich auf diesem Weg unterstützt, wo sie nur konnten. Und behütet. Das wird mir jetzt erst klar, seitdem ich wieder im sicheren Hafen bin: Ich hatte niemals Angst. Ich habe mich beschützt gefühlt auf jedem Kilometer und unter jedem fremden Dach. Vielleicht hat die Poesie ihren Teil dazu beigetragen, vielleicht meine Reisegefährten, die in Gedanken bei mir waren. Vielleicht die Mütter dieses Landes, die mich so rührend umsorgt haben.

Aber nicht nur daran denke ich, sondern auch an die vielen

Gespräche, die ich geführt habe – da waren es vor allem die Mütter, die große Sorgen äußerten. Die sich Gedanken machten um unsere Gesellschaft, den Zustand der Natur, die Zukunft. Die alles in einem großen Zusammenhang sahen, nach Lösungen suchten. Denen aber genauso bewusst war, dass man auch in der jeder kleinen Einheit um Harmonie kämpfen muss, in der Partnerschaft, der Familie, wie zusammengewürfelt sie auch immer sein mag. Dass nur dann auch eine größere Harmonie möglich wäre.

Eine Mutter sagte mir einmal, bezogen auf ihre Tochter, die gerade in die Pubertät gekommen war: »Ich bin so froh, dass ich in tiefster Seele weiß, dass ich alles nur Erdenkliche für diesen Menschen getan habe. Ich habe ihr alles gegeben, was ich zu geben habe, all meine Liebe, all meine Aufmerksamkeit. Was da jetzt in der Pubertät mit ihr passiert, hat nichts mit mir zu tun, es ist nicht meine Schuld.«

Deswegen glaube ich, dass Mütter die Welt retten können. Sie wissen, wie man bedingungslos gibt.

Und wir Nichtmütter, können wir auch große Dinge vollbringen? Manchmal scheint es, als würde dieses Zitat von Friedrich Nietzsche (»Ein Deutscher ist großer Dinge fähig, aber es ist unwahrscheinlich, dass er sie tut.«) wie ein Damoklesschwert über uns hängen. Ich denke, ich tue eine ganze Menge Dinge, mal große Dinge, öfter kleine, selten sinnvolle Dinge, weitaus häufiger sinnlose. Damit bin ich wohl wie die meisten Deutschen. Ich rede erbarmungslos nieder, was ich kann und tue und liebe. Dass wir aktiv sind, ordentlich, fleißig, das geben wir gerne zu, aber dass wir lieben, was wir machen, vielleicht sogar gut sind darin, dass das Wetter herrlich und die Mitmenschen nett sind, dass die Welt so ganz grundlegend ein fantastischer Ort ist – nicht mit uns! Wir wollen nichts und niemanden über den Klee loben, den Tag erst recht nicht vor dem Abend und lieber mal das Schlimmste befürchten. Diese »Bescheidenheit« macht uns aber nicht sympathisch. Wer nichts kann, kann auch nichts bewirken. Wer sich selbst nicht kennt, sich seiner Schwächen und genauso seiner Stärken nicht bewusst ist, kann nicht verantwortlich handeln. Wenn wir aufhören würden, die eigene Identität schlechtzureden oder gar zu verleugnen, könnten wir unsere gewonnene Zeit und Kraft dafür einsetzen, herauszufinden, was wir wollen. Und uns dann an die Umsetzung machen. Mit allen uns zur Verfügung stehenden Fähigkeiten. Und die sind nicht von schlechten Eltern.

Liebe Familie, ihr seid mein Spiegel. Und ich habe mich in euch gesehen. Ich bin wie ihr, aber natürlich ganz, ganz anders!

Nein, im Ernst, es macht mich glücklich, zu euch zu gehören. Ihr seid meine Familie, und auch wenn ihr mir ab und zu peinlich seid, möchte ich euch um nichts in der Welt eintauschen. Und ihr dürft mich auch nicht eintauschen, selbst wenn ich mal wieder auf dem Fahrrad sitze und aus vollem Halse Schlager schmettere. Und dabei Schlangenlinien fahre – ohne Helm! Das liegt dann nicht am deutschen Bier, sondern an dem Wunsch, dass ihr mich seht. Und hört!

Meiner Familie, der mute ich mich nämlich so zu, wie ich bin. Kann man sich nicht aussuchen …

Ach, was bin ich froh, euch zu haben!

In Liebe

Eure Anna Magdalena

Und immer, in jeglicher Ruh
der stumme, der strenge Befehl
geh weiter, bewanderter Du
geh fehl, sonst gingest du fehl

Geh weiter, bewanderter Gast,
Allein geht keiner allein
und je müder, je leichter die Last
und je klarer das Ja und das Nein.

Aus: Rudolf Alexander Schröder: Ballade vom Wandersmann

Nachwort oder: Heimat liegt in der Zukunft

Ich war soeben am Deich. Ich bin wie eine Getriebene im Stechschritt über das angeschwemmte Holz gestiegen; die Eisschollen am Ufer schmolzen in der Sonne, sie knackten und knirschten dabei eigentümlich wie Conrad und ich des Nachts mit unseren Zähnen. »Warum ist dir gerade der Begriff ›Heimat‹ so wichtig?«, hat Conrad mich gestern Abend gefragt und dabei zu meinem Bücherstapel auf dem Nachttisch rübergenickt. Ich wischte mir die Tränen aus den Augen. »Weil ich doch danach gesucht habe mit dieser ganzen Reise«, sagte ich schniefend. »Und mit Mama hätte ich darüber reden können. Wir haben immer zusammen philosophiert. Und jetzt gibt es keinen mehr, mit dem ich das teilen kann!«

Conrad sagte nichts mehr und legte seinen Arm um mich. Schlauer Mann. Egal was er jetzt gesagt hätte, es wäre doch nicht richtig gewesen. Ich schielte zu den Buchtiteln hinüber: *Was ist eigentlich Heimat?* (Renate Zöller), *Heimat ist das, was gesprochen wird* (Herta Müller), *Heimat – Eine Rehabilitierung* (Christoph Tücke), *Heimat als Utopie* (Bernhard Schlink). Davon mal abgesehen, dass ich gar keine Zeit habe, das alles gründlich durchzulesen, werden Bücher mir auch nicht helfen, meine Heimat zu finden. »Ich werde immer für dich da sein«, sagte Conrad vorsichtig. »Ist das nicht auch Heimat?«

Ich schaute ihn nachdenklich an und sah, wie viel Mühe er sich gab, mich zu trösten. »Ich will mehr als das«, sagte ich leise, entschuldigend. Schließlich schlief er ein, ich las noch ein bisschen. Aber nicht in meinen Heimatbüchern.

Ich möchte keine Antwort von anderen, sie hilft mir nicht. Ich kann mir die Frage nur selbst beantworten. »Bin ich Deutschland?«, meine ursprüngliche Ausgangsfrage bietet mir nicht genug. Ich kann die Frage inzwischen problemlos mit »Ja« beantworten, daran habe ich immerhin keinen Zweifel. Aber das reicht mir nicht mehr. Ich möchte eine Ebene tiefer kommen. An dem Begriff »Heimat« habe ich mich die letzten Wochen unterschwellig ständig abgearbeitet, nun nimmt er immer mehr Raum ein. Nicht weil es inzwischen bundesweite »Heimatwochen« in den Medien gibt, sondern weil auch in der Literatur und in der Poesie »Heimat« eine große Rolle spielt.

»Heimat entdeckt man erst in der Fremde«, sagt Siegfried Lenz, und mit der Meinung steht er nicht allein: »Du musst ins Ausland gehen, das schärft den Blick auf dein Land«, habe ich oft zu hören bekommen. Ich habe einen anderen Weg gewählt, bin eingetaucht in dieses Land, habe es zu meinem gemacht, trage es im Herzen. Heimat taucht immer wieder als ein Sehnsuchtsort auf, als etwas Verlorenes, nie zu Erreichendes. Immer Vergangenheit? Utopie? Ich habe darüber gelesen, dass Menschen, die in ihre »Heimat« zurückkehren, egal, ob sie damit einen Wohnort meinen oder ein Land, natürlich nie die Heimat vorfinden, an die sie sich erinnern. Nach der sie »Heimweh« hatten. Das ist traurig, aber auch logisch, denn die Welt hat sich auch dort weiterbewegt, und nichts ist noch genauso, wie es vor der Abreise war. Und selbst wenn die Zeit stehengeblieben wäre, man selbst ist es nicht. Deshalb ist nichts mehr, wie es einmal war. Gerade in der Exilliteratur ist das sehr deutlich zu sehen; die aus dem Dritten Reich geflüchteten Deutschen wurden krank vor Heimweh in der Fremde – sie vermissten allem voran ihre Sprache, ganz besonders natürlich die Dichter. Und als sie nach Kriegsende zurückkehren konnten nach Deutschland, da fanden sie ihre Heimat nicht mehr. Alles war immer noch durchsetzt vom Nationalsozialismus, sogar die Sprache. Haben sie ihre Heimat damit unweigerlich verloren? Sind sie für immer zur Heimatlosigkeit verdammt? Genauso wie die vielen Millionen Flüchtlinge, ein Strom der Schutzsuchenden, der sich über den Globus bewegt und hofft, bald ankommen zu können, Wurzeln zu schlagen. Haben auch sie alles verloren, da sie ihre Heimat verlassen mussten?

Was ist mit den Menschen aus der ehemaligen DDR? Ist ihre Heimat unwiederbringlich verloren? Selbst wenn wir die Mauer wieder hochziehen und den Kommunismus wieder zum Leben erwecken würden, es wäre nicht mehr das, was sie kennen, wonach sie sich vielleicht manchmal sehnen. Alles wäre anders, denn sie selbst wären anders.

Ist Heimat also eine Illusion? Ist sie immer dann verloren, wenn wir sie fühlen? Was ist für mich eigentlich Heimat? Die meisten Menschen sehen laut Umfragen den Wohnort oder die Familie als Heimat an, auf Platz drei findet sich der Geburtsort und auf Platz vier kommt Deutschland. Nach meiner Erfahrung kann es aber auch der Kiez sein, die Stadt oder die Region, damit fällt die Identifizierung den meisten Menschen leichter. Ich habe den Begriff »Heimat« immer vermieden, warum eigentlich? Mir wird klar, dass Heimat für mich mehr ist als ein Ort. Ich denke dabei weniger an Wohnorte oder Elternhäuser, ich denke an Momente, in denen mir nichts fehlt, in denen ich Geborgenheit fühle, in mir und in der Welt. Heimat ist für mich ein allumfassendes Gefühl des Ankommens.

Es heißt, durch die Globalisierung sucht die Gesellschaft Halt in familiären Strukturen. Selbst junge Menschen gehen früh verbindliche Beziehungen ein und möchten möglichst schnell selbst eine eigene Familie gründen und zudem einen festen, langfristigen Job ausüben. Sicherheit statt Rock'n'Roll? Gibt das Heimat?

Conrad und ich haben gerade geheiratet, ich habe mich mit einem Kopfsprung in den Hafen der Ehe gestürzt. Zum Glück war das Wasser wunderbar warm und weich, die ideale Badetemperatur. Also auch in dieser Hinsicht ein Ankommen – das ich mir in dieser Form vor der Reise nicht einmal hätte träumen lassen. Aber ich bin auch nach der Hochzeit noch derselbe Mensch wie zuvor, ich spüre keine Wurzeln aus meinen Füßen wachsen und sich in die Erde krallen. Oder in Conrad. Was also fehlt mir?

Es geht mir um einen Zustand, ein Gefühl, das mehr ist als reine Befindlichkeit. Ich verbinde mit Heimat einen Moment, in dem ich ganz bei mir bin, mich nicht verstellen muss, mich nicht anstrengen muss, mich aufgehoben fühle. In dem alles zusammenpasst, ich und die Welt. Kann man dieses Gefühl äußerlich herstellen? Durch das Tragen einer Tracht, durch Singen eines Volksliedes, durch das Sprechen eines Dialekts?

Ich glaube, ja. Wenn ich weiß, warum ich das tue, wenn es für mich eine Bedeutung hat, wenn es mich mir selbst näherbringt. Aber ich habe weder Tracht noch Dialekt und kenne wenige Volkslieder. Was gibt mir Heimat?

Ich denke an den Moment vor gut zwei Jahren, als ich hier am Deich stand, voller Verzweiflung nach einem Weg suchend durch das Dickicht ungewisser und unerträglicher Zukunft. Und auf einmal kam sie, diese Idee, die mir 8000 einzigartige Kilometer durch das Land bescherte. Ich habe diese Idee verwirklicht, ich habe mehr bekommen, als ich je gehofft hatte, und nun bin ich unzufrieden? Stehe wieder hier und möchte reklamieren?

Gestern Abend saß ich mit einer Gruppe Frauen zusammen. Wir haben aufgeschrieben, worauf wir uns im kommenden Jahr 2016 freuen. Mir fiel partout nichts ein, alles, was mir durch den Kopf ging, erschien mir banal oder unrealistisch. »Ich weiß überhaupt nicht, was in diesem Jahr auf mich zukommen wird. Da ist eine totale Unsicherheit«, stellte ich fest. Privat genauso wie ganz allgemein. Und ich war nicht die Einzige, der es so ging.

Ich überlegte, woran das liegen könnte. Als ich im Auto zurückfuhr, dachte ich, dass die Ereignisse im letzten Jahr, 2015, mich überrollt haben. Die Flüchtlingsströme, die auf einmal den ganzen Globus in Bewegung bringen und zeigen, dass es jederzeit zu alles aufrüttelnden Veränderungen kommen kann. Terroranschläge in der ganzen Welt, Wirtschaftszusammenbrüche, Piloten, die Flugzeuge abstürzen lassen, und dann diese Silvesternacht, die das neue Jahr so schmerzhaft beginnen lässt. Nachts träume ich, dass ich durch die Schlitze einer Burka spähe. Tagsüber lese ich von gegründeten Bürgerwehren in ganz Deutschland. Alles Anzeichen von Eskalation, Chaos und Angst.

Der Rückzug ins Private wird keine Heimat bieten, bei dem Versuch kann ich nur verlieren. Die Probleme der großen weiten Welt dringen durch jede Tür – dank der Eilmeldungen, die das Smartphone alle paar Stunden piepend verkündet, dank dem Wetter, das als Vorbote des Klimawandels die Jahreszeiten neu definiert. Selbst Ablenkung verschafft mir keine Beruhigung, dramatische Bücher und Filme sind mir zu aufreibend, banale »Heile-Welt«-Inszenierungen machen mich wütend.

Deshalb suche ich nach einer anderen Dimension für meine Heimat. Als ich losgefahren bin, im Mai 2014, da war es wichtig, sich mit Deutschland auseinanderzusetzen. Das Thema lag einfach in der Luft. Inzwischen hat alles ein größeres Ausmaß. Der Blick zurück reicht nicht mehr, da die Gegenwart sich so schnell und so gravierend ändert. »Wie wollen wir leben?«, ist eine der Fragen, die ich vom ersten Kilometer an im Koffer hatte. »Um das zu beantworten, müssen wir wissen, wer wir sind«, habe ich bei Auftritten in den Raum geworfen. Alle haben genickt, es klingt so logisch. Aber weiß ich denn jetzt, wie ich leben will? Weiß ich denn, wer ich bin?

Angestrengt stehe ich still und starre auf das Wasser. Da ist sie, meine Gretchenfrage, um die ich in den letzten Wochen herumgeschlichen bin. Hat diese Reise mir dabei geholfen, zu wissen, wer ich bin? Wie ich leben will?

Ich weiß durch diese Reise, dass ich die Gemeinschaft brauche und keine Antwort finden werde, ohne meine Umwelt mit einzubeziehen. Ich kann natürlich trotzdem keine Antwort für die Allgemeinheit geben, aber ich muss eine für mich selbst finden.

Ratlos und ein bisschen wütend starre ich auf den grauen Himmel, der die Sonne nur für Sekunden freigibt, und stelle mir vor, wie ich in ein paar Wochen auf der Bühne stehe, herumdruckse und Halbwahrheiten von mir gebe. Aber vielleicht wird das sowieso nichts mit den Auftritten. Wenn Du jetzt schon kommst …

»Du«: In diesem Moment habe ich es das erste Mal gedacht. Es gibt dich schon länger, in meinen Gedanken, ich fürchte dich genauso, wie ich mich nach dir sehne.

Ich denke an die Zukunft dieser Welt und an dich darin. Ich denke an meine Mutter, die hinter uns beiden steht in ihrer vergangenen Welt. Und auf einmal sehe ich mich als Brücke, als eine Verbindung zwischen meiner Mutter und dir. Zwischen Vergangenheit und Zukunft, zwischen dem, was war, und dem, was sein wird. Und Heimat, wo in diesem Bild ist Heimat?, frage ich aufgeregt. »In der Zukunft.« Die Antwort geben wir drei zusammen, wie aus einem Mund. »Heimat liegt in der Zukunft!«, sage ich laut. Ich kann es fühlen. In diesem Moment am Deich kann ich es fühlen, körperlich. Ich bin eine Verbindung – von dem, was war, zu dem, was sein wird. Ich schaffe Heimat, aber nicht für mich. Ich schaffe sie für dich. So wie meine Mutter Heimat für mich geschaffen hat. Sie ist real, sie ist keine Utopie, kein Atlantis, kein unerreichbares Paradies. Sie ist Zukunft!

Ich trage in mir, was vor mir war, es wurde mir mitgegeben durch meine Eltern, meine Mitmenschen, durch die Natur, die Kunst, das Wissen der Welt, alles, was ich in mich aufgenommen habe seit meinem ersten Atemzug. Und ich mache es zu meinem durch mein ureigenes Wesen, durch meine Sichtweise, meine Sprache, meine Art – durch meine Seele. Alles fließt zusammen zu diesem einen Punkt, in mir. Und ich baue die Zukunft daraus für dich. Aus all dem, was ich weiß und was ich bin, werde ich dir eine Heimat schaffen, dir und allen, die mit dir und nach dir kommen.

Ich weiß jetzt, wie ich leben will: eine Dimension tiefer. Und eine Dimension weiter. Wo ich wohnen werde, wie ich den Alltag bestreiten werde, ist nicht entscheidend. So lange ich weiterbaue, an deiner Heimat. Ich weiß doch, wer ich bin! Ich bin eine Brücke, einzigartig in ihrer Bauweise, eine Brücke mit einem freien Willen, wie alle anderen Brücken um mich herum auch.

Auch du wirst vielleicht eines Tages nach deiner Heimat suchen und dabei deinen ganz eigenen Weg gehen, sie zu finden. Ich hoffe, du wirst für einen Moment fühlen, was ich gerade fühle: eine lange Kette von Menschen, und alles fließt. Von der Vergangenheit fließt es in die Zukunft und von der Zukunft in die Vergangenheit. Ich kann es nicht erkennen, aber ich ahne, dass das Ende der Kette in den Anfang übergeht. Ein Kreis. Siehst du uns darin? Ich werde ganz nah hinter dir stehen, zusammen mit Conrad. Und hinter uns ist die lange Reihe unserer Vorfahren. Alles von uns steht dir zur Verfügung: unsere gesammelte Lebensweisheit, unsere ganze Liebe, nimm alles! Du siehst auch unser Versagen, unsere Schwächen. Schau sie dir an und erkenne sie als das, was sie sind. Und wenn du sie für irgendetwas brauchst, dann nimm auch diese, nimm, was immer du brauchst, alles gehört dir. Und nun schau nach vorne, zu dem, was sein wird. Und gestalte, baue, erschaffe – auf deine ureigene Art und Weise. Erschaffe Heimat für die, die nach dir kommen. Damit erschaffst du Heimat für dich und für mich. Denn das Ende der Kette ist ihr Anfang. Anders kann es nicht sein.

Und wenn du nicht kommst? Heute nicht und nächstes Jahr auch nicht? Wenn du einfach niemals in mein Leben trittst? Ich stelle erstaunt fest: Allein durch diesen Moment hier am Deich gibt es dich. Bist du jetzt erst in mein Leben getreten? Nein. Dieses »Du« ist schon immer da gewesen, ist schon immer ein Teil von mir. Genauso wie ich diese Reise nur in Verbindung mit meinen Mitmenschen erleben konnte, existiere ich nicht losgelöst von Vergangenheit und Zukunft. In keinem Moment meines Lebens.

Mir fällt die kleine Hochzeit ein, die wir gerade an der Elbe gefeiert haben. In Hitzacker, wo ich auf meiner Rückreise das erste Mal wieder auf die Elbe gestoßen bin. Es waren viele Kinder da, für die haben Conrad und ich ein Kasperletheater aufgeführt. Meine Mutter hatte mir die handgeschnitzten Puppen geschenkt, über Jahre, immer wieder zu Weihnachten eine neue. Und ich habe jahrzehntelang nicht einmal an diese Puppen gedacht. Aber jetzt, wo ich heirate, selbst so etwas wie eine Familie gründe, ist mir die Programmgestaltung völlig egal – nur das Kasperletheater, das muss dabei sein. Als Conrad und ich uns eine Handlung einfallen lassen, muss ich an meine Mutter denken, wie sie den Kasper gespielt hat: etwas dumm und verrückt, sie musste oft selbst lachen, wenn sie ihn mal wieder sehr überzogen dargestellt hat, und konnte ihn dann gar nicht mehr aus der Hand legen. Wir fanden unsere alberne Mutter peinlich, freuten uns aber über ihre roten Wangen und die strahlenden Augen.

Und natürlich übertreibe ich jetzt die Charaktere genauso wie meine peinliche Mutter damals, während nun meine Hand in den Puppen steckt. Bei mir ist es die Gretel, die etwas übertrieben spinnt. Ich möchte eine Familientradition erhalten, aber nicht für mich. Für die zehn großen Augenpaare, die bewegungslos und mit offenem Mund unseren laienhaften Spielversuchen folgen. Wenn ich ehrlich bin, dann ist dieses kleine Theaterstück hinter einem Bettlaken für mich der Moment, in dem Conrads und meine Ehe beginnt. Nicht der, an dem ich auf einem Amt »Ja« gesagt habe. Wir haben mit dem Kasperletheater eine gemeinsame Tradition begründet, mein Mann und ich. Für die Zukunft.

Es tröstet mich, dass ich meine Heimat nicht verlieren kann, sondern dass sie erst durch mich und meinen Lebensweg entsteht. Durch mein Schaffen. Dieser Gedanke bietet mir einen Ausweg aus der Erstarrung, die mich an manchen Tagen gegenüber den Geschehnissen in der Welt befällt, und der totalen Hilflosigkeit, die dem Gedanken:»Was kann ich schon dagegen tun«, innewohnt. Ich kann etwas tun, zu keinem Zeitpunkt ist irgendetwas verloren, so lange ich es in mir trage. Ich brauche es nur weiterzugeben. Und zu jedem Zeitpunkt ist alles möglich, so lange ich baue, schaffe, lebe. Auf meine Art. Auf einmal verstehe ich auch, warum ich die Bühne als den größten Gewinn meiner Reise sehe. Auf der Bühne bin ich in guten Momenten ganz bei mir. Dann spüre ich Heimat, in jedem Sinne. In den Gedichten, die ich aus vergangenen Zeiten in die Gegenwart trage. In der Gemeinschaft, die ich hier spüren kann wie sonst nirgends. Im Austausch mit meinem Publikum, das mir seine Sicht zeigt und mir Bausteine für meine Brücke schenkt, die ich schon bin und die ich gleichzeitig weiter ausbaue, mit jedem Tag. Und eines Tages wirst du sie überqueren, mit festem Schritt, und hoffentlich ohne Angst gehst du in eine Heimat, die ich dir geschaffen habe. Ich will dir eine Heimat kreieren, die dir zeigt, wer du bist. Damit du alles weitergeben kannst, auf deine Art. Damit wir eine Kette bilden, die keinen Anfang und kein Ende hat.

Eine Dimension tiefer ist alles ein Kreis. Wie dieser einzigartige Planet, von dem ich wundersamerweise nicht runterfalle (was ich noch nicht wirklich begriffen habe). Den ich mir mit sieben Milliarden Brückenmenschen teile, die auch alle irgendwoher kommen und irgendwohin reichen. Die wie ich jeden Tag an einer Heimat in der Zukunft bauen. Darum liebe ich die Bühne und das Schreiben so. Weil ich mich darüber mit ihnen austauschen kann, über unsere Baupläne. Es muss ein Gleichgewicht geben zwischen dem Individuum und der Gemeinschaft, die Heimat in der Zukunft braucht beides. Wir benötigen ein gemeinsames Ziel. Wie das hinzubekommen ist?

Ich werde sie fragen, die anderen Brücken neben mir. Wie wollen wir unsere Heimat gestalten?

Alles, was ich tue, wirkt sich aus in die Zukunft. Ob ich auf der Bühne bin, ob ich ein Unternehmen aufbaue, ob ich eine Familie gründe oder hinterm Tresen stehe – es macht keinen Unterschied. Entscheidend ist, wie und wofür ich das tue. Es gibt mich im Hier und Jetzt und es gibt eine Version von mir in der Zukunft. Ich hinterlasse eine Spur, während ich gehe, und wer kann schon sagen, was daraus einmal wird – ein Pfad, ein Weg, eine breite Straße, alles ist möglich. Meine Reise geht jedenfalls weiter, und ich hoffe, ich komme niemals an.

Während ich auf dem glitschigen Deichgras Halt suche, frage ich mich, ob ich zu dieser Erkenntnis auch gekommen wäre, wenn ich mich einfach zwei Jahre im Schneidersitz auf den Deich gehockt und meditiert hätte. Jemand mit mehr Geduld vielleicht, ich selbst garantiert nicht, nach 20 Minuten wäre ich entnervt aufgesprungen. Für mich ging es nur so, auf diese scheinbar verrückte Art und Weise: mit Trauer im Herzen, unbekannten Gastgebern, strammen Waden, gelbem Koffer, schönen Gedichten, hellem Scheinwerferlicht, salzigen Tränen, treuen Reisegefährten, starkem C-Bike, hilfsbereiter Familie und permanentem Gegenwind.

Ich gehe langsam nach Hause. Ich habe meine Antwort gefunden. Und ich musste gar nicht weit gehen, nur wieder zurück an den Anfang. »Das kann doch alles kein Zufall sein«, sage ich leise in die ersten Regentropfen. Wie auch immer es weitergeht: Es wird richtig sein. An den Zufall glaube ich sowieso nicht mehr.

Das ist gar nicht möglich, nach dieser unglaublichen, unerklärlichen, unendlichen Reise.

Rainer Maria Rilke

Du bist die Zukunft

Du bist die Zukunft, großes Morgenrot
über den Ebenen der Ewigkeit.
Du bist der Hahnschrei nach der Nacht der Zeit,
der Tau, die Morgenmette und die Maid,
der fremde Mann, die Mutter und der Tod.
Du bist die sich verwandelnde Gestalt,
die immer einsam aus dem Schicksal ragt,
die unbejubelt bleibt und unbeklagt
und unbeschrieben wie ein wilder Wald.
Du bist der Dinge tiefer Inbegriff,
der seines Wesens letztes Wort verschweigt
und sich den Andern immer anders zeigt:
dem Schiff als Küste und dem Land als Schiff.

Danksagung

Diese Reise wäre nie zustande gekommen ohne meine Mutter, Wegbereiterin der ersten Stunde, ohne meine starke Familie, die mich auf jedem Schritt des Weges begleitet hat, ohne meine Unterstützer, Leser, Gastgeber, Veranstalter und alle meine Reisegefährten im Herzen! Ich kann euch gar nicht genug danken.

Außerdem ein großes Danke an:

Annette Uhlen für die erstklassige Regie, Güde Johanna Sievertsen für die geduldige Organisation, Anja Broicher, Carina Crenshaw und giraffentoast für die kreative Gestaltung, Benina Ahrend für die ausdauernde Mutzusprechung und Maria Hafner für die einzigartige Begleitung.

Ich danke der Firma Schöffel für die wetterfeste Ausstattung, dem Designer Oliver Sinz für das Bühnenoutfit »Bike Tweeds«, der Marke »Wanderer« für das stabile Touren-Rad Rohloff für die Nabe, Cleptomanicx für die Möwen, allen finanziellen Unterstützern und allen, die dem Projekt Rückenwind verliehen haben.

Ich danke Nico Schrader vom NDR für die Fahrbilder, Langenbuch & Weiß für die Zeilenexpertise, Ronny Müller für das herzliche Lektorat und dem LUDWIG-Verlag, sowie den Medien, die über das Wandermärchen berichteten.

Ich danke Justus, Birte, Domo, Jörg, Frieda, dem Affen,

Frauke, Mona, Melanie, Stef, Helge, Igor, Tine, Tim, Ronja, Lea, Max, Flöhchen, Anja, Fabian, Karla, Lucie, den Stylers und allen anderen, die verrückterweise an mich glauben.

Und ich danke von ganzem Herzen meinem Mann, der nicht müde wird mir zu versichern, dass er das gesamte Paket will.

Literaturnachweis

Ingeborg Bachmann: Landnahme
aus: Ingeborg Bachmann: Werke, Band 1, Gedichte. © 1978
Piper Verlag GmbH, München.

Bertolt Brecht: Sorgfältig prüf ich
aus: Bertolt Brecht: Werke. Große kommentierte Berliner und
Frankfurter Ausgabe, Band 14: Gedichte 4. © Bertolt-Brecht-
Erben/Suhrkamp Verlag 1993.

Hilde Domin: Ziehende Landschaft
aus: Hilde Domin: Gesammelte Gedichte © S.Fischer Verlage
GmbH, Frankfurt am Main 1987.

Robert Gernhardt: Ich leide an Versagensangst
aus: Robert Gernhardt: Gesammelte Gedichte 1954–2006.
S. Fischer Verlage, Frankfurt am Main 2008. © Thomas
Schlück GmbH, Garbsen.

Hermann Hesse: Stufen
aus: Hermann Hesse: Sämtliche Werke in 20 Bänden. Herausgegeben von Volker Michels. Band 10: Die Gedichte. © Suhrkamp Verlag Frankfurt am Main 2002. Alle Rechte bei und
vorbehalten durch Suhrkamp Verlag Berlin.

Ernst Jandl: lichtung
aus: Ernst Jandl: poetische Werke. Herausgegeben von Klaus
Siblewski, Neuausgabe in sechs Bänden. © 2016 Luchterhand

Literatur Verlag, München, in der Verlagsgruppe Random House GmbH.

Mascha Kaléko: Emigranten-Monolog und Vagabundenspruch aus: Mascha Kaléko: Sämtliche Werke und Briefe in vier Bänden. Herausgegeben von Jutta Rosenkranz. © 2012 dtv Verlagsgesellschaft, München.

Hendrik Rost: Notiz an das Neugeborene aus: Hendrik Rost: Licht für andere Augen. Gedichte. © Wallstein Verlag, Göttingen 2013.

Rudolf Alexander Schröder: Die Ballade vom Wandersmann aus: Rudolf Alexander Schröder: Gesammelte Werke in fünf Bänden. Band I: Die Gedichte. © Suhrkamp Verlag Berlin und Frankfurt am Main 1952. Alle Rechte bei und vorbehalten durch Suhrkamp Verlag Berlin.

Bildnachweis

© alle Fotos: Magdalena Bössen
davon ausgenommen:
S. 20: © Veronika Faustmann
S. 59: © Conrad Stieler
S. 164: © Conrad Stieler
S. 188: © Conrad Stieler
S. 200: © Rolf Graff

Eugen Roth

Fahrtberichte

Mein Urgroßvater war einst schon
In Rußland mit Napoleon
Und sagte – neunzig Jahre alt –,
Gefragt, wie's war, ein Wort nur: »Kalt!«
Genau genommen war das klug:
Es wußte jedermann genug.
Auch wir sind ähnlich eingestellt.
Und schon, daß man der schnöden Welt
Die Neugier einmal abgewöhn',
Erklärn wir kurz und bündig: »Schön!«
Und sehn, daß Freund und Weib und Kind
Vollauf damit zufrieden sind.
Klingt auch das Fragen oft beflissen:
Kein Mensch will es im Grunde wissen.